八閩文庫

要籍選刊

38

閩中金石志

[清] 馮登府 撰

閔定慶 秦兮 黃安琦 段江雁 點校

海峽出版發行集團
THE STRAITS PUBLISHING & DISTRIBUTING GROUP
福建人民出版社

八閩文庫編輯中心

主　任

林　彬

成　員

鄧詩霞　劉亞忠　孫漢生　茅林立　宋一明　江中柱　史霄鴻

林　頂　王金團　連天雄　江叔維　楊思敏　盧爲峰　張華金

林玉平　林　濱　魏清榮　魏　芳　莫清洋　陳楷根　祝玲鳳

曾子鳴　余明建　林淑平

八閩文庫編輯部

宋一明　連天雄　劉挺立　趙遠方　莫清洋　張輝蘭　陳慧子

李　科　張煜傑

八閩文庫總序

葛兆光　張　帆

一

在傳統中國的文化史上，福建算是後來居上的區域。經歷了東晉、中唐、南宋幾次大移民潮，浙、閩之間的仙霞嶺，早已不是分隔内外的屏障，而成了溝通南北的通道。歷史使得福建越來越融入華夏文明之中，唐宋兩代，特别是在「背海立國」的宋代，東南的經濟發達，海洋的地位凸顯，福建逐漸從被文明中心影響的邊緣地帶，成爲反向影響全國文明的重要區域。在七世紀的初唐，詩人駱賓王曾説「龍章徒表越，閩俗本殊華」（駱臨海集箋注卷二晚憩田家，陳熙晉箋注，上海古籍出版社一九八五年，第三六頁），前一句説的是華夏的衣冠對斷髪文身的越人没有用，後一句説的是閩地的風俗本來就與華夏不同，意思都是瞧不起東南。但是，到了十五世紀的明代中期，黄仲昭在弘治八閩通志序裏卻説，八閩雖爲東南僻壤，但自唐以來文化漸盛，「至宋，大儒君子接踵而出」，實際上它的文明程度，已經「可以不愧於鄒魯」（四庫全書存目叢書史部一七七册，齊魯書社一九九六年，第三六四頁）。

的確，自從福建在唐代出了第一個進士薛令之，而且晉江有歐陽詹，福清有王棨，莆田有徐寅、黄滔這些傑出人物之後，到了更加倚重南方的宋代，福建出現了蔡襄（一〇一二—一〇六七）、陳襄（一〇一七—一〇八〇）、游酢（一〇五三—一一二三）、楊時（一〇五三—一一三五）、鄭樵（一一〇四—一一六二）、林光朝（一一一四—一一七八）、朱熹（一一三〇—一二〇〇）、蔡元定（一一三五—一一九八）、陳淳（一一五九—一二二三）、真德秀（一一七八—一二三五）等一大批著名文人士大夫。這些出身福建或流寓福建的士人學者，大大繁榮和提升了這裏的文化，甚至使得整個中國的文化重心逐漸南移，也許，就像程顥説的那樣「吾道南矣」（宋史卷四二八道學楊時傳，中華書局一九七七年，第一二七三八頁）。也就是説宋代之後，原本偏在東南的福建，逐漸成了中國重要的文化區域。

不過，習慣於中原中心的學者，當時也許還有偏見。以來自中心的偏見視東南一隅的福建，那時福建似乎還是「邊緣」。雖然人們早已承認福建「歷宋逮今，風氣日開」

（黄虞稷閩小紀序，撰於康熙五年，續修四庫全書史部七三四册，上海古籍出版社二〇〇二年，第一二七頁），但有的中原士人還覺得福建「僻在邊地」。像北宋樂史的太平寰宇記，一面承認「此州（福州）之才子登科者甚衆」，一面仍沿襲秦漢舊説，稱閩地之人「皆蛇種」，並引十道志説福建「嗜欲、衣服，别是一方」（樂史太平寰宇記卷一〇〇江南東道一二，中華書局二〇〇七年，第一九九一頁）。所以，歷史上某些關於福建歷史、文化和風俗的著作，似乎還在以中原或者江南的眼光，特别留心福建地區與核心區域不同的特異之處，筆下一面凸顯異域風情，一面鄙夷南蠻鴃舌。但是從大的方面説，我們看到宋代以降，實際上福建與中原的精英文化越來越趨向同一，正如宋人祝穆方輿勝覽所説，「海濱幾及洙泗，百里三狀元」，前一句裏所謂「洙泗」即孔子故鄉，這是説福建沿海文風鼎盛，幾乎趕得上孔子故里；後一句裏「三狀元」是指南宋乾道年間福建登第的三個狀元，即乾道二年（一一六六）的蕭國梁、乾道五年的鄭僑和乾道八年的黄定，他們都是福建永福（今永泰）這個地方的人（祝穆新編方輿勝覽卷一〇，施和金點校，中華書局二〇〇三年，第一六三頁）。

文化漸漸發達，書籍或者文獻也就越來越多，福建文獻的撰寫者中不僅有本地人，也有流寓或任職於閩中的外地人。日積月累，這些文獻記録了這個多山臨海區域千年的文化變遷史，而八閩文庫的編纂，正是把這些文獻精選並彙集起來，爲現代人留下唐宋以來有關福建的歷史記憶。

二

福建鄉邦文獻數量龐大，用一個常見的成語説，就是「汗牛充棟」。那麽多的文獻，任何歸類或敘述都不免挂一漏萬。不過，我們這裏試圖從區域文化史的角度，談一談福建文獻或書籍史的某些特徵。

毫無疑問，中國各個區域都有文獻與書籍，秦漢之後也都大體上呈現出華夏同一思想文化的底色，但各區域畢竟有其地方特色。如果我們回溯思想文化的歷史，那麽，唐宋之後福建似乎也有一些特點。恰恰因爲是後來居上的文化區域，所以福建積累的傳統包袱不重，常常會出現一些越出常軌的新思想、新精神和新知識。這使得不少代表新思想、新精神和新知識的人物與文獻，往往先誕生在福建。衆所周知的方面之一，就是宋代儒家思想的變遷。應當説，宋代的理學或者道學，最初乃是一種批判性的新思潮，一些儒家士大夫試圖以屬於文化的「道理」鉗制屬於政治的「權力」，所以，極力强調

「天理」的絶對崇高，人們往往稱之爲道學或理學，也根據學者的出身地叫作「濂洛關閩之學」。其中，「閩」雖然排在最後，卻應當説是宋代新儒學的高峰所在，以至於後人乾脆省去濂溪和關中，直接以「洛閩」稱之（如清代張夏雒閩源流録），以凸顯道學正宗，恰在洛陽的二程與福建的朱熹，而道學最終水到渠成，也正是在福建。因爲宋代道學集大成的代表人物朱熹，雖然祖籍婺源，卻出生在福建，而且相當長時間在福建生活。他的學術前輩或精神源頭，號稱「南劍三先生」的楊時、羅從彦（一〇七二—一一三五）、李侗（一〇九三—一一六三），也都是南劍州即今福建南平一帶人，他的提攜者之一陳俊卿（一一一三—一一八六），則是興化軍即今莆田人，而他的最重要的弟子黄榦（一一五二—一二二一）是閩縣（今福州）人、陳淳是龍溪（今龍海）人。

正是在這批大學者推動下，福建逐漸成爲圖書文獻之邦。慶元元年（一一九五），朱熹在福州州學經史閣記中曾經説，一個叫常濬孫的儒家學者，在福州地方軍政長官詹體仁、趙像之、許知新等資助下，修建了福州府學用來藏書的經史閣，即「開之以古人敦學之意，而後爲之儲書，以博其問辨之趣」（朱文公文集卷八〇，朱子全書第二四册，上海古籍出版社、安徽教育出版社二〇一〇年，第三八一四頁）。宋代之後，經由近千年的日積月累，我們看到福建歷史上出現了相當多的儒家論著，也陸續出現了有關儒家思想的普及讀物。大家可以從八閩文庫中看到，這裏收錄的不僅有朱熹、真德秀、陳淳的著述，也有明清學者詮釋理學思想之作，像明人李廷機性理要選、清人雷鋐雷翠庭先生自恥錄等等，應當説，這些論著構成了一個歷經宋元明清近千年的福建儒家文化史。

三

説到福建地區率先出現的新思想、新精神和新知識，當然不應僅限於儒家或理學一系。更應當記住的是，從宋代以來，中國政治、經濟和文化的重心，逐漸從西北轉向東南，一方面由於中原文化南下，被本地文化激蕩出此地異端的思想，另一方面海洋文明東來，同樣刺激出東南濱海的一些更新的知識。

我們注意到，在福建文獻或書籍史上，呈現了不少過去未曾有的新思想、新精神和新知識。比如唐宋之間，福建不僅出現過譚峭（生卒年不詳）化書這樣的道教著作，也出現過像百丈懷海（約七二〇—八一四）、潙山靈佑（七七一—八五三）、雪峰義存（八二二—九〇八）那樣充滿批判性的禪僧，還出現過禪宗史上撰於泉州的最重要禪史著作祖堂集。又如明代中後期，那個驚世駭俗而特立獨行的李贄（一五二七—一六〇二），有人説他的獨特思想，就是因爲他生在各種宗教交匯融合的泉州，傳説他曾受到伊斯蘭教之影響，當然更因爲有佛教與心學的刺激，使他成了晚明傳統思想世界的反叛者。而另一個莆田人林兆恩（一五一七—一五九八），則是乾脆開創了三一教，提倡「三教合一」，也同樣成爲正統的政治意識形態的挑戰者。再如明清時期，歐洲天主教傳教士「梯航九萬里」，也把天主教傳入福建，特别是明末著名傳教士艾儒略（一五八二—一六四九）應葉向高（一五五九—一六二七）之邀來閩傳教二十五年，從而福建才會有「三山論學」這樣的思想史事件，也産生了三山論學記這樣的文獻，無論是葉向高，還是謝肇淛，這些思想開明的福建士大夫，多多少少都受到外來思想的刺激。最後需要特别提及的是，由於宋元以來，福建成爲向東海與南海交通的起點，所以，各種有關海外的新知識，似乎都與福建相關，宋代趙汝适撰寫諸蕃志的機緣，是他在泉州市舶司任職；元代汪大淵撰寫島夷志略的原因，也是他從泉州兩度出海。由於此後福州成爲面向琉球的接待之地，泉州成爲南下西洋的航線起點，因而福建更出現了像張燮東西洋考、吴朴渡海方程、葉向高四夷考、王大海海島逸志等有關海外新知的文獻，這一有關海外新知的知識史，一直延續到著名的林則徐四洲志。老話説「草蛇灰線，伏脈千里」，歷史總有其連續處，由於近世福建成爲中國的海外貿易和海上交通的中心，所以，這裏會成爲有關海外新知識最重要的生產地，這才能讓我們深切理解，何以到了晚清，福建會率先出現沈葆楨開辦面向現代的船政學堂，出現嚴復通過翻譯引入的西方新思潮。

甚至還可以一提的是，近年來福建霞浦發現了轟動一時的摩尼教文書，這些深藏在道教科儀抄本中的摩尼教資料，説明唐宋元明清以來，福建思想、文化和宗教在構成與傳播方面的複雜性和多元性。所以，在八閩文庫中，不僅收録了譚峭化書，李贄焚書續焚書、藏書續藏書，林兆恩林子會編等富有挑戰性的文獻，也收録了張燮東西洋考、趙新續琉球國志略等關係海外知識的著作，讓我們看到唐宋以來，福建歷史上新思想、新精神和新知識的潮起潮落。

四

在八閩文庫收録的大量文獻中，除了福建的思想文化與宗教之外，也留存了有關福建政治、文學和藝術的歷史。如果我們看明人鄧原岳編閩中正聲、清人鄭杰編全閩詩録收録的福建歷代詩歌，看清人馮登府編閩中金石志、葉大莊編閩中石刻記、陳棨仁編閩中金石略中收録的福建各地石刻，看清人黄錫蕃編閩中書畫録中收録的唐宋以來福建書畫，那麼，我們完全可以同意歷史上福建的後來居上。這正如陳衍（一八五六—一九三七）在閩詩錄的序文中所説「余維文教之開，吾閩最晚，至唐始有詩人，至唐末五代中土詩人時有流寓入閩者，詩教乃漸昌，至宋而日益盛」（續修四庫全書集部一六八七册，第四一一頁）。可見，宋史地理志五所説福建人「多向學，喜講誦，好爲文辭，登科第者尤多」，「今雖閭閻賤品處力役之際，吟詠不輟」（杜佑通典州郡十二），真是一點兒不假。

清代學者朱彝尊（一六二九—一七〇九）曾説「閩中多藏書家」（曝書亭集卷四四淳熙三山志跋，四部叢刊初編集部二七九册，上海書店一九八九年，第六〇一頁）。千年以來的人文日盛，使得現存的福建傳統鄉邦文獻，經史子集四部之書都很豐富，翻檢八閩文庫，就可以感覺到這一點，這裏不必一一敘説。需要特別指出的是，福建歷史上不僅有衆多的文獻留存，也是各種書籍刊刻與發售的中心之一。福建多山，林木葱蘢，具備造紙與刻書的有利條件，從宋元時代起，福建就成爲中國書籍出版的中心之一。宋元時代福建的所謂「建本」或「麻沙本」曾經「幾遍天下」（葉夢得石林燕語卷八，侯忠義點校，中華書局一九八四年，第一一六頁），更有所謂「麻沙、崇安兩坊産書，號稱『圖書之府』」的説法（新編方輿勝覽卷一一，第一八一頁）。版本學家也許將它與蜀本、浙本對比，覺得它並不精緻，但是，從書籍流通與文化貿易的角度看，正是這些廉價圖書，使得很多文化知識迅速傳向中國四方，也深入了社會下層。淳熙六年（一一七九），朱熹在建寧府建陽縣學藏書記中曾説到，「建陽版本書籍行四方，無遠不至」，可當時嘉禾縣學居然藏書很少，「學於縣之學者，乃以無書可讀爲恨」，於是一個叫姚耆寅的知縣，就「鬻書於市，上自六經，下及訓傳、史記、子、集，凡若干卷以充入之」。當地刊刻的書籍，豐富了當地學者的知識，也增加了當地文獻的積累，甚至扭轉了當地僅僅重視「世儒所誦科舉之業」的風氣（朱文公文集卷七八，朱子全書第二四册，第三七四五頁），這就是一例。到了清代，汀州府成爲又一個書籍刊刻基地，近年特别受到中外學者注意的四堡，就是一個圖書出版和發行中心，文獻記載這裏「以書版爲産業，刷就發販，幾半天下」（咸豐長汀縣志卷三一物産）。所以，美國學者包筠雅（Cynthia J. Brokaw）文化貿易：清代至民國時期四堡的書籍交易（劉永華、饒佳榮等譯，北京大學出版社二〇一五年）就深入研究了這個位於汀州府長汀、清流、寧化、連城四縣交界地區的客家聚集區的書籍事業，繼承宋元時代建陽地區（如麻沙）刻書業，這裏再一次出現中國書籍出版史上佔據重要位置的福建書商群體。

可以順便提及的是，福建刻書業也傳至海外。福建莆田人俞良甫，元末到日本，由九州的博多上岸，寓居在京都附近的嵯峨，由他刻印的書籍被稱爲「博多版」。據説，俞氏一面協助京都五山之天龍寺雕印典籍，一面自己刻印各種圖書，由於所刊雕書籍在日本多爲精品，所以被日本學者稱爲「俞良甫版」。

從建陽到汀州，福建不僅刊刻了精英文化中的儒家九經三傳、諸子百家以及文選、文獻通考、賈誼新書、唐律疏議之類的典籍，也刊刻了很多大衆文化讀本，諸如西廂記、花鳥爭奇和話本小説。特别在明清兩代書籍流行的趨勢和作爲商品的書籍市場的影響下，蒙學、文範、詩選等教育讀物，風水、星相、類書等實用讀物，小説、戲曲等文藝讀物，在福建大量刊刻。如果我們不是從版本學家的角度，而是從區域文化史的角度去看，這種「易成而速售」（石林燕語卷八，第一一六頁）的書籍生産方式，使得各種文獻從福建走向全國甚至海外，特别是這些既有精英的、經典的，也有普及的、實用的各種知識的傳播，是否正是使得華夏文明逐漸趨向各地同一，同時也日益滲透到上下日常生活世界的一個重要因素呢？

八閩文庫的編纂，當然是爲福建保存鄉邦文獻，前面我們説到，保存鄉邦文獻，就是爲了留住歷史記憶。

五

這次編纂的八閩文庫，擬分爲三個部分。第一部分是「文獻集成」，計劃選擇與收錄唐宋以來直到晚清民初的閩人各種著述，以及有關福建的文獻，共一千餘種，這部分採取影印方式，以保存文獻原貌。這是八閩文庫的基礎部分，按傳統的經史子集四部分類，這是爲了便於呈現傳統時代福建書籍面貌，因而數量最多；第二部分是「要籍選刊」，精選一百三十餘種最具代表性的閩人著述及相關文獻，以深度整理的方式點校出版，不僅爲了呈現歷代福建文獻中的精華，也爲了便於一般讀者閱讀；第三部分則爲「專題彙編」，初步擬定若干類，除了文獻總目之外，還將包括書目提要、碑傳集、宗教碑銘、官員奏折、契約文書、科舉文獻、名人尺牘、古地圖等，我們認爲，這是以現代觀念重新彙集與整理歷史資料的一個新方式，它將無法納入傳統的四部分類，卻是對理解福建文化與歷史至關重要的文獻，進行整理彙集，必將爲研究與理解福建，提供更多更系統的資料。

經歷幾年討論與幾年籌備，八閩文庫即將從二〇二〇年起陸續出版，力爭用十年時間，經過一番努力，打下一個比較完備的福建文獻的基礎。

當然，不能説八閩文庫編纂過後，對於福建文獻的發掘與整理就已完成。八閩文庫僅僅是我們這一兩代人的工作，還有更多或更深入的工作，在等待著未來的幾代人去努力。無論從舊材料中發現新問題，還是以新眼光發現新材料，都是建立在前人的基礎上，而又對前人的工作不斷修正完善的過程。還是朱熹寫給陸九齡的那句廣爲流傳的老話：「舊學商量加邃密，新知培養轉深沉。」用舊的傳統融會新的觀念，整理這些縱貫千年的歷史文獻，也就無論「人間有古今」了。

八閩文庫要籍選刊出版説明

福建自唐代以降，名家輩出，著述繁興，流傳千載，聲光燦然。遺存之文獻，多可彰顯福建歷史發展脈絡，展示前賢思想學術及文學藝術成就，爲研究福建區域文化之基本典籍。八閩文庫「要籍選刊」擇取重要之閩人著作及相關福建文獻百數十種，予以點校。其中具備條件者，將採用編年、箋注、校證等方式整理。諸書略依經史子集分部編次，陸續出版。

二〇二一年八月

目次

出版前言……一
序……一
卷一
周
虢叔大林鐘汀州伊秉綬所藏……一
漢
甘泉宫瓦侯官林侗所藏……五
梅仙山石刻……九
晉
永康磚永康元年……一〇
咸和磚咸和四年……一〇
梁
萬歲寺塔鼎銘天監四年……一一
出師頌……一一
唐一
湛盧山墨刻貞觀……一二
謝家磚總章二年……一二
陳元光威烈廟記垂拱二年……一三
烏石山盤陀和尚真身塔記大足元年……一三
東山愛同寺懷道闍黎碑開元二十五年……一四
章仙壇碑開元……一四
開元中敕書開元……一五

封祀石刻天寶……一五
聖泉院置經略軍記至德二載……一五
黄畬廟記廣德二年……一六
石敢當石刻大曆五年……一六
般若臺大篆大曆七年……一七
成公李椅去思碑大曆十年……一八
福州都督府儒學記大曆……二一
石佛像記貞元六年……二二
東山懷一律師碑貞元八年……二四
愛同寺西院大律師碑貞元八年……二四
席相北樓記貞元九年……二五
二公亭記貞元九年……二六
席相新六曹都堂記貞元十年……二九
鱔溪廟記貞元十年……三一
無垢淨光塔銘貞元十五年……三一
馬懿公壁記元和二年……三六
東山愛同兩寺義食堂畫壁記元和四年……三七
雷篆元和五年……三七
毬場山亭記元和八年……三九
賈島章敬國師碑銘元和十年……四〇
聖泉院記……四一
聖泉寺碑太和四年……四二
石鼓石刻開成……四二
木龍贊會昌四年……四三
新造上生院記大中六年……四四
下邳林夫人墓志大中九年……四四
閬遷新社記大中十年……四七
毬場山亭二十咏并序大中十年……四九
桃林場碑記大中十五年……四九

復雲峯院碑大中……五〇
大中寺額大中……五一
柳公權書……五一

卷二

唐二

九峯鎮國禪院額咸通二年……五二
沈懷遠碑咸通二年……五二
咸通塔佛頂尊勝陀羅尼經咸通四年……五三
神光寺碑咸通五年……五六
雙峯院記咸通六年……五七
福州雪峯山故真覺大師碑銘咸通六年……五七
天王堂記咸通七年……六一
懷安縣天王堂記咸通七年……六一
華嚴寺開山始祖碑銘咸通七年……六二
西禪寺記咸通八年……六四
東禪寺記咸通十年……六四
漳州三平大師碑銘咸通十四年……六四
薛老峯咸通……六七
連江縣濬東湖記咸通初……六八
鎮國威惠王廟中碑咸通末……六八
惠安明應王廟碑乾符三年……六九
李先鋒靈祐廟記乾符六年……六九
太姥山記乾符六年……七〇
龜洋靈感禪院東塔和尚碑中和二年……七〇
大溈延聖禪師碑中和三年……七二
重修子城記文德元年……七三
雙巖院鐘款龍紀元年……七三
金泉寺鐘大順三年……七四
司徒觀察陳巖墓誌景福二年……七四

檀林院鐘景福……七九
卷三
唐三
乾寧石刻乾寧三年……八〇
泉州開元寺佛殿碑記乾寧四年……八〇
司直陳公墓誌銘光化二年……八三
難提塔序天復三年……八五
大唐福州報恩定光多寶塔碑記天祐二年……八六
靈山塑北方毗沙門天王碑天祐二年……九二
莆山靈巖寺碑銘天祐二年……九六
藏經銘天祐二年……一〇〇
卷四
唐四
開元寺丈六金身碑天祐三年……一〇一
威武軍節度王審知德政碑天祐三年……一〇六
枯木庵木碑天祐三年……一一五
閩王爐天祐四年……一一六
司徒王審邽墓碑天祐……一一七
陳氏鐵券天祐……一一八
卷五
唐五　無年月
大乘愛同之寺……一一九
河石記……一一九
玉枕蘭亭……一二〇
中丞石……一二〇
長樂巖湖碑……一二〇
修羅城碑……一二〇
劉禹錫題名……一二一

廣化寺石刻……一二一
深邕二字……一二二
出岫無心……一二二
綠潭石刻……一二二
唐相李深之題名……一二二
暨克華州廳壁記……一二三
晉亭碑……一二三
鶴鳴山殘刻……一二四
慕容韋揭鴻塞詩刻……一二四
何希寂文宣廟記……一二四
員半千題名……一二五
天王院留題……一二五
心經……一二五
羅隱題詩石……一二六

五代附遼

招慶寺長老僧慧稜碑後梁乾化四年……一二六
中丞伍公墓志貞明元年……一二七
瑯琊郡王王審知神道碑後唐同光四年……一二七
中際香積院天成三年……一二九
重修文宣王廟記天成四年……一二九
安國寺碑長興元年……一三〇
宗大禪師碑長興元年……一三〇
崇妙保聖堅牢塔記後晉天福二年……一三一
再興禪林寺記天福四年……一四一
羅漢寺碑天福七年……一四二
尊勝經幢天福九年……一四二
鳳丘山石刻後漢……一四二
鐘山肅安王廟記後周廣順二年……一四三

福清重興院碑銘顯德二年……一四三
尊勝經幢并記顯德三年……一四三
外湯院置田記顯德六年……一四三
初建安溪縣記顯德……一四四
清隱堂記後周……一四六
王氏刺史廳壁記南唐保大五年……一四七
連江靈端廟記保大中……一四七
漳州故羅漢禪師碑閩通文元年……一四七
蕃書二碑天德二年……一四八
永福高蓋名山院碑閩……一四八
閩鐵錢……一四九
永隆錢……一四九
天德錢……一五〇
寶華院記……一五〇
烏石宣威感應王廟碑銘會同十年……一五一

卷六

宋一

義井石刻建隆二年……一五二
保福寺石觀音像記建隆三年……一五三
建善寺碑建隆四年……一五三
永春縣記開寶二年……一五三
甘泉院記開寶七年……一五四
甘棠院記開寶九年……一五四
大華嚴寺疏開寶九年……一五五
重建瑯琊王廟碑開寶九年……一五五
銅牌太平興國間……一六三
連江縣重濬東湖記淳化二年……一六三
福州東華宮泰山廟記淳化四年……一六五
古田縣廟學記景德二年……一六五
合沙門石橋記景德四年……一六七

閩清縣廟學記大中祥符二年……一六八
閩清縣始置社稷壇記大中祥符……一六八
懷安縣廟學記大中祥符四年……一六九
天寶山石刻大中祥符七年……一六九
梨嶽廟碑大中祥符八年……一七〇
閩清縣梅川廟記天聖五年……一七一
惠安靈光院記天聖八年……一七一
重修甘棠院記天聖中……一七二
黯淡院留題天聖……一七二
勝果院記天聖……一七三
連江縣永定院建殿記景祐三年……一七三
漳州開元寺景祐鐘款景祐四年……一七三
篋經臺景祐四年……一七四
五通廟記康定元年……一七四
長泰縣常平倉記萬曆二十一年……一七五
姜相峯慶曆四年……一七八
福州廟學記慶曆六年……一七八
善溪廟記慶曆六年……一八〇
才翁鼓山題名慶曆六年……一八一
太平聖惠方序碑慶曆六年……一八一
邵去華等鼓山題名慶曆六年……一八二
邵去華鼓山題名慶曆六年……一八三
黄子光等鼓山題名慶曆六年……一八三
董淵等鼓山題名慶曆八年……一八四
大都督府門記慶曆八年……一八四
隆道侯廟記慶曆八年……一八五
乘風堂記慶曆八年……一八五
十詩石刻慶曆……一八五
連江縣顯應廟記慶曆……一八六
垂露亭慶曆……一八六

卷七

宋二

達夫巖石刻皇祐二年……一八七
茶錄皇祐三年……一八八
萬安渡石橋碑皇祐五年……一八九
萬安橋額……一九三
福清縣昭靈廟記皇祐中……一九三
集慶寺鐵井欄文至和元年……一九三
古田縣廟學記嘉祐二年……一九四
鼓山開并筧路井記嘉祐二年……一九四
連江縣建學記嘉祐中……一九五
連江縣朱公橋記嘉祐三年……一九五
施元長等鼓山題名嘉祐五年……一九五
蔡襄荔枝譜嘉祐五年……一九六
燕度等鼓山題名嘉祐六年……一九六
劉若虛墓碣……一九七
劉蒙伯墓碣嘉祐六年……二〇〇
閩縣湯院碑嘉祐七年……二〇二
永福縣湫口通靈護境廟記嘉祐七年……二〇三
建公使庫記嘉祐八年……二〇三
古田縣寧境廟記嘉祐……二〇三
龍首澗治平四年……二〇四
蔡公泉治平……二〇四
重修築子城記熙寧二年……二〇五
平遠臺題名熙寧二年……二〇五
光祿吟臺石刻熙寧二年……二〇六
鳳池題名熙寧三年……二〇六
蔣之奇等題名熙寧四年……二〇七
呂百能等鼓山題名熙寧四年……二〇七

丁竦等鼓山詩刻熙寧四年……二〇八
閩縣題名記熙寧四年……二〇九
幸堂記熙寧五年……二〇九
長樂縣求誨堂記熙寧五年……二〇九
石笋詩刻熙寧五年……二一〇
虎頭巖記熙寧十年……二一〇
宿猿洞并詩刻　熙寧……二一二
閩清縣遷創獄舍記熙寧……二一四
蓮花峯詩刻熙寧……二一四
登科巖熙寧……二一四
道山亭記元豐二年……二一五
莘老等鼓山題名元豐二年……二一六
增學額記元豐中……二一七
長樂縣福安院記元祐二年……二一七
方宙等鼓山題名元祐四年……二一七
錢公永等鼓山題名元祐四年……二一八
社稷壇銘元祐六年……二一八
漳州登科記元祐七年……二一九
長樂縣元祐港碑元祐……二二〇
重修連江縣大中玉泉寺記元祐……二二二
元祐黨人碑元祐……二二二
王若愚等題名紹聖元年……二二三
胡師文等武夷山題名紹聖二年……二二三
閩清縣廟學記紹聖四年……二二四
重建龍祠記紹聖四年……二二四
黄思道等題名紹聖四年……二二五
增修學齋舍記紹聖中……二二五
會應廟禱雨石刻元符元年……二二五
金粟臺題名元符三年……二二六
江公著等道山亭題名元符三年……二二六

程遵彦等鼓山題名元符三年……二二七
桂籍堂進士題名記崇寧四年……二二七
葉彦成等于山金粟臺題名崇寧五年……二二八
喬世材等烏石山題名崇寧五年……二二八
需老等鼓山題名大觀三年……二二九
王氏石銘大觀……二二九
天香臺大觀……二三〇
太史溪石刻政和元年……二三〇
重修忠懿王廟碑政和元年……二三〇
修崇順王廟記政和二年……二三一
社稷壇記政和初……二三一
金粟臺題名政和二年……二三二
廓然臺政和四年……二三二
黄冕仲等鼓山題名政和四年……二三三
陳紹夫等鼓山題名政和五年……二三三
李景武夷山詩刻政和七年……二三三
太原石刻政和……二三四

卷八

宋三

樂圃記宣和二年……二三五
平遠臺題名宣和四年……二三五
設廳記宣和五年……二三六
平遠臺宣和五年……二三六
重修閩縣津渠記宣和七年……二三六
黄處中等題名宣和七年……二三七
黄處中等金粟臺題名宣和七年……二三七
并石臺紫陽舊遊宣和中……二三八
武濟廟記宣和……二三八
金粟臺題名靖康元年……二三九

趙仲湜等題名建炎四年……二三九
陳忠肅公祠記建炎四年……二四〇
李綱等鼓山題名紹興元年……二四一
宋太宗御製戒石銘紹興二年……二四二
顯應廟詩刻紹興二年……二四四
平遠臺題名紹興二年……二四四
潘正夫烏石山題名紹興二年……二四五
古田縣重建廟學於西郊記紹興三年……二四六
重修忠懿王廟記紹興四年……二四六
浦城縣重建文宣王殿記紹興四年……二四六
任子寧等瑞巖題名紹興六年……二四八
古田縣移廟學于景德舊址記紹興七年……二四九
爐峯詩刻紹興十年……二四九
連江縣移廟學記紹興十年……二四九
烏石山程邁等題名紹興十二年……二五二
廓然臺題名紹興十二年……二五二
宗正倫等鼓山題名紹興十五年……二五三
南劍州重建州學記紹興十七年……二五三
籍田碑紹興十七年……二五六
袁復一等題名紹興十九年……二五七
寶華山石刻紹興十九年……二五八
林槐老等鼓山題名紹興二十一年……二五八
吳巨濟等鼓山題名紹興二十二年……二五八
小華峯紹興二十四年……二五九
光孝寺鍾款紹興二十五年……二五九
趙仲承等鼓山題名紹興二十五年……二五九
漳州教授廳壁記紹興二十六年……二六〇
沈調等鼓山題名紹興二十八年……二六一

黄韜等鼓山詩刻紹興二十八年 …… 二六二
汪若容等鼓山題名紹興二十八年 …… 二六二
魏之幹等鼓山題名紹興三十一年 …… 二六三
甌粤銘紹興初 …… 二六三
重建建寧府儒學記紹興 …… 二六六
建臨河務記紹興 …… 二六九
建軍資庫記紹興 …… 二六九
增養士學田記紹興 …… 二六九
閩縣丞題名記紹興 …… 二七〇
重修王回祠記紹興後 …… 二七〇
禮義廉恥紹興 …… 二七二

卷九

宋四

游先生祠堂記隆興元年 …… 二七三
南劍州魯國諸圖記隆興二年 …… 二七五
王十朋雙巖詩刻乾道二年 …… 二七五
天寳狀元讖碑乾道三年 …… 二七六
環峯亭　越山吉祥乾道三年 …… 二七七
崇安縣學二公祠記乾道四年 …… 二七七
轉運司蠲免鹽錢記代乾道四年 …… 二七九
利澤廟記乾道九年 …… 二八一
盧珖廟碑乾道九年 …… 二八一
南劍州尤溪縣學記乾道九年 …… 二八二
清源洞碑刻乾道九年 …… 二八四
長樂縣不欺堂記乾道初 …… 二八四
增田廣士額記乾道中 …… 二八五
何叔京等武夷山題名淳熙二年 …… 二八五
平遠臺題名淳熙三年 …… 二八六
陳休齋鼓山題名淳熙四年 …… 二八六
大乾祠香爐銘淳熙五年 …… 二八七

劉彦集等武夷山題名淳熙五年……二八八
蔡抗等武夷山題名淳熙六年……二八八
泉州韓忠獻公祠記淳熙六年……二八九
黄德光等武夷山題名淳熙七年……二八九
劉嶽卿等武夷山題名淳熙八年……二九〇
連江縣改文廟南向碑記淳熙八年……二九〇
劉袠等武夷山題名淳熙九年……二九一
趙子直等題名淳熙十年……二九一
新會應廟記淳熙十年……二九二
東埔小山石刻淳熙十年……二九二
俞壽翁等題名淳熙十一年……二九三
西山先生李公墓表淳熙十二年……二九三
愚齋鼓山詩刻淳熙十三年……二九六
李公祠記淳熙十三年……二九六
皇華館記淳熙十四年……二九八
朱晦翁等鼓山題名淳熙十四年……二九八
黄中美墓碑淳熙十五年……二九九
連江縣學校記紹熙元年……三〇三
趙子直等鼓山題名紹熙二年……三〇四
小山叢竹紹熙……三〇四
府學經史閣記慶元元年……三〇五
觀妙堂李彌遜詩刻慶元元年……三〇七
陳叔綸等題名慶元二年……三〇七
范機等鼓山題名慶元……三〇八
趙晉臣等鼓山題名慶元……三〇八
清源山瑞泉石刻慶元……三〇九

卷十

宋五

何澹等鼓山題名嘉泰二年……三一〇
昇真元化之洞開禧元年……三一一

吳渙等鼓山題名開禧元年……三一一
陳景仁等鼓山題名開禧二年……三一二
陳宓等鼓山題名開禧二年……三一二
曾槃武夷山題名開禧二年……三一三
福字開禧三年……三一三
九曲溪開禧三年……三一四
東臺廟碑嘉定二年……三一四
困峯石刻嘉定四年……三一四
放生池碑嘉定五年……三一五
蟠桃塢題名嘉定八年……三一五
鄒應傅等武夷山題名嘉定八年……三一六
吳中等鼓山題名嘉定八年……三一六
留元綱等武夷山題名嘉定十年……三一七
周燦等鼓山題名嘉定十年……三一七
蔡真人誥碑嘉定十二年……三一七
劉無競等題名嘉定十二年……三一九
任惟明等鼓山題名嘉定十六年……三一九
箋經臺題名嘉定十六年……三二〇
胡渠等鼓山題名嘉定十七年……三二一
鄭昭先鼓山詩刻嘉定十七年……三二一
泉南佛國嘉定……三二二
王居安等鼓山題名寶慶三年……三二二
箋經臺題名寶慶三年……三二三
潘渡橋石刻寶慶二年……三二三
拱極樓碑……三二四
葉于之等鼓山題名紹定二年……三二四
汪彥等烏石山題名紹定四年……三二四
鄰霄臺胡伯量等題名紹定四年……三二五
社稷壇記紹定四年……三二五
方遇鼓山題名紹定四年……三二七

番陽李公題名紹定五年……………………三二七
真德秀金鷄橋募緣疏石碣紹定……三二八
安利橋碑記紹定……………………三二九
趙汝訓等鼓山題名端平三年…………三二九
黃登等鼓山題名端平三年……………三二九
金龍玉簡嘉熙元年……………………三三〇
周圭等鼓山題名嘉熙三年……………三三〇
周自介等烏山題名淳祐元年…………三三一
魏國表等武夷山題名淳祐元年………三三一
王稼等鼓山題名淳祐元年……………三三二
張正子等鼓山題名淳祐二年…………三三二
張正子等鼓山題名淳祐三年…………三三三
王瞻叔等鼓山題名淳祐三年…………三三三
趙成己等烏石山題名淳祐四年………三三四
謝奕正等鼓山題名淳祐四年…………三三四
謝安之鼓山題名淳祐四年……………三三五
楊選等鼓山題名淳祐四年……………三三五
趙與鐨等鼓山題名淳祐四年…………三三五
重修武夷山精舍記淳祐四年…………三三六
李鏞鼓山題名淳祐五年………………三三六
趙彥湄等鼓山題名淳祐五年…………三三七
王子壽等鼓山題名淳祐五年…………三三七
應垕等鼓山題名淳祐六年……………三三七
嚴陵喻龠等鼓山題名淳祐六年………三三八
重金山題名淳祐七年…………………三三八
蘇溥等鼓山題名淳祐七年……………三三九
劉霳等鼓山詩刻淳祐七年……………三三九
趙師耕鼓山題名淳祐七年……………三四〇
趙希衮等鼓山題名淳祐七年…………三四〇
鄭思問等鼓山題名淳祐七年…………三四一

趙希衮等烏石山題名淳祐七年……三四一
鄭玠等鼓山題名淳祐八年……三四二
方克昌等鼓山題名淳祐八年……三四二
鄭寀等鼓山題名淳祐八年……三四三
鄭仁鼓山詩刻淳祐八年……三四三
鄭得之等鼓山題名淳祐九年……三四四
徐錫之鼓山詩刻淳祐九年……三四四
趙蔗境鼓山詩刻淳祐九年……三四四
連江縣通濟橋記淳祐九年……三四五
樓治等鼓山題名淳祐九年……三四五
趙與遺等鼓山題名淳祐九年……三四六
趙汝珣鼓山詩刻淳祐九年……三四六
鄭仲路等鼓山題名淳祐十年……三四七
釋癡絶鼓山詩刻淳祐十一年……三四七
史季溫鼓山詩刻淳祐十一年……三四八
韓準鼓山書偈淳祐……三四八
鄭應開等鼓山詩刻寶祐元年……三四九
蔡公亮武夷山題名寶祐二年……三四九
饒虎臣等武夷山題名寶祐二年……三五〇
連江縣鑿泮池記寶祐三年……三五一
西山寶祐三年……三五一
黃宜任等武夷山題名寶祐四年……三五一
趙與櫁鼓山題詩寶祐四年……三五二
黃洪同等鼓山題名寶祐四年……三五二
胡垓等鼓山題名寶祐五年……三五三
竹房井寶祐四年……三五三
葉從龍鼓山題名開慶元年……三五四
湯漢等鼓山題名開慶元年……三五四
風洞景定元年……三五四
趙清獻梅碑景定二年……三五五

道山亭題名景定四年……三五五
王鎔等鼓山題名景定四年……三五五
景定磚文……三五六
常挺等鼓山題名咸淳元年……三五六
杜應等鼓山題名咸淳元年……三五七
豪山碑記咸淳二年……三五七
印真洞記咸淳二年……三五八
劉震孫等鼓山題名咸淳二年……三五九
林希逸等鼓山題名咸淳二年……三五九
陳淳祖等烏石山題名咸淳三年……三六〇
張鎮初等鼓山詩刻咸淳三年……三六〇
晏午鳳建武夷書院題記咸淳四年……三六一
福清縣祥符陂記咸淳四年……三六一
陳穆等鼓山題名咸淳五年……三六三
廖邦傑等鼓山題名咸淳九年……三六四
文丞相龍門石刻景炎……三六四

卷十一

宋六 無年月可攷，以地分系

謝泌祠記……三六六
戒山頭齋會碑……三六七
教民十六事碑……三六八
羅漢院記……三六九
剛顯廟記……三六九
修提刑公宇東西兩廳記……三七〇
修廟學記……三七〇
幽幽境……三七一
修龍興院記……三七一
吉祥院記……三七一
月峯院碑……三七二
蘇舜卿題記……三七二

鶴林鳳丘……三七二
第一山石刻……三七二
蟄仙……三七三
困山碑……三七三
平山福地……三七三
御茶亭碑……三七四
御泉園詩刻……三七四
無字碑……三七五
湯泉詩刻……三七五
龜山……三七五
白雲石筧石刻……三七六
古南臺……三七六
鄭尚明等烏石山題名……三七六
光風霽月……三七六
畊雲釣月……三七七
天光雲影……三七七
趙勝非沖天臺題名……三七七
林艾軒神道碑……三七八
忘歸石……三八一
金粟臺……三八一
葺善溪沖濟廣應靈顯孚佑王廟記……三八一
善溪廟記……三八二
昭利王廟記……三八二
朱熹壽字……三八三
天風海濤……三八三
釣龍臺石刻……三八三
蘇才翁題名……三八四
平遠峯……三八四
箋經臺題名……三八四

國師巖……三八四
青天白日……三八五
蔗境……三八五
蔗境趙與滂題詩……三八五
曹繼本等鼓山題名……三八六
周濱等鼓山題名……三八六
柳元禮等鼓山題名……三八六
師季題名……三八七
趙希忛鼓山詩刻……三八七
陳珏重來……三八八
飛來……三八八
苔泉……三八八
懷安縣建敕書樓記……三八九
懷安縣大門設漏鼓記……三八九
懷安縣太平寺碑……三八九
懷安縣移廟學記……三九〇
長樂臺……三九〇
去華才翁……三九〇
溪山第一……三九一
朝陽……三九一
龍翔巖石刻……三九一
魁龍……三九二
德成……三九二
讀書處……三九二
龍首……三九三
雲梯……三九三
聚星……三九三
元臺……三九四
龍泉……三九四
魁山顯應廟碑……三九五

鰲嶺……三九五
靈石俱胝院記……三九六
聞讀　香山洞　蟠桃塢……三九六
筠溪釣臺……三九七
張寶民等題名……三九七
陶問之等題名……三九七
才翁所賞梅石……三九七
古田縣記……三九八
磨劍石讖……三九八
梅溪……三九八
觀雲岫……三九九
八閩嶽祖……三九九
龍門石刻……三九九
龍溪協濟廟斷碑……三九九
陳暘高蓋山詩刻……四〇〇
蔡襄書陳伯孫詩……四〇一
有美堂記　牡丹記……四〇一
中峯院記……四〇二
義井……四〇二
留公井……四〇三
東坡書金紫公墓碣……四〇三
與造物遊……四〇四
鄭樵采藥詩……四〇四
演嶼……四〇四
東坡山石刻……四〇五
蒼野……四〇五
何嶺……四〇五
天子萬年……四〇六
僊泉井……四〇六
溪海會流……四〇六

淳化閣帖……四〇六
蓮花臺銘……四〇七
金粟之洞……四〇八
泉南佛國……四〇八
天風海濤……四〇八
二朱先生祠碑……四〇九
豐山詩刻……四〇九
虎乳……四〇九
清源福地……四一〇
清源山虎巖石刻……四一〇
碧霄巖石刻……四一〇
梅巖石刻……四一一
高士峯……四一一
西華九峯……四一二
九日山石刻……四一二
泉州墨妙堂……四一三
太白峯……四一三
伏虎石……四一三
錦溪……四一四
春臺……四一四
登龍峯……四一五

卷十二

宋七 無年月可攷，以地分系

祈雨道場鄭公顯碑記……四一六
銅魚金車石刻……四一七
瞻亭……四一七
戰龍松……四一七
靈源……四一八
中流砥柱……四一八
大同……四一八

塲老　迎仙……四一九
梵天寺石刻……四一九
御踏石……四一九
棋局石……四二〇
官榮石……四二〇
談元石……四二一
浴龍橋……四二一
同山……四二一
太華巖……四二一
應城山……四二二
溪山第一……四二二
石室清隱……四二二
駐蹕處……四二三
好景山石刻……四二三
丞相巖詩刻……四二三
劍歸閣碑……四二四
李侗墓碑……四二四
浮玉石……四二四
溪山一覽……四二五
北苑五咏碑……四二五
釣臺……四二五
南劍州湯漢謝雨碑記……四二六
百花巖……四二六
吟室……四二六
集公山石刻……四二七
毖澗泉……四二七
甘棠碑……四二七
責沈文碑……四二八
通駟井……四三〇
青山……四三〇

朱子井闌題字……四三〇
雲巖石跡……四三一
易繫辭……四三一
九溪……四三二
蘆峯……四三三
千巖萬壑……四三三
報恩寺劉屏山記……四三三
李仲光慈惠廟記……四三三
屏山詩刻……四三四
雲巖……四三四
九曲櫂歌……四三五
滄洲歌……四三六
茶竈……四三六
逝者如斯……四三七
幔亭記……四三七
西山蘭若寺宋敕碑……四三七
晞真館……四三八
趙抃詩刻……四三八
錦江……四三九
上蔡先生語……四三九
蘇軾書雪堂圖石刻……四三九
連昌宮詞石刻……四四〇
周子太極圖刻……四四〇
魁字……四四〇
繡溪……四四〇
衛石刻……四四一
吏隱堂銘……四四一
米元章題名石……四四二
宋守王十朋石刻……四四二
真西山共極堂硯浦城祖氏所藏……四四二

鄭漁仲硯福州李氏所藏……四四二
謝文節橋亭卜卦硯銘……四四三
文信國鐵印……四四六

卷十三

元

達魯花赤孛羅等武夷山題名至元元年……四四七
瑞巖石刻至元十年……四四七
武夷山題名至元十一年……四四八
毋逢辰等武夷山題名至元十一年……四四八
武夷山題名至元十一年……四四九
秋澗老人蟠桃塢詩刻至元十一年……四四九
雲峯居士鄭從龍墓志元貞二年……四五〇
楊忠翊等鼓山題名大德元年……四五〇
脱脱木兒等鼓山詩刻大德二年……四五〇
閩縣造萬壽橋記大德七年……四五一
九侯名山大德十一年……四五二
石門李良傑題名大德十一年……四五二
方廣巖題名至大三年……四五二
方廣山石刻……四五三
連江縣重修廟學記皇慶二年……四五三
江寧楊剛中等鼓山題名詩刻皇慶元年……四五四
連江重修湧泉寺記延祐中……四五五
福清州龍首橋記至治二年……四五五
錢光弼等卧龍山題名泰定二年……四五五
李良傑等武夷山題名泰定三年……四五六
連江縣重闢廟學記天曆元年……四五六
焦公等鼓山題名至正二年……四五七
劉順老等題名至正三年……四五七

郝彦澤等鼓山詩刻至正……四五八
八都兒等烏石山題名至正七年……四五八
僧家奴等道山詩刻至正九年……四五九
瑞巖紀遊石刻至正九年……四六〇
天開圖畫至正九年……四六〇
林銓等鼓山題名至元……四六一
朶兒只班等鼓山題名至正十年……四六一
瑞巖紀遊石刻至正十一年……四六二
許從宣等蟠桃塢題名至正十二年……四六二
李安世鼓山題名至正十三年……四六三
瑞巖紀遊石刻至正十九年……四六三
閩海道廉訪副使寶哥去思碑至正十九年……四六三
高昌兀奴等鼓山題名至正二十年……四六四
王伯顔等道山亭題名至正二十年……四六四
連江縣興學記至正二十一年……四六五
瑞巖紀遊石刻至正二十一年……四六六
張閭等天秀巖題名至正二十四年……四六六
傅好禮烏石山題名至正二十四年……四六七
程世京等鼓山題名至正二十五年……四六七
薛朝晤等鼓山題名至正二十五年……四六七
寶華山石刻至正二十五年……四六八
瑞巖紀遊石刻至正二十六年……四六八
瑞巖紀遊石刻至正二十六年……四六九
瑞巖紀遊石刻至正二十六年……四六九
瑞巖紀遊石刻至正二十七年……四六九
薛老峯題名……四七〇
香山洞……四七〇
東皋刻石……四七〇
龍塘刻石……四七一

赤壁……四七一
釣磯……四七一
乘雲……四七二
鄭至詩刻……四七二
轉運司公堂記……四七二
福清學記……四七三
宣慰司重建譙樓記……四七三
勉齋書院記……四七三
重修福州路記……四七六
左丞雨右丞雨石刻……四七八
樵谷山……四七八
海天一色……四七九
古井石刻……四七九
萬歲寺定光塔銘……四七九
玉華洞石刻……四八〇
龍津……四八一
蓮峯隸書十三景……四八一
吳澄大乾祠銘……四八一
吳志淳千字文……四八二
歷代帝王聖賢將相像……四八二
中順王公去思碑……四八三
墨池……四八三
無名木……四八三
如此江山……四八三

卷十四

舊刻未詳年代、姓氏，以地分系
于山光孝觀二斷碑……四八四
翠楚……四八五
古磚文……四八五
怡山古磚讖文……四八六

古籀文石刻……四八七
石室仙篆十字……四八七
釣龍臺石刻……四八八
狀元峯……四八九
鵬海天風……四八九
喜雨臺……四八九
杏壇……四八九
小華山……四八九
廓然臺……四九〇
防虞……四九〇
謙山……四九〇
仙井……四九〇
登龍……四九一
毘濟潭……四九一
鹿乳泉……四九一
天章臺……四九一
鄰霄臺……四九二
向陽峯……四九二
天香臺　活水……四九二
清泠臺……四九二
霸石……四九二
沖天臺　石丈……四九二
望潮峯　蒼岩……四九二
靈泉……四九三
羅漢泉……四九三
鳳池山……四九三
梅川　玄巖　列岫　第一奇峯
豹園……四九三
霹靂巖……四九三
天秀巖……四九三

石麟雙峯夢……四九三
白海南浮青嶂外烏山西望碧雲重……四九四
閩山……四九四
靈洞巖……四九四
卧龍山……四九四
蓬萊峯……四九五
壁立干霄……四九五
廉山……四九五
第一山　小有天……四九五
陳令津……四九六
冠峯……四九六
天子萬壽……四九六
鼇頂峯　豹變巖……四九六
仙篆……四九七
別一洞……四九七
蓬壺……四九七
龍淵……四九七
天上雲居人間仙境……四九八
觀瀾……四九八
漁滄太乙之門……四九八
寶華福地……四九八
奇章別墅　雪浪雲根　蟠龍……四九九
解醒泉……四九九
洞天……四九九
醉翁石……四九九
彤雲碧海……五〇〇
四佛境界……五〇〇
降虎　雷移……五〇〇

龍峯……五〇一
輕避重賤避貴少避長往避來……五〇一
章仙峯　粘雲……五〇一
漁村……五〇一
鳳仙……五〇二
松崗……五〇二
依綠……五〇二
界外乾坤……五〇二
青溜石……五〇三
清賞……五〇三
鐵印……五〇三
文殊山刻……五〇四
妙喜洞……五〇四
羅喜洞……五〇四
逍遥洞……五〇五
仙泉……五〇五
龍峯……五〇五
沈子巖……五〇五
甲高巖……五〇六
天章巖……五〇六
紫霄巖宋襄詩刻……五〇六
浮山詩刻……五〇七
妙高峯……五〇七
古籀文……五〇七
福泉井……五〇八
鳳山石刻……五〇八
仙臺峯石跡……五〇八
嵩山石跡……五〇九
鐘石山石刻……五〇九
石所山石刻……五〇九

石碑嶺石刻……五一〇
大飛書院漈　挹飛　煮茗　蒙泉……五一〇
小夾漈……五一〇
敲金戛玉……五一一
趙永嘉詩刻……五一一
晉朝檜……五一一
泉窟觀瀑……五一二
陶石……五一二
清泉分流之界……五一二
萬遂山石刻……五一二
萬石峯　玉泉　雲梯百級……五一三
張方平神道碑……五一三
一眺石　與木石居……五一四
圭峯山石刻……五一四
真一泉……五一四
張岳小山石刻……五一五
金石峯　周將軍印……五一五
五公山……五一五
天湖敬生……五一六
金剛井……五一六
嘯卧亭石刻……五一六
醉仙巖石刻……五一七
摹天石……五一七
萬壽無疆……五一七
鼓浪洞天……五一七
萬歲山……五一八
仙苑……五一八
魁斗山石刻……五一八
海日江春……五一九

振衣所……五一九
梅塢……五一九
吳田山墓銅牌……五二〇
第一山　磻溪釣磯……五二〇
眼中杯渡……五二〇
清泉巖心經……五二一
蓬萊深處……五二一
行在……五二一
黏雲……五二一
太武山石刻……五二二
龍門……五二二
天柱巖……五二三
官七代……五二三
自渡渡人……五二三
楊芳……五二三
海闊天空……五二三
平寇石刻……五二四
莊濠石……五二四
嶆峽巖字……五二四
御書閣碑……五二四
龍頭巖……五二五
郎官石刻……五二五
仙字石……五二五
浮玉石……五二六
建安古冢石銘……五二六
将樂詩刻紹定二年……五二六
分水嶺銘……五二七
壺山石刻……五二七
題識石……五二七
冥聲古廟碑……五二九

架壑船……五二九
洞天……五三〇
華藏巖……五三〇
泗洲……五三〇
昂山石篆……五三〇
黄楊巖古碑……五三一
銅鼓山刻……五三一
李斯壽字……五三一
洪山石篆……五三二
任公巖石刻……五三二
文殊院石刻……五三二
慧山泉迎仙臺……五三三
芙蓉臺……五三三
近天尺五……五三三
華峯玉井……五三三
方井石刻……五三四
天琢元巖……五三四
洗心臺……五三四
登龍……五三五
放生……五三五
一夫關……五三五
文曲華世……五三六
陳宗顯去思碑……五三六
青龍潭……五三六
乾坤清氣……五三六
鳳翔千仞……五三七
福州諸帖附……五三七
鼎帖……五三七
星鳳樓帖……五三七
玉麟堂帖……五三八

王趙帖……五三八
蔡端明詩刻……五三八
福清帖……五三九
附錄一　馮登府自序……五四〇
附錄二　主要參考文獻……五四一

出版前言

一

馮登府編纂的這部閩中金石志，原是道光福建通志的一部分。道光七年（一八二七），閩浙總督孫爾準捐廉倡導全閩士紳捐修省城貢院。修繕工竣之後，尚餘一筆款項，當時鼇峰書院山長陳壽祺與刑部尚書陳若霖建議用於纂修福建通志。於是在道光九年開局，陳壽祺任總纂，又延聘分纂、分校多人。分纂者有候補内閣中書高澍然，江蘇舉人沈學淵，浙江嘉善縣教諭陳善，浙江寧波府教授、前翰林院庶吉士馮登府，浙江貢生汪晨，福建舉人王捷南，進士陳池養，舉人林丞英、翁吉士、劉建韶、林彦芬、丁汝恭、賴其瑛、羅聯棠、饒廷襄，拔貢生張際亮，生員張紳等。

擔任分纂的馮登府（一七八三—一八四一），字柳東，號雲伯，又號勺園，浙江嘉興梅里鎮人。平生劬書媚學，著述等身，有三家詩異文疏證六卷補遺三卷、三家詩遺説八卷補一卷、論語異文考證十卷、十三經詁答問六卷、石經考異十二卷、金石綜例四卷、閩中金石志十四卷、金屑録四卷、石餘録四卷、浙江磚録一卷、梵雅一卷、酌史巖摭譚一卷、爾雅古義補不分卷、石經閣文集石經閣文續集石經閣詩略五卷、拜竹詩堪詩存六卷、種芸仙館詞五卷等。已刻、未刻的稿本、抄本甚多，今存上海圖書館、中國國家圖書館等處。

馮氏舉嘉慶二十五年(一八二〇)進士，選庶吉士。道光三年(一八二三)補試散館，改授福建將樂縣知縣。次年春抵閩，拜謁時任閩浙總督趙慎軫、福建巡撫孫爾準，並與孫氏定交。將樂僻處福建西北，馮氏三月抵任，僅蒞縣七十二日，即於五月間卸篆歸里，奉母家居，究心經典異文，撰成論語異文疏證，又刊刻三家詩異文疏證。

道光八年(一八二八)，時任閩浙總督孫爾準延請馮氏於夏間來閩，與修福建鹽法志。修竣後，恰逢福建通志開局，當時總督、巡撫、學政等均推薦外省外郡知名士人爲纂修，馮氏就以孫爾准的推薦參與其中。因馮氏素嗜金石之學，據其弟子史詮馮柳東先生年譜所記，入閩前已撰成漢石經考異、唐石經誤字辨、北宋嘉祐石經考異、金屑石餘録等，故承擔金石志的分纂。此外，還承擔了藝文志，以及記載明清易代之際唐王朱聿鍵於閩中建隆武政權事的唐王紀事等。馮氏供職志局到道光九年末、十年初，又離閩返浙，但修志之業並未中輟，還不時與總纂陳壽祺書札往來，討論纂修事宜，尤其注意廣搜金石碑版，以期完成金石志的編纂。至道光十四年二月，福建通志即將完成時，總纂陳壽祺病逝於福州黄巷里第。陳氏逝世後，由光澤高澍然繼任總纂。當時里居福州黄巷的江蘇布政使梁章鉅因個人恩怨，在陳氏逝後發難，糾合鄉紳七人，向督撫、學政、布政使處具呈詞，指摘福建通志有乖修志義法，亟需删削增改。此後通志稿被藏匿、攘奪、篡易，以至散失者頗多。道咸間歷經續纂，於同治間刊成時，面貌已與當初所纂原稿相差較遠。而陳壽祺主纂之原稿，僅存者如王捷南閩中沿革考、陳善福建國朝列傳、高澍然福建歷朝宦績録四十卷、高澍然閩水綱目十二卷圖一卷、何治運方言攷、馮登府閩中金石志、張紳怡亭文集二十卷等，或另立名目别本單行，或節録志稿鈔存殘帙，只能嘗其一臠。

二

福建通志作爲通省的方志，設立各門必將備列福建全省的相關史料。閩中金石志分十四卷著録周至元代的福建全省金石文獻：卷一周、漢、晉、梁四代僅七種，又唐代若干種；卷二至四唐代；卷五唐代「無年月」者及五代、遼；卷六至十宋代；卷十一至十二宋代「無年月可考，以地分系」者；卷十三元代；卷十四「未詳年代、姓氏，以地分系」者，末附「福州諸貼」六種。

志中所收金石文獻，多採自傳世文獻著録，間及私家所藏，知見原文者録其全文，未見原文者僅録名目。采摭文獻範圍涉及閩省各州縣方志、清嘉慶以前金石著述中收録的閩人閩省碑刻，明代以前總集别集中的閩人閩省碑銘墓志。收入時均加校勘考證，並參以各家考訂，以「按語」形式説明。

總體而言，該志的編纂是按照福建通志總纂陳壽祺製定的義例，如馮氏自序所云「仿陳思寶刻叢編及黄叔璥中州金石考例，於未見者注明出處，有原文者仿洪适隸釋録之」，即陳氏所定「存者載其全文，亡者亦具其録目」（見福建文獻集成初編史部影印重纂福建通志議）。馮氏在分纂過程中也有所變通，如時代斷限，根據福建通志的義例，「閩中唐刻已稀，漢晉尤不可得。然自唐迄元，尚可摭拾」，即所收範圍爲「自唐迄元」，但馮氏上溯至周、漢、晉、梁四代，共收入七種。也正因過度追求時代久遠，再加上文獻來源複雜，並未一一核驗，存在因襲傳本訛誤之處，閩中金石志也頗被詬病。如署名劉承幹的閩中金石志序認為其失有三：所録金文甚少，且大都依據傳世文獻録文，稱「金石志」名稱未安；「存佚並載，雜糅不分」，编排中未区别金石存佚，體例未臻；對涉及閩地金石的傳世拓本、尚存石刻等蒐采未備等。因此，後世又出現陳棨仁閩中金石略等著作，已後出轉精，但馮氏所編成書較早，仍有不可替代的文獻價值。

三

閩中金石志在清代一直以多部稿本、抄本流傳，至民國間，吳興劉氏嘉業堂才據稿本一種刻入希古樓叢書。今藏於上海圖書館、南京圖書館、湖北省圖書館等處之稿本，大都有批改增補之跡，但卷數有三卷、十四卷、不分卷的差異，且多無之后希古楼刻本「按語」部分。相較而言，希古楼刻本較上海圖書館與南京圖書館兩處所藏稿本收錄條目更多，分卷及篇目次序稍異，而標注引書出處有所删減，又多出「按語」部分，大概成稿時間最晚。劉氏校刻時所據稿本，據言得於上海，本不知撰人爲誰，與羅振玉得於京城的稿本比對後，纔據以補題馮登府之名。

本次整理時，即以希古樓叢書本爲底本，校以福建文獻集成初編影印南京圖書館藏稿本，並參考諸別集、總集、方志、拓本等。整理與編輯加工大致遵照以下原則：

（一）對馮氏標明文獻來源者，一一核對其出處，所據文本以通行本爲主；校勘所涉文獻基本爲馮氏標明的徵引諸書，正文後以「主要參考文獻」形式説明所用版本。

（二）由於文本來源複雜、訛脱衍倒處較多，爲避免校勘記的繁瑣，對於底本訛脱衍倒處的校改，整理中以（）及〔〕表示。括弧内文字表示衍文，六角符號内文字表示所補脱文，括弧與六角符號連用表示更正底本訛文。雖不出校勘記，但整理中對底本的某些較大改動，則以頁下註説明，如卷六長泰縣常平倉記，底本有大篇幅内容顛倒次序，據清郝玉麟修福建通志録文校正；卷十社稷壇記據殘碑録文，以光緒二十六年（一九〇〇）修浦城縣志卷三十建寧太守王埜碑條所載碑版圖於録文中加「下闕」，表明文字缺失；卷十三徐從道瑞巖石刻雜録後文天開圖畫條内容，據今人録文校补等。

（三）對所采摭的金石文獻尚存或有拓本流傳者，盡可能擴大校勘所用文本；徵引自方志者，即以方志所載爲准，不再追溯更早史源；校勘所用唐宋別集盡可能參考不同版本，因版本不同而産生的異文則酌情採納；底本中異體字、俗體字、避諱字等，酌情改爲通用繁體字。

（四）底本原有目録，存在與正文不相符甚至抵牾的情況，今據正文予以校正或補充。

還需説明的是，書中存在一些誤收的條目，爲保持原貌，均予保留。如卷五重修文宣王廟記，底本注爲「在建寧」，粤雅堂叢書本、四庫全書本寶刻類編均作「遂寧」，可知並非關於福建者；卷六長泰縣常平倉記爲萬曆年間所作，馮氏以爲作於慶曆間而誤收，亦不合體例所定收録時間下限。

本書由閔定慶、秦兮、黄安琦、段江雁點校。

八閩文庫編輯部

二〇二四年十二月

序

金石文字之學，盛于天水之世，碑版目錄，多至數十家。其繫以郡邑者，則有北宋之諸道石刻錄，南宋之陳思寶刻叢編。其專著錄一地者，則有田概之京兆金石錄。逮乎國朝，乃益廣之，郡縣方志之外，或別爲金石志。其以省別者，則有京畿，有山左，有山右，有中州，有關中，有湖北，有湖南，有粵東，有粵西，有兩浙，有安徽，居各行省之過半，惟閩省則未見傳本。往歲於滬江得閩中金石記稿本十四卷，不著撰人姓名。吾友上虞羅叔言參事移書借觀，尋以書來，言閩中金石著錄，既無專書，此雖不免小疏失，亦宜刊而傳之，因取付梓人。已而參事於都門亦得稿本，與予藏本無異，而卷首有撰人姓名，乃馮柳東先生。時殺青未半，因據以補入。踰年刊成，因書其端曰：此書之不免疏略，誠有如參事所言者，今略舉之，約有三端。此書定名「金石志」，而金文不及石文之百一，且金文之屬閩中而今存者，僅閩王延翰鐵香爐銘、宋集慶寺鐵井闌文及閩開元、永隆、大德三錢而已。若號叔鐘，雖藏汀州伊氏，而初非閩物。他若梁鼎、唐鐘、宋之銅牌鐵券等，僅據輿地碑目、三山志、名勝志、閩書載其名，且梁鼎、宋牌全爲讖語，真贋尚不可知，何如逕題「石刻録」而附載閩爐、宋井之爲得乎？此名稱之未安，一也。馮氏此書，存佚並載，揉雜不分，宜將石刻之存者爲正編，佚石爲附録。此體例之未臻妥善，二也。閩中碑版今存者，若徽猷閣待制劉子羽神道碑，建於淳熙六年，文公書、撰，張南軒先生篆額，石在甌寧。又延康殿學士曹輔墓誌，建於建炎二年，楊時撰，陳淵書，石在沙縣，雖存否今不可知，然叔言參事尚藏墨本，而此録均不載。又鼓山、烏石、武夷等山，題名甚多，編中亦不免遺漏。此蒐采未甚完備，三也。雖然有此三失，而編輯之勞，要不可没。聞陳香鐵太史曾著閩中金石略，嘉興沈乙盦藏其寫本，異日當借觀，不知視此編得失何如也？附記於此，以示當世之留心閩中金石者。丙寅九月，吴興劉承幹。

閩中金石志卷一

周

虢叔大林鐘 汀州伊秉綬所藏

虢叔旅曰：丕顯皇考惠叔，穆秉元明德，御于乃辟，得屯乩攸。旅敢啓帥荆皇考威儀，爲御于天子。卣天子多錫旅休，旅對天子魯休揚，用作朕皇考惠叔大棽

和鐘。皇考嚴在上，
翼在下，愷愷能能，降旅多
福。旅其萬年子子孫孫永寶用亯。

阮宮保元曰：右周虢叔大林鐘，元所寶之器。今在家廟中，重六十五斤。揚州太守伊墨卿亦得虢叔大林鐘一枚於秦中，其文與元所寶者無一字之異，特尺寸、斤兩較元鐘略輕，小十分之二，而右銑有梟形，爲元所無。屬元釋文，乃以積古齋中款識所釋錄於右方。元按，左傳僖公五年傳云：「虢仲、虢叔，王季之穆也。」正義引賈逵注云：「虢仲封東虢，制是也。虢叔封西虢，虢公是也。」是鄭所滅者，虢仲之後；晉所滅者，虢叔之後。國語韋昭注，與賈逵注同。虢仲後有虢叔，左隱元年傳：「虢叔死焉。」國語所謂「虢叔恃勢」，是虢仲之後，字曰叔也。虢叔後有虢仲，又有虢叔。桓八年傳：「王命虢仲立晉哀侯之弟緡於晉。」是虢仲，虢公林父也。莊二十年傳：「鄭伯聞之，見虢叔。」二十一年傳：「虢叔自北門入。」是虢叔之後，字亦稱叔也。此虢叔名旅，史傳無徵，未詳何國。偃師武虛谷億云：「周景王作大林鐘，是時虢亡已久，不宜復有虢叔爲之效尤，蓋其後續封也。唐書宰相世系表：西虢地在虞、鄭之間，平王東遷，奪虢叔之地與鄭武公，楚莊王起陸渾之師，責王滅虢。於是王求虢叔裔孫序，封於陽曲。表文多舛，當亦有所據。」元按，鄭所滅者乃東虢，表云西虢，誠有舛，然謂復封陽曲，必有確據。如楚簡王十四年，越既滅郯，及頃襄王十八年復有鄒、費、郯、邳。春秋時小國之絶而復封者，難更僕數矣。元之論虢鐘如是，書呈墨卿正之，以爲何如？若「大林」之義，則有江公鄭堂之説在。

江藩曰：大林和鐘，即國語「鑄無射而爲之大林」也。其法：作無射，爲大林以覆之，其律中林鐘。説見賈侍中注。無射，乾之上九；林鐘，坤之初六。上九位高聲細，初六位下聲大，無射之聲爲大林之聲所抑，故伶州鳩曰：「細抑大陵，不容於耳。」然則大林之鐘，其聲乖于律度，必無和理，而名曰「和鐘」者，「和」當讀作「勾股和較」之「和」，用無射、林鐘二律之和數以鑄此鐘。蓋無射律長四寸六千五百六十一分之六千五百二十四，林鐘律長六寸，以無射之律與林鐘之律兩數相併爲和耳。

陳均曰：丙寅之春，余獲是鐘於涇陽骨董家，詢其所自，云寶雞虢川城所出。虢川，周西虢所封地。考釋律數已具芸臺宮保及鄭堂跋中，不贅。鐘有鳧形者，僅見宋王復齋鐘鼎款識，寓鳧氏爲鐘之義。考工賈疏云：「族有世業，以氏名官。」鐘以鳧銘，殆如韋、裘之類以官爲氏，非以氏名官也。鳧爲水鳥，入水不没，聲貴清揚，義或取是。鉦間「敢」字下字如「犭」，當是「匆」字，非「啓」字。曾在安定陳敏常文學家見一小鐘，形製相類，鉦間自「虢叔」始，至「秉元」十三字止；左鼓自「明德」始，至「帥型」十五字止，反面無銘，意在編鐘不倍律者，比懸而文相續也。此鐘以漢尺度之，兩欒高一尺七寸，兩鼓相距一尺八寸三分，舞高六寸五分，鉦高八寸三分，旋蟲高六寸五分，當即特鐘之過制者。時代遥遠，古律浸湮，未可臆斷矣。丁卯秋日，信宿六一堂，墨卿先生見而欲之，即以奉貺。越六年，壬申重來邗上，出此册索題，略具顛末於後。

趙魏曰：右鐘先見于阮氏，積古款識中攷之最詳，墨卿太守復得其一。蓋虢叔旅推本其考惠叔明德，已復率型威儀，兩世得君敷依，而銘是鐘也。他器「旅」多訓「衆」，讀「錫休對揚」語，此正是名。「屯作攸」，純得所也。「帥井」即「率型」。「嚴在上，翼在下」，詩「於昭」之義也。「愷愷」讀若漢詩「皚皚」，「能能」讀若山經「熊熊」，義可通也。銑有梟，恊官制，猶漢制必尚方也。和鐘，老友鄭堂之説爲尤覈也。二器同時並出，悉爲名公鉅卿所藏，照耀大川南北，老眼得此優曇阿閦，欣忭爲何如耶。

右虢叔大林鐘，以傂虒尺度之，欒高一尺七寸，鼓相距一尺八寸三分，舞高六寸五分，鉦高八寸三分，旋蟲高六寸五分。與阮宫保所藏銘詞無異，特器略輕，銑有梟形，爲稍殊耳。梟，取周官「梟氏爲鐘」之義。景王始鑄大林，虢亡已久，不應有此。

𢆶，「惠」字，虢姜敦正㠯此字。啓，疑「嗣」之省，陳均釋作「勿」，未確。旅，諸家多訓作「衆」，攷鐘鼎文每稱「旅」，亦假作「魯」字。(泰)〔秦〕和鐘「以受(屯)〔毛〕魯多釐」，董逌曰：「魯，古文旅。」書序「公既得命禾，旅天子之命」，史記作「魯天子之命」。漢有旅鼎，即魯鼎是也。此鐘下文云「魯休」，則旅當是虢叔名也。「刑法」之「刑」从「井」，「刑剄」之「刑」从「开」，「𡊨」即「型」字。帥，「率」之假字。聘禮「帥大夫」注：「古文帥作率。」覲禮注：「今文帥爲率。」「敢嗣帥𡊨」，即所謂「儀式型文王之典」也。屯，「純」之省。虢姜敦「屯佑通彔」、盄和鐘「屯魯多釐」，皆是。攸，「修」之省。凡鐘皆以「和」名，所謂「垂之和鐘」是也，江氏釋爲「和較」之「和」，鑿矣。此鐘得見於墨卿太守令子念曾處，(四)〔因〕手拓一通，以冠閩中金石之首。

漢

甘泉宮瓦 侯官林侗所藏

林侗來齋金石考：瓦頭篆「長生未央」四字。按，三輔黃圖：「甘泉宮，一曰雲陽宫。史記：秦始皇二十七年，作甘泉宫及前殿，築甬道，自咸陽屬之。宫周圍十餘里，漢武帝建元中增廣之，週十九里。師古曰：『秦林光宫在磨石嶺，嶺側有甘泉。』故漢武建甘泉，即取爲名。其嶺高出他山，距長安三百里而能望見長安城堞。更置前殿，始造宫室，百官皆有邸第。有芝生甘泉殿（邊）〔齋〕房中。漢舊儀云：『芝有九莖，芝金色，緑葉朱實，夜有光，乃作芝房之歌。』帝又起紫殿，雕文刻鏤黼黻，以玉飾之。」如他宫館，不可勝記，帝時居之。漢書云：「烽火達甘泉。」以帝時常居長安，故邊警、烽火兩通之也。巫蠱事起，帝亦居甘泉宫。成帝永始四年，行幸甘泉。歷今二千餘年，王迹久湮。蕭相國所造未央宫舊址，在今西安城西北三四十里間，禾黍離離，耕夫時棄瓦礫道傍，亦隱隱有文字可見，絶無完好者。歲辛丑，余與祝丈光遠自三原至淳化山中，憑弔故宫，惟有荒煙蔓草，不意於幽僻處搜獲此瓦，何異商周鼎彝。近與家弟吉人作爲歌詩，以詠其事，四方博雅，屬而和之，遂盈卷軸。其所寄慨，又非一瓦已也。詩多不具錄，聊誌其梗概如此。瓦製、字形質古簡樸，漢初法物，世所希有，爲足重也。

朱彝尊曝書亭外集書林同人甘泉瓦款册子後：周秦兩漢遺文，流傳於世者，石刻尚多，鐘鼎文差爲難得。予竊藏有紹興中搨本，乃畢少董購之河北榷場，每一款識，以青箋疏其後。亦有出於朱希真家者，趙王孫子昂〔復〕以燈檠刀尺諸款增益之。予〔因〕就目中所見，搴得數十種，下至景雲觀鐘銘、南漢鐵塔記，皆裝入册。惟辰州李宏臯銅柱銘，力購之未能得也。康熙戊寅六月，客福州，林子同人袖甘泉瓦見示，體製奇古，中央四字，隸法跌宕可愛。予思瓦出埏埴之工，非金非石。若秦之咸陽、漢之未央、魏之銅雀、齊之香姜，類皆有文，試取而遍搨〔之〕，合以孔廟五鳳年磚、王子敬保母志之屬，别裝成册，亦一快事。歐陽子有言：「物常聚于所好。」同人好之既篤，聚之正無難爾。

徐釚記甘泉宮瓦：閩中林子同人從父宦遊長安，於亂山中得之，徑五寸强，厚一寸弱，背平可研墨。以水漬之，有翡翠紋，如古彝器，即唐宋以來所謂「瓦頭硯」也。蓋入土歲久，其質理亦溫潤可愛。按，甘泉宮址（在今）〔今在〕淳化縣，距長安三百餘里，一曰雲陽宮。史記：秦始皇二十七年造，漢武帝建元中增廣之，雕文刻鏤，窮極奢侈，與柏梁、建章（相）埒。今去漢已久，遺跡都不可考，惟當年瓦礫委棄荒煙（野）〔蔓〕草中者，久而未泐，往往雜出於風霜兵火之餘。如此瓦者，字畫猶甚完好。余把玩久之，因思項籍入咸陽，阿房既焚，漢家創業，宜（崇節儉）〔茅茨土階之風〕，乃所（謂）〔爲〕長樂、未央，複閣飛樓，千門萬户，照耀於秦山渭水間者，周數十里餘，即今三輔黄圖、西京雜記所載，抑何盛也。及至炎祚一移，玉堿珠簾，化爲灰燼，雖片瓦僅存，〔亦〕久摧剝於樵夫牧豎之手。何意二千餘年，乃得博雅好古之士如林子者，長鑱木柄，搜剔於荒崖殘冢之墟，懷之而歸，如獲拱璧，裹以(古)錦〔囊〕，注以名泉，時復爲之摩挲寶玩，俯仰太息，恍若置身西京以上。則瓦之所遭，不厚幸也哉？甲戌五月，余(客)〔遊〕三山，同人令弟吉人出示此瓦，並摹其文示余，遂爲之記。

萬斯同群書辨疑：侯官林子吉人至京師，示余以甘泉宮瓦圖，蓋其兄同人遊其地，親拾於瓦礫中者。其額有四字曰「長生未央」，古而樸，其爲漢物無疑也。或有問于余曰：「昔王子充作漢瓦硯記，言未央宮瓦凡六(字)〔等〕，其面(背)皆有字，一曰漢并天下，一曰長樂未央，一曰儲胥未央，一曰長生無極，一曰萬壽無疆，一曰永壽無疆。〔無〕所謂長生未央者，得毋僞乎？」予曰：「不然。彼所云者，未央宮瓦也；林子所(謂)〔得〕者，甘泉宮瓦也。未央作於高帝，甘泉則作於武帝，時之相去將百年。未央在今咸陽，甘泉則在今淳化，地之相去又二三百里，宜其制有不同也。安得執彼之説，疑此之僞乎？」子充記謂瓦之面徑五寸，圍一尺六寸强，厚一寸弱，質之林子之瓦，其制皆合，則其爲漢物何疑？」或又謂：「未央之瓦乃篆字，此則隸字，何以不同？」余曰：「隸，即今楷書也。當高帝時，去秦未遠，隸書止行於民間，故用篆字。至武帝時，則朝廷上下悉用隸書，故制瓦者即用其體書之也，又何疑？」或人稱善，因題於圖後。

翁方綱兩漢金石記：乾隆庚寅秋，方綱在廣州使廨錄士事竣，侯官林道山名琮，字用郊。以其家吉人所摹瓦文並前人題册來示。其背有同人手題曰：「甘泉宮(瓦)〔硯〕」，辛丑得之石門山中。」方綱既爲賦詩，並摹於硯以志之。後十年庚子秋，桐鄉陸謩士又見示吉人所摹製一硯，文亦相同。其硯側八分題曰：「仿漢瓦製，吉人。」凡六字。方綱於壬辰夏始得見。漢建初尺，以準漢器、漢泉刀，無弗合者。因以建初尺度此瓦，正得五寸有奇，乃知烏傷王文節之記所謂「面徑五寸」者，乃是漢尺五寸强耳。若直以今尺度之，則甫及四寸，安得云五寸哉？由此以推，則其所謂「圍一尺六寸强，厚一寸弱」者，皆是以漢尺度之。昔郎仁寶在明代尚能考證歷代諸尺，則烏傷之見漢尺可以無疑，而益見考古之不可輕以臆斷矣。

梅仙山石刻 漢

何喬遠閩書：在建寧府城〔南〕二里。漢梅福丹成之日，驂鸞而去，所乘馬及鞭從空墜下，天爲降甘露焉。故今原曰甘露，洲曰墜馬，渡曰驂鸞，坡曰遺鞭。山巔丹井、壇竈〔遺跡〕具存。每秋陰，井上虹光時現。碑刻「大漢甲子梅福立」。宋守韓元吉建堂，榜曰「梅仙山」，後守李詵修〔廢〕，復扁曰「梅山」，半山創亭，曰「驂鸞」。

蕭子開建安記：梅福上昇，墜馬於小松溪。

輿地紀勝：梅山在城南三里。

按，韓元吉，淳熙中知建寧州。李詵，疑李訦之誤。

晉

永康磚永康元年

閩書：羅源縣登高山，上有晉冢三，磚文曰：「永康元年始改晉郡爲晉邦。」凡十一字。

咸和磚咸和四年

磚文一曰「咸和四年太歲」，一曰「咸和四年八月辛丑朔□日起造」，似篆似隸，陽文。磚長一尺三寸，厚二寸，旁有紋。爲福州陳壽祺太史所藏。

梁

萬歲寺塔鼎銘 天監四年

閩書：嘉（祐）〔靖〕十三年，四明屠僑來爲藩左伯，由南門入。居一月，雷震萬歲寺。塔鼎墜地，有款識曰：「諸天及人，無由見鼎。地摇三日，天雨四花。土田三變，今古同時。屠人握閩，雨衣三拜。梁天監四年書。」

出師頌

金石〔林〕時地攷：「蕭子雲書。在福州府學。」閩書作「蕭子南章草」，「南」字誤。

唐

湛虚山墨刻 貞觀

王象之輿地碑目：「在湛虚山，去〔松〕溪〔縣〕南二十里，作貞觀〔中〕石刻。」曹學佺名勝志：「湛虚山，在松溪縣南。唐拾遺記以此山爲（湛）〔越〕王鑄劍之所，有冶鑪遺跡及唐貞觀中墨刻崖上，現存。」

謝家磚 總章二年

在羅源縣沈厝後山。道光九年二月，土人鋤土，得古磚。冢空穴，有瓦瓶二、瓦燈六，磚紋有造像及執弓、御馬、鏡花形。冢門一磚，長一尺三寸，有「維大唐總章二年十月四日謝家」十三字，陽文，正書。村人舊稱謝家壠。規制樸古，惜無碑志可攷也。

陳元光威烈廟記垂拱二年

輿地碑目：唐垂拱二年立，在漳州。

碑云：「公姓陳，諱元光。永隆三年，盜攻潮州，公擊賊，降之。公請泉、潮之間，創置一州。垂拱二年，遂敕置漳州，委公鎮撫。久之，蠻賊復嘯〔聚〕，公討之，戰歿，因廟食於漳。」見輿地（碑記）〔紀勝〕。郝志入名宦，未詳其事。

烏石山盤陀和尚真身塔記大足元年

福州府志：撰人闕。

閩書：盤陀〔塔〕，山頂有古磚塔，門忽裂，現一真身。〔郡人〕陳公云：「爲兒時，見石橋上，有盤陀和尚真身塔記，末云『大足元年建』。」

東山愛同寺懷道闍黎碑開元二十五年

集古録目云：唐括州刺史李邕撰并書。闍黎姓陳氏，爲福州愛同寺僧。碑以開元二十五年七月立。

按，鄭樵通志金石略作「大律故懷道闍梨碑，李邕書，在福州」。黎、梨，古通字。

按，泰和，玄宗時左遷括州司馬，開元二十三年起爲括州刺史。見唐書。

章仙壇碑開元

郝玉麟通志：在連江香爐山，有唐開元中敕建章仙壇碑記，（章壽學道於此），宋政和間改爲寺，僧恐復爲道宮，乃毀而瘞之。

開元中敕書開元

輿地碑目：在連江（廣）〔光〕化寺。

封祀石刻天寶

輿地碑目：唐明皇刻石，在武夷換骨巖。是時，遣使者祭海内名山大川，登仕郎顏行爲之記。

崇安縣志：天寶七載歲在戊申七月，封名山大川，登仕郎顏行記。在武夷山同亭湖畔。後湖陷，石墜水中。

聖泉院置經略軍記至德二載

見梁克家三山志。

黄畬廟記廣德二年

復齋碑録云：「唐吳安世撰并正書。廣德二年六月初三日立。」寶刻叢編：在建州。

石敢當石刻大曆五年

輿地碑目：在興化軍。

劉斧青瑣高議：張緯慶曆甲申以秘書丞宰莆田，再新縣中堂，治地得石，銘文曰：「石敢當，鎮百鬼，壓灾殃。官吏福，百姓康。風教盛，禮樂張。唐大曆五年四月十日縣令鄭押字記。」得銘之日，乃皇宋慶曆五年四月十日也。自唐距今幾三百年，物之顯伏固有時，至於年號月日，脗若符契，異哉。

按，張緯，慶曆間知莆田，見郡志（大）〔慶〕曆間莆田縣令。鄭志失攷。

般若臺大篆 大曆七年

金石錄云：唐李陽冰篆，大曆七年立。

諸道石刻錄云：「在神光寺石壁上，大字二十四字：『般若臺，大唐大曆七年，著作郎兼監察御史李貢造，李陽冰書。』」小篆，徑一尺。按，「般若臺」三字下有「住持僧惠攝」五字，正書。

輿地紀勝：記刻於華（嚴）巖頂，與處州新驛記、縉雲縣城隍記、（麗）〔鏡〕水忘歸臺銘，世寶之爲「四絶」。

顧炎武金石文字記：閩中絶少石刻，惟此銘在三山爲最古。

按，金石錄云：「陽冰在肅宗朝所書，〔是〕時年尚少，故字書〔差〕疎瘦，〔至〕大曆以後諸碑，皆暮年所篆，筆法愈淳勁。」此書署「大曆七年」，正晚年筆也。

成公李椅去思碑 大曆十年

獨孤及撰。見郝志。

世與道交相興喪，弘之者在人，非庚桑楚不能使畏壘〔大〕穰向化，微文翁蜀學不崇。閬中無儒家流，成公至而俗易，民賴德施，古今一也。初成公之始至也，未及下車，禮先聖先師，退而嘆(室堂)〔堂室〕湫狹，斆學荒墜，懼鼓篋之道寢，子衿之詩作。我是以易其地，大其制，新其棟宇，盛其俎豆。俎豆既(條)〔修〕，乃以五經訓民，考教必精，絃誦必時。於是一年人知敬(愛)〔學〕，二年(而)學者功倍，三年而生徒祈祈，賢不肖競勸，家(而)〔有〕洙泗，户有鄒魯，儒風濟濟，被於庶政。大曆十年歲在甲寅秋九月，公薨於位，於是群吏庶民、耆儒諸生，雨泣廟門之外，若有望而不至，號曰：「豈不欲斯文之漸漬於東甌之人歟？不然，何錫厥化而不遐公之年也？吾黨瞠然，嗚呼曷歸？」〔判官〕膳部員外郎兼侍御史安定皇甫政、殿中侍御史潁川韓贊、監察御史河南長孫繪，率門人、部從事、州佐縣尹相與議，以公之功績明示後世，謂及嘗同司諫之列，宜備知盛德善政，見托論譔，以實錄刻石。曰：公諱椅，字某，皇帝之諸父，宗室之才子。寬裕愷悌，孝慈忠敬，莊而成式，文而强力。治王氏易、左氏春秋，酌其精義，以輔儒行。故居處執事、著書屬詞，非周孔軌躅不踐也。天寶三載，應選〔部〕辯論，爲安陽縣尉。中興之後，歷御史、尚書〔郎〕、諫議大夫、給事中。十餘年〔間〕，周歷三臺，言中彝倫，動中大本，上交不諂，下交不瀆。家貧，不樂清（苦）〔近〕，求爲京兆少尹。無何，出守弘農。〔弘農人和〕。又移典華陰，兼御史中丞。華陰之近者安，遠者來，天子以爲才任四岳十二牧之職。大曆七年冬十（月）〔有〕一月，加御史大夫、持節都督福建泉汀漳五州軍事、領觀察處置都防禦等使。八年夏四月，龍（旆）〔旂〕六轡，至自京師。閩越舊風，機巧剽輕，資貨産利，與巴蜀埒富，猶無諸餘善之遺俗，號曰難治。公將治之也，考禮正刑，節用愛人，頒賦遺役，必齊其勞逸；視年豐耗，量入以制用。削去事之煩苛、法之掊尅者，吏不奉職，民不（帥）〔師〕教，則懲以薄刑，俾寖遷善，繇是民知方矣。公將安之也。初哥舒晃反書至，公屨及於門，遽命上將帥戈船，下瀨之師，西與鍾陵軍會，先拔循、潮二州，以援番禺。推誠誓衆，士皆奮勇。既而大憝就戮，五嶺底定，民是以康，緊我師是賴，人無姦宄寇賊之虞矣。公將教之也，考頖宮之制，作爲此學而寓政焉。躬率群吏之稍食與贖刑之餘羨，以（補）〔備〕經營之費，而不溷於民〔也〕。先師寢廟，七十子之像在東序，講堂、書室、函丈之席在西（席）〔序〕，齒胄之位，列於廊廡之左右。每歲二月上丁，習舞釋菜。〔先〕三日，公齋戒肄禮，命博士率胄子修祝嘏、陳祭典。釋菜之日，(美)〔疊〕器用幣，籩豆在堂，罇(壘)〔罍〕在阼。公玄端赤舄，正詞陳信。是日，舉學士之版，視其藝之上下，審問慎思，使知不足，教之導之，講論以勗之。八月上丁，如初禮。歲終，博士以(選舉)〔遜業〕之勤惰、覃思之精麤告於公。斂其才者，進其等而貢之於宗伯。將進，必以鄉飲酒之禮禮之。賓主三揖，受爵於兩壺之間。堂下樂作，歌以發德，鹿鳴、南陔、由庚、嘉魚、南山有臺以將其厚意。繇是海濱榮之，以不學爲恥，州縣之教達於鄉黨，鄉黨之教達於衆庶矣。公薨之二年，太〔常〕議按公叔發修衛國之班制以交四鄰，故易其名曰文。孔文叔其勤家風，夙夜不懈，衛人銘其彝鼎。以公尊教勸學，德洽荒服，乃奏謚曰成，詔贈禮部尚書。而刻金石之禮，則闕而未備。今也敢播德馨，貽之無窮。

其銘曰：維公之文，肅恭且仁。宣力事君，潤飾經術，底綏斯民。惟公之武，鰥寡不侮，剛亦不吐。率衆勤王，戡厥醜虜。易俗移風，經始頖宮。百堵皆興，孔堂崇崇。四科以班，乃侯乃公。秩秩祀典，鏘鏘禮容。大昕鼓篋，學士萃止。褒衣乃屨，登降以齒。從公於邁，樂我泮水。我閭我里，講論資始。比屋爲儒，俊造如林。縵胡之纓，化爲青衿。公宜難老，爲學司南。斜日告凶，實天匪忱。翽翽和鸞兮，不聞遺音。願言思公兮，如玉如金。鏤餘烈於此石，以(策)〔塞〕罷〔市〕者之心。

按，三山志作「李錡」，誤。舊記作「椅」，以大曆七年爲福州刺史。圖經云：「唐興，天下翕然尚文。神龍中，州人薛令之始登上第，其後李錡、常衮咸以崇學校、勸風俗爲意。」則錡之崇學校，當在常衮之先。而圖經書李錡爲福州刺史，唐書李錡傳乃於憲宗時爲潤州節度使，在元和二年，相去七八十年，不應合爲一人。則是興學校者，爲福州刺史李錡也。其獲罪元和者，潤州節度李錡也。有兩李錡，故重修學記作「李椅」，則非元和之「李錡」矣。此去思碑，郝志於都督府儒學記重載此文，殊誤。

福州都督府儒學記 大曆

常州刺史獨孤及撰。

按，及，字至之，洛陽人。天寶末爲華陰尉，代宗召爲左拾遺，歷舒、濠二州刺史，賜金紫，徙常州，治尚平易，民皆安之。見唐書及咸淳毗陵志。此文列銜常州刺史，蓋在代宗時。唐書稱其文「彰明善惡，長於論議」云。

石佛像記 貞元六年

諸道石刻録云：唐四門助教歐陽詹撰。郝志云：在烏石山南澗寺上方。

輿地紀勝作南澗天王寺石像記。

萬物闐闐，各由襲沿。無襲無沿，而忽以然，苟非妖怪，實爲珍慶。斯石像者，其珍慶歟？始孕靈韞質，兆朕未見，則峨峨巨石，巖峭山立。鎮郡城之前阜，壓蓮宮之上界。海若鞭而莫動，天時泐而終固。皇唐天寶八載五月六日清晝，忽騰雲旁湧，驟雨來集，驚飆環駭，氛旮杳冥。雄雄者雷，睦然中震，迸火噴野，大聲殷空，岑嶺躨跜，潭洞簸蕩。須臾，風雨散，(雷雲)〔雲雷〕收，激劈輪囷，斬(焉)〔然〕中闢。南委地以柹落，北干霄而碣樹。不上不下，不西不東。亭亭厥心，隱出真像。三十二相具，八十種好備。列侍環衛，品覺有序。莊嚴供養，文物咸秩。端然慈面，儼矣儀形。似倚雪山而授法，(似)〔如〕開月殿以趺坐。異矣哉。不曰博聞乎？未聆於既往。不曰多智乎？罔測其所來。且物之堅，莫堅於石，況高原廣袤，又群石之傑。一朝(派)〔瓜〕剖，中有雕琢。其爲造石之初，致有相而外封乎？其爲有石之後，入無間（而）〔以〕内攻乎？噫，不可以人事徵，請試以神化察。巍巍釋氏，發揮道精，其身既傾，其神不生。等二儀以通變，齊四大而有力。教於時有所頹靡，人於教有所忸怩，則爲不可思議。以喣以吹，故示此無跡之跡、難然之然，俾知（其）我存，存（入）我之門。經曰「千百億化身」，蓋隨感而應。兹身者，則千百億之一焉。昔諸佛報現，皆託於有命。有命則有生，有生則有滅，曷若因其不朽之物，憑乎不動之基？形既長存，法亦隨是。與夫爲童（兒）〔男〕而出世，假長者以來化，玄玄之徼則雖一，永永之利則不侔，可以禮足而悔罪，寄影以安樂。予則求福不回者，焚香跪仰，或從釋子之後，故於巉巉之餘仞，聊書其所由來。貞元六年七月十五日記。

按，詹，字行周，泉州晋江人。閩中第進士自詹始，爲國子監四門助教。三山志：天寶八載五月六日，驟雨雷震，須臾晴霽。亭亭石心，湧出佛像，三十二相，八十種好，列侍環衛。歐陽詹記之。

東山懷一律師碑 貞元八年

復齋碑錄云：東山懷一律師碑，唐皇甫政撰，褚長文正書，丘悌篆額，貞元八年四月十五日立。輿地碑目作：懷一塔碑，在閩縣聖泉院。郝志云皇甫政懷一律師碑，未詳年月。蓋未見復齋碑錄也。碑云：「天降舍利，松不棲禽，梁不巢燕，池不生蛙，庭不生草，凡爲六奇。」見三山志。

按，皇甫政，大曆間任節度觀察留後。見郝志。

愛同寺西院大律師碑 貞元八年

諸道石刻云：唐劉太真撰，于頔書，貞元八年立。在閩縣。

案，太真，宣州人，史稱其善屬文，師蘭陵蕭穎士。舉進士。貞元四年曲江詩宴，帝自第之，太真爲上，見唐書。于頔，字允志，河南人。貞元初出爲湖州刺史，見顧渚山題名。十四年拜山東道節度使。此當爲刺史時所書。

席相北樓記 貞元九年

輿地碑目：貞元初，歐陽詹撰。在泉州。

四門集：釋名曰：「樓，謱也，謂其高明覿遠，謱謱然也。」建於第宅，則以閱園林有媚；樹於雉堞，則以警寇盜不虞。故墨子曰：「城三十步一坐候樓，百步一立候樓。」兹樓者，蓋此郡北墉之立候樓也。卜築之始，微而具之，袤不倍常，廣唯再尋。製造日遠，土木力殆，左騫右陊，上露下圮，有年數矣。邦牧安定席公，貞元七年下車，至九年，(月)〔目〕之三祀，重民力而未形言。是年暮秋，歲豐農隙，有司率常典，告有事於土功。公曰：「斯郡(國)之南極也。元后帝鄉，實在於北。詩不云乎：『心乎愛矣，遐不謂矣。』欲因戀主，向方瞻矚，唯北有樓，半傾半摧。日夜闕登陴擊柝之所，風雨憂折榱復隍之患，政因時令，爾其營之。俾有布席跪立之地間，更人防卒之蒞事。予將時躋，展北面拱辰之心焉。」(而)受命者感公之意，如公之意；野人(郡)〔群〕庶感公之誠，如公之誠。川朝子來，壞崩易矗。趾有餘而不剗，基墉自延；材有長而不剪，棟宇自崇。既望庀徒，未晦成功。倚層霄於軒檻，納千里乎牕牖。如鱗之廨署，若岸之軍壁。得之之狀，若連山之有重巒，長江之蹙洪濤，氣勢繇是以雄焉。公每子牟情來，莊舄思（至）〔生〕，俯仰於斯，徘徊於斯。夫完城壯邑，有邦之本也；戀闕愛君，爲臣之節也。善矣哉，公廣兹樓也。遠得有邦之本，近貞爲臣之節。執邦之本曰公，謹臣之節曰忠，惟公與忠，公斯昭矣。小子家在委巷，多聞輿頌，藝忝儒術，每侍公居，上志下衷，兩獲而達。敬書其事，爲之記以獻。至若眺四維之雲物，臨萬井之煙景，遐象佳致，睟莫勝觀，非公有樓之素，故不之載。貞元九年秋九月三十日獻。

案，記云「安定席公貞元七年下車」，姜公輔有寄泉南席使君詩，郝志有傳。北樓，戍樓也。後王十朋重修之。

二公亭記貞元九年

輿地碑目：唐歐陽詹撰。在泉州。

四門集：勝屋曰亭，優爲之名也。古者創棟宇，纔禦風雨，從時適體，未盡其要。則夏寢冬室，春臺秋户，寒暑酷受，不能自減。降及中古，乃有樓觀臺榭，異於平居，所以便春夏而陶堙鬱也。樓則重構，功用倍也；觀亦再成，勤勞厚也。臺煩版築，榭加欄檻，暢耳目，達神氣，就則就矣，量其材力，實由有蠹。近代襲古增妙者，更作爲亭。亭也者，藉之於人則與樓觀臺榭同，製之於人則與樓觀臺榭殊。無重構再成之糜費，加版築欄檻之可處，事約而用博，賢人君子多建之。其建之，皆選之於勝境。今年暮春月，邦牧安定席公，別駕置同正、前相國天水姜公，念兹邦川逼溟渤，山連蒼梧，炎氛時迴，溼雲多來，又日臨胃次，斗建辰位，和氣將徂，畏景方至。月令云「可以升山陵，可以居高明」，蓋謂是月。(況)〔向〕地理卑(痺)〔庳〕，而不擇爽塏，以蕩夫污濊乎？因問俗，相原隰，郭東里所，共得奇阜，高不至崇，卑不至夷，形勢廣袤，四隅若一。含之以澄湖萬頃，揖之以危峯千嶺，點圓水之心，當奔崖之前，如鏡之(鈕)〔鈿〕，狀鼇之首。二公止旌輿以回睇，假漁舟而上陟，暮煙茵草，翫懌移日，心謀意籌，有建亭之算，而未之言也。二公既回，邑人踵公遊於斯者如市。登中隆，觀媚麗，前來後至，異口同(聲)〔詞〕曰：漢帝不曰「百姓安其田里而無愁怨之聲者，其由良二千石乎」？是(故)〔謂〕政平教成，使俗泰而民以寧者也。虞書不曰「股肱良哉，庶事康哉」？是謂翼帝藩皇，調陰序陽，使物阜而民以昌者也。席公今日之化育，吾徒是以寧；姜公昔歲之弼諧，吾徒是以昌。且以之寧，又以之昌，愷悌君子也。詩曰：「愷悌君子，民之父母。」二公者，真吾父母矣。（令）〔今〕茲皁二公攸選，尚而加愛，務休訟簡，必復斯至。上露下蕪，忍令父母憩之乎？遂偕發爲公就亭之〔功〕，如墻而前，陳誠於縣尹。〔縣尹〕允其請，而爲之辨方經蹠，等周環當上頂，誡奢訓簡，以授子來。於是家有餘糧，圃有餘木，或掬一（坯）〔抔〕土焉，或剪一枝材焉，一心百身，蜂還蟻往，榛莽可去以自薙，瓦甓無脛而奔萃。一之日斤斧之功畢，二之日圬（墁）〔塓〕之庸息，再晨而成，二公莫知。層梁亘以中豁，飛甍翼而四翥，東南西北，方不殊致，糊白墳以呈素，臒頳壤而垂繪。通以虹橋，綴以綺樹，華而非侈，儉而不陋，煙水交浮，巖巒疊迴。精舍奉其旁達，都城企其遐際，容影光彩，摇漪入瀾。指朱軒於潭底，閱雲岑於波裏，爌爌油油，如飛若動。又鈞人飄飄於左右，游禽出没乎前後，一眄（一）〔一〕睞，千趣萬態。税息之者，若在蓬壺、方丈之上。二公重清曠於舊賞，納（忠）〔衷〕愬乎群庶，尋幽（探冥）〔採異〕常於斯，勞賓祖客常於斯。加以平疇閒闢，通塗在下，可以親耕槈，可以採謳謡，作一亭而衆美具。噫，天造茲皁，其固與人爲亭歟？不然，何以遠郛郭而博敞詭秀之若此？非常之地，意待非常之人，故越千萬祀而至二公方覿也。邑人想之，復言曰：「事無隱義，物有正名。地爲二公而見，亭從二公而建，斯亭也，可署曰『二公亭』。」雖芻蕘之云，中實有謂。二公不忽，遂以爲號。小子藝忝于文，曾觀光上國，去之日歷越遊吴，歸之辰踰荆泛漢。會稽之蘭亭，姑蘇之華亭，襄陽峴首，豫章湖中，皆古今稱爲佳境。或棟宇猶在，或基址未没，山川物象，遍得而覽，方之於此，遠有慚德。懿哉二公，智周德厚，卜地如此，感民若彼。詹非飾説，入吾邑者、升吾亭者知之。古之製器物、造宫室，咸有銘頌，以昭其義。斯亭也，豈無斆古而爲之章句者？小子薄劣，不敢議其事，粗述其旨，姑爲之記。兼借二公之名於記左，以爲邦榮。在位元寮，亦以次序，從公而列。貞元九年三月二十五日記。

案，貞元九年三月，郡牧席公、别駕姜公得奇阜，二公建亭，邑人扁曰「二公亭」，詹爲是記。見輿地（碑目）（紀勝）。

席相新六曹都堂記貞元十年

輿地碑目：貞元十年，歐陽詹撰，今謂之僉廳。在泉州。

四門集：貞元八年，刺史安定席公爲邦之二祀冬，造六曹之都堂，公表微而慮遠也。

天子建六官，以紀綱天下，分刺史六司，用經緯封中，猶天之有四時而人之有四肢。一時不若，則歲罔成功；一肢不和，則體莫全用。公以六司之掾如股肱，思安之，與身之安也。火流定中，將壞城郭，親覽廨宇，首視斯署，既隤而隘，非凝神揆務之所。日撫人民，不則有國，營宫室是亦爲政。乃量羡府以度用，指斯宇而命易。又曰：「處湫居卑，非智也；煩人蠹財，非仁也。吾欲全（行）〔仁〕而就智，（蔵）〔藏〕事者志之有司。」於是審基趾，程廣袤。山節藻棁，僭也，削而不取；土階茅櫩，逼也，革而是捐。非約非豐，允執厥中，然後計其材量日力。山木則詶之如市，人功則税之若時，〔物〕樂民願，未旬而畢。飛梁三道而通負，連楣六接以都豁。陽軒遐引，陰室旁啓，揖以重屏，翼以迴廊。晻黮黮以秘邃，屹崇崇而宏敞。夏處其達則炎天以涼，冬居其隩則淒風以溫，足以寧肌靜心，釐厥職者也。夫哲人有作，不唯利身，在利人；不唯利今，在利後。相斯堂者，公侯卿士，禮隔殊品，公不之降也，斯不亦利人，不唯利於身歟？堅壯固護，存延千祀，人不之逮也，斯不亦利後，不唯利於今歟？覩斯堂，見公之意。時某處某乙爲司功，某處某乙司户、司倉、司法、司兵、司田，皆外莊内融，懷材抱忠，無回邪以莅下，有謇諤以承上，當時之彦也。請列於記左，庶後之君子覩名訪德，知夫是日堂有人焉。建堂之明年記。

鱔溪廟記貞元十年

見三山志。王翃以貞元八年出爲福建觀察使，十年因祈得雨，爲此記。寰宇記：鱔溪，在福州東鼓峯，其潭有鱔，長三丈餘。今爲祈禱之所。

無垢淨光塔銘貞元十五年

皇帝降誕日爲國建無垢淨光塔銘并序

攝觀察推官、宣義郎、前行秘書省校書郎庾承宣撰。

昔如來以善惡無所勸，爲之説因果；修因果者無所從，爲之存像教。像教設而功德爰立，因果著而報應彰明。至於聚沙，（而）〔亦〕獲多福。矧由旬縱廣之高大，其功德曷可思量哉？惟唐貞元己卯歲孟夏四月旬有九日，聖君降誕之辰也。煌煌乎溥天之大慶，率土之盛事。窮祥絶瑞，略而不談。人神幽贊，品類歡樂。邇自京邑，達於海隅。各獻珍寶，以賀昌運。先是觀察使柳公、監軍使魚公相與言，曰：聞夫西方之聖者□缺一字。

崇福之本，至仁之教，故報君莫大於崇福，崇福莫大於樹善，樹善莫大於佛教。教之本，其在浮圖歟？伏以今皇帝道邁往初，澤漸無垠，天下之人，登壽域、樂太平者，二十有一年於兹矣。含氣之類，尚猶知感，矧臣子之心，復當於兹辰焉。於是會釋徒，謀建置，作爲浮圖，以塔名(心)〔之〕。夫塔者，上參諸天，下鎮三界，影之所蔭，如日月之照，破昏爲明；鈴之所響，如金石之奏，聞聲生善。如是，諸福盡歸今上。謀之既臧，相顧踴躍，願力□缺一字。果，事無不諧，齋心至誠，三卜皆吉。相地面勢，依山憑高，標勝概於南方，跨上游於福地。食王祿者樂於檀施，荷帝力者悦而獻工，役無告勞，(工)〔功〕用斯畢。皇帝嘉焉，御札題額，(銘)〔賜〕名「貞元無垢淨光之塔」。屹然峻然高缺二字。立雲外。(露)〔霽〕盤而星象可接，金牓而鸞鳳交馳。從何處生，如踴諸地。比金剛而難壞，與劫石而齊堅。取舍利以寘其中，□缺一字。本□缺一字。以表其外。俾夫觀覽者名号斯識，瞻禮者利益居多。異夫經營之初，墾鑿之始，周其基阯，下現盤石。五色□□□□□□缺六字。意將靈祇，先有所待。盤石之上，又生異表，瑩徹冰淨，淋漓玉顏。如物之牙，粲然攢植，訊諸博識，得未曾有。非□□缺二字。孝之感動，神祇之協贊，則何以有斯靈異乎？況河東公以仁德鎮撫，海隅底安；魚公以忠貞□□□□缺四字。師□缺一字。輯睦。二臣協心，一方康寧，建彼崇塔，赫然丕績。上以資大君無疆之福，下以遂蒼生□□□□□□□□□缺九

字。亦至矣。盍刊諸貞石，以示於將來。小子備從事之末，奉銘敘之命，豈知竺乾之道，
空爲□□□□□□□□□□。缺十字。下爲銘詞，碑中另擡寫。
瞻彼靈塔，巍巍崇崇。疑自地踴，若將天通。作鎮海隅，高摽閩中。影護下界，形儀
太空。金盤納景，□□□□。□□□□，缺八字。贊茲盛功。俟其建之，臣子之忠。□□
缺二字。福之，聖壽無窮。
貞元十五年歲次己卯。下缺。
福建等州都團練、觀察處置等使、朝請大夫、使持節都督福州諸軍事、守福州刺史
兼。下缺。三山志作「御史中丞柳冕」。
福（州）〔建〕監軍使、朝議郎、行三山志誤作「侍」。內侍省內府局丞、員外□缺一字。三山志
作「置」。同三山志誤作「司」。正員、上柱□□缺二字。緋魚袋此上九字。三山志誤作「遷」字。魚□下
缺。三山志作「獻」字。

諸道石刻錄云：唐庚承宣撰，無書人名氏，篆額，貞元十五年四月立。

通志云：在石塔寺。唐貞元十五年己卯歲四月十九日，德宗誕辰，觀察使柳冕建塔
九層，賜名「無垢淨光塔」。攝觀察推官、宣議郎、前行秘書省校書郎庚承宣撰。

錢大昕金石文跋尾：右貞元無垢淨光塔，今在福州府。（按）〔梁克家〕三山志云：石

塔寺，在福州西南。貞元十五年德宗誕節，觀察使柳冕以石造塔，賜名「貞元無垢淨光塔」，庾承宣爲記，即此碑也。碑末題「福建等州都團練、觀察處置等使、朝請大夫、使持節福州諸軍事、守福州刺史」，「史」字以下皆闕。以三山志證之，知所闕者爲「兼御史中丞」及柳冕姓名也。次一行題「監軍使、朝議郎、行内侍省内府局丞員外置同正員、上柱國、賜緋魚袋魚獻」，「獻」字剝落，止存右一筆，今據三山志補之。志所書魚獻結銜，字多譌脱，文又當據碑爲正耳。碑中「基址」字避諱作「基」，與慈恩寺基公塔銘正同。

王昶金石萃編：按，碑云「貞元己卯歲孟夏四月旬有九日，聖君降誕之辰」。唐書本紀：德宗以貞元二十一年正月崩，年六十四。推其生在天寶元年，至貞元己卯，年五十八。寺僧爲皇帝誕辰建造浮圖，僅見此碑。當時佛教流行天下，以建塔寓祝釐之意，當不止一處。而福州距京師遠數千里，僻處海隅，此碑獨流傳至今。撰文者庾承宣，無傳。書者柳冕，〔唐書傳稱冕〕字敬叔，博學富文辭，貞元十三年兼御史中丞、福建觀察使。此碑正在福建時也。冕官福州，置萬安監，索部内馬驢牛羊畜牧之，民間怨苦，坐政無狀，代還。然則碑稱其「以仁德鎮撫，海隅底安」者，亦過譽矣。

孟超然瓶菴居士文鈔云：徐興公榕陰新檢言「貞元無垢淨光塔，寺廢久，碑猶存闤闠間。嘗偕陳伯孺、曹能始往，讀猶可以意會之」，是明萬曆此碑猶存也。而國初潘稼堂遊閩，已不可得見矣。往歲同林育萬孝廉、龔維廣進士遊石塔寺，二君爲石塔碑刻記，累數千言，亦嘆此碑不可得。維廣據三山志以爲王延羲所建石塔即此地，而貞元塔之毁，亦據志當在黄巢亂時。乾隆四十有五年庚子秋，閩學使大興朱竹君先生，思爲閩金石志，其門下士爲遍搜舊刻，忽得此碑於石塔寺樓房中。余攷鼓山遍照和尚自敘云：「乾隆二十六年癸未購石，塔東民房爲塔院，造樓一所，額曰『冥晦清齋』。」即石塔寺也。此碑夾板壁中，覆以樓，樓下爲僧卧室，從無入者。樓既撤，龜趺螭首，巋然巨觀。碑文大半完好，不止如興公所云「可以意會」者。而遍照之不早出是碑，爲可恨也。抑此地舊爲貞元塔院，兵燹之後久爲民居。閱數百年，建塔院者又適於此地，乃使此碑復出，亦有數存乎其間，未可知也。

鄭杰曰：右唐貞元無垢淨光塔碑，在今塔西十許武僧寮複壁中，故物色罕有及者。今歲孟夏，既刊塔記成，因念曹能始先生名勝志及徐興公、潘稼堂諸記述，皆言此碑見存，遂往搜訪，久乃得之。碑約高一丈二尺，寬四尺四寸，雙螭首龜趺，額篆「敕貞元無垢淨光塔銘」九字，分三行，行三字。碑中分二十三行，行二十四字。碑文末段剝蝕爲甚，然總計缺裁五十餘字。其末二銜，以三山志考之，首銜「兼」字下當爲「御史中丞柳冕」六字；次銜三山志載爲「監軍使、朝議郎、侍内侍省内府局丞員外置司遷魚獻」，以今碑考之，則上「侍」字當從碑作「行」，「員外」下缺一字，當從志作「置」，「司」字當從碑作「同」，「遷」字當從碑作「正員上柱□□緋魚袋」九字，「獻」字又當從志。夫金石之壽最久，然非得好古者爲之表章，則委逸不少矣。此碑自曹、徐、潘三家見後已百餘年，乃今復出於世，顯晦之迹，固有時哉。

按，承宣與韓愈、李觀、李絳、崔逢、王涯、馮宿、歐陽詹聯第舉進士，時偁「龍虎榜」，見唐書。魚獻爲福州監軍使，見黄志。

馬懿公壁記 元和二年

輿地碑目：元和二年，馬摠撰。

案，贛州刺史廳壁記云：「元和四年，摠自泉州移贛。」則二年正知泉州時。

東山愛同兩寺義食堂畫壁記 元和四年

諸道石刻錄云：唐馮審撰，顔顒書，篆額，元和四年立。輿地碑目作「羅漢堂記，在大乘愛同寺」。三山志云：「大乘愛同寺，六年置大乘，十二年置愛同。異居同食曰愛同。會昌〔例〕廢，大中十一年復之，合爲一。」此兩寺義食，所以有堂也。寶刻類編作賀蘭皎書。

雷篆 元和五年

閩書：石銘者。太平廣記載宣室志云：泉州之南有山焉，峻起壁立，下有潭水，深不可測，周十餘畝。中有蛟螭，常爲人患，人有悮近，或馬牛就而飲者，輒爲吞食，泉人苦之有年矣。由是近山居者，咸挈引妻子遠徙逃患。元和五年，一夕聞山南有雷暴，震數百里，若崩山之狀，一郡驚懼。里人洎牛馬雞犬俱失聲仆地，屋瓦交擊，木樹顛拔。自戌及子，雷電方息。旦往視之，其山摧（墜）〔墮〕，石壁數百仞殆盡，俱填其潭，水溢流，注滿四野。蛟螭之血，(若遍)〔遍若〕玄黄。而石壁之上，有鑿成文字一十九言，字勢甚古，郡中士庶無能知者。自是懼者涣息，遷者歸還，結屋架廬，接比其地。郡守因之名其地爲「石銘里」，蓋因字爲銘，且識異也。後有客於泉者，能傳其字，持至東洛。故吏部侍郎韓愈自尚書郎爲河南令，見而識之，其文曰：「詔□黑視之鯉魚，天公畀殺人牛。壬癸神書，急急。」然則詳究其義，似上帝責蛟螭之詞，令戮其害也。其字則蝌斗篆書。又云：漳、泉接境，縣南龍溪界域不分，古來爭競不決。忽一年，大雷雨霹(靂)〔一〕山，石〔壁〕裂，壁□刻字：「漳、泉兩州，分地太平。萬里不惑，千秋作程。南安、龍溪，山高氣清。」其文猶可識。又云：唐開元中，漳、泉二(水)〔州〕，分疆界不均，互訟於臺，制使不能斷。迨數年，詞理分亂，終之莫決。於是州官焚香告於天地山川，以祈神應。俄雷雨大至，霹靂一聲，崖壁中裂，所競之地，拓爲一逕，高千丈，深僅五里，因爲古道。壁中有古篆六行二十四字，皆廣數尺。雖約此爲界，人終莫識。貞元初，流人李協辯之曰：「漳、泉兩州，分地〔太平〕。永安、龍溪，山高氣清。千年不惑，(太平)萬古作程。」所云永安、龍溪者，兩郡界首鄉名也。

毬場山亭記 元和八年

復齋碑録云：唐毬場山亭記，馮審撰，分書，無姓名篆額，元和八年立。

輿地碑目：元和八年，馮審記。

案，三山志：唐元和八年，刺史裴次元於其南闢爲毬場，即山爲亭，作詩題於其壁，自爲序，大略云：「場北有山，維石巖巖。峯巒巉峭聳其左，林壑幽邃在其右。是用啓滌高深，必盡其趣；建創亭宇，咸室其宜。」勒爲「二十詠」，有望京山、觀海亭、雙松嶺、登山（略）〔路〕、天泉池、翫琴臺、筋竹巖、枇杷川、荻蘆崗、桃李塢、芳茗原、山陰亭、含清洞、紅蕉平、越壑橋、獨〔秀〕峯、筼簹坳、八角亭、〔椒〕盤石（椒）、白土谷詩，各一章，章八句。内望京山：「積高依郡城，迴拔凌霄漢。」蓋取以「望京」名之也。時觀察推官馮審爲記刻石，大略言：次元報政之暇，燕遊城之東偏，曰左衛營，遂命開治，化磽确爲坦夷，去荆棘於叢薄，以爲毬場。其北乃連接山麓，翳薈荒榛。公日一往，或再往焉，捫蘿躡石，不憚危峭。轉石爲峯巒出，濬坳而池塘見，爲潭爲洞，爲島爲沼，窈窕深邃，安可殫極。凡二十有九所，聲於歌詠者二十篇，蓋又有漣猗亭、東陽坡、分路橋、乾崗岑、木瓜亭、石堤橋、海榴亭、松筠陌、夜合亭未爲詩也。至大中十年，亭壁之詩已無存者。刺史楊發訪於邑客，得其本，爲鑱諸碑陰而識之。其後碑石湮没。皇朝熙寧二年夏，新子城，役人裒土，於宣毅營北將軍山下得之。乃葺而置於郡中日新堂之西廡，有程太卿師孟題記。按，此則「埸北」云云，是次元自序並詩題壁之文，非審記文也。通志以序文爲記，誤矣。

按，次元，以元和六年爲觀察使，八年薛謇爲中丞，是記蓋去後立也。審，字退思，元和間任福建都團練處置使推官，作記當在此時。楊發，字至之，宣宗時爲蘇州刺史，徙福建觀察使，以能政聞，見唐書。黄志職官：楊發，大中間任福州刺史。

賈島章敬國師碑銘元和十年

權德輿撰，賈島書，在浮峯山。

閩書：師懷暉，姓謝氏，東晉流寓，今爲泉州人。孩提秀發，博究書術。一旦，慨然曰：「我之祖先，今安在耶？四支百體，視聽動用，孰使然耶？」濯然雨泣，改服緇褐，志在楞伽，行在曹溪。得圓明清淨之本，去妄想因緣之習。百八句義，照其身心；心離文字，化無方所。於是抵清涼，下幽都，登徂徠，入太行，所至之邦，被蒙法未。止於太行百巖寺，門人因以「百巖」爲號焉。元和三年，有詔徵至京師，宴坐於章敬寺。每歲召入麟德殿講論，後以疾固辭。十年十二月二十一日，恬然示滅，其年六十，其夏三十五。弟子智朗、志操等，以明年正月起塔於灞陵原。凡一燈所傳，一雨所潤，入法界者不可勝書。

聖泉院記

見三山志。

按，鄭氏通志金石略：「聖泉寺三碑，内一碑于頔書。」今三碑目並存，不知于所書何碑也。

聖泉寺碑 太和四年

在聖泉寺。唐景龍中，僧懷一鑿池得泉，劉軻爲記。按，諸道石刻錄云：聖泉寺法華院記，唐劉軻撰，太和四年立，碑三面皆刻字。輿地碑目作東山聖泉法華院記。

案，唐摭言：劉軻慕孟子文，故名。少爲僧，止於豫章高安之果園。既(成)〔而〕進士登第，文章與韓、柳齊名。

石鼓石刻 開成

在邵武縣石鼓山下溪中。唐開成中，銅川廖懋監昭武，鎮西溪山縈繞，遊而樂之。一日驟雨溪漲，出一石，狀如鼓，因刻「石鼓」二字於上。今在溪北岸。懋卒，民葬於石鼓之右。

按，廖懋，郝志失攷。

木龍贊 會昌四年

晉江縣木龍巖，相傳有古木，根蟠〔蜿蜒〕如龍。唐歐陽秬得之，作贊曰：「三瀑亭下，亂薪堆中。顧是樗蘄，分兹窪窿。質奇狀古，腿蛇(豆)〔足〕虎。英士屢瞻，高人驚睹。光華密緻，(式)〔憮〕玩悦志。葉公畫情，武侯卧意。夭矯蜿蜒，勢若騰天。疑將孕(雲)〔靈〕，神化(修)〔倏〕然。欲脱塵俗，攜之高搴。」末刻「會昌四年仁澤記」。稍北，另有同遊題名刻石，其第一人曰球仁澤。淳祐泉州府志：「太守蘇球作木龍贊」，「刺史蘇球以會昌元年六月任泉州清源郡。四年十月，轉溫州。」正與「木龍攜歸北，留贊於石〔上〕」二語合。據此則仁澤即球字，而作贊非秬明矣。按，秬，字降之，詹之從子，開成進士。蘇球，郝志職官失攷。

新造上生院記 大中六年

輿地碑目：上生院記，在福州西南烏石山，大中六年。復齋碑録云：唐李貽孫撰，正書，無名，大中六年四月十三日立，在神光寺。

案，李貽孫，以大中六年爲福建團練副使，見三山志。

下邳林夫人墓志 大中九年

孫星衍訪碑録：唐褚符撰，正書，大中九年十月立，在閩縣。篆額。有唐故下邳林氏夫人墓志。

有唐故下邳林氏夫人墓志并序　　河南褚符撰

夫人林氏，其先下邳郡人也。曾祖□皇任廣州參軍；祖景師，皇任潮州（刺）〔長〕史。父□性貞介，薄禄爵，甘退□身□不束於名宦，鄉里咸謂之高明静□士者。夫人則府君之仲女也，未笄而柔和冰潔，既（聘而）〔鬟惟〕德行蘭馥。由親族□鄉黨□例以□約也。不逾□而閬中大族富（巷）〔春〕孫氏子，以斧□□作□□婦執勞媒□節以□□，繇是□夫人□□得以信之，禮得□配之。□孫未期而隣箴里感，州□縣響，俾□慈□仁，柔繩□□標□□□□□□□有男二人：曰愿，曰鄉。愿業開元禮，未冠赴舉，人比孺悲。拜□□出□申□月，行次□嶺，忽然中疾，顔子不壽，□□悲也。□總□□□□□□□□□□□□□□知之，文行爲時喆周嘆，翔翥翼鸞鶚交彩，仁□誼如□□□□真夫人之令子也。女三人：長曰大元娘，適太原王氏；仲□□□□而卒；季曰□娘，適潁川陳氏。懿哉三女□□□□□□□□□□□之□□夫人之□鳳池鄉黨之□□□□□□□是□以大中七年十二月二十三日□時卒，於□□□□□□□□□，得年四十八歲。以大中九年十二月十□日□□孝□鄉□□□□□□□□□□□□□□□□□□□□□念男女之□□□□□□□□□□□□□□□□□□述銘曰：

□（烏）〔烏〕翻兔，奔□破林。昏□□□□□□□□化□□□爲根□□□□歎維人可□猗與夫人婦道□□母儀□□□□□□□□□男貞女孝，惟順之方。□□□□□□□不□□□□□□□□□。□墳峨峨，於山之旁。懿德美行，不隨魂揚。高山有碣，雕琢無妨。□□□□□，□之用藏。墳摧世更，陵谷改張。此石若出，斯文更昌。

孟超然曰：銘詞云「墳摧」、「石出」，奇矣。考唐元和十年内侍李輔光葬咸陽東北近涇，萬曆中涇岸崩壅，水三日不流，乃得輔光墓志石，爲崔元略撰。銘曰：「水竭原遷，斯文乃傳。」碑文言其子愿業開元禮，人比孺悲。按，唐初有貞觀、顯慶禮，至明皇乃爲開元禮。其書吉禮七十五卷、賓禮二卷、軍禮十卷、嘉禮四十卷、凶禮二十卷，合序例三卷，共一百五十卷。其降凶禮於五禮之末，蓋以從前許敬宗、李義府等以凶禮非臣子所宜，故削去國恤一篇，至於開元亦不能復也。時以開元禮設科取士，習是禮者，先授太常官以備講論，爲士子出身之資，然卷帙繁富而難讀，故習之者亦寡。愿未冠而習開元禮赴舉，可謂賢矣。魯哀公使孺悲學士喪禮於孔子，故云「人比孺悲」也。

案，此碑孟超然於乾隆三十九年得之福州西郊鳳凰山池側，石平如砥，長三尺，廣二尺，爲移石置鳳凰山將軍廟。越七年庚子，朱竹君學使移之福州府庠鄉賢祠。考銘詞「墳摧世更，陵谷改張。此石若出，斯文更昌」，墓毀石出，若有數存，與保母磚同爲石墨故事。今剝蝕，僅存數十字矣。

閬遷新社記大中十年

集古録：濮陽宀撰，八分書，大中十年立。文見郝志。

大中十年夏六月，公命遷社於州（城）〔坤〕，凡築四壇：壇社稷，其廣倍丈有五尺，其高倍尺有五寸，主以石；壇風師，其廣丈有五尺，其高尺有五寸；壇雨師，廣丈而高尺。自初獻迄終獻，專一室，有厦。横附二室，皆南鄉，備犧幣。西鄉之楹，凡二室。龜碑脊道，凡十有三條，其縈折則三百九十有七尺。繚垣凡百堵，其高逾尋。苞巨榕凡二十本，南北行延，崇甍展階，揭雙扉以東鄉，具扃鑰焉。其外北東闢二室，有厦。其南立雙表。及建，功以十七日戊子起，冬十一月庚子畢。謹按，閬（故）壇坫，南邪西隙，蚌蟹污螓，負蒲葦之豪，家禽野牧，觸踐無禁。至祈報時，率戒閬、侯官責辨，與胥（華）〔諱〕莊權事。其晴也，雖重營不免於濡瀉；其雨也，必撑篷以護。瀆神勞人，未嘗有寤者。元侯鬬西公既涖閬，其春由郡儀即社，喟然顧曰：「吾（□鄉）〔鄉〕里蘇，厥壇惟更，仍歲穰穰，蘇人宜之。今閬饒訛，期將丕革，首在兹乎？」由是擇謹事者，行故壇西，躬取其地，受之節饁、嚴帑，非隱者除，鳩工以棹畚，斲材以陶坯，肩有歡謡，杵無怨築。故擘錢垂十萬，不徭一丁，不斂一户，而爽潔開拓，四壇鏤焉。夫遷社於州坤，右位也；不書稷風雨，尊社也。禮稱諸侯爲百姓立社曰國社。而厲山氏之農、棄緅隆焉，共工氏之後土、勾龍兼饗〔焉〕。風秩雨斑，光照舊典，蓋先聖王尊以示本，均以行政，未之改也。惟我元侯，敬恭乎上，撫臨於下，戢苛（難）〔薙〕慢，顯晦咸寧，繁條陰森，如肅其饗。自然克靈克序，德致元侯，而施於一方也。是月，牙將翁行全牘其績，歸成於公。公曰：「壇倚浮屠祠，爭出眉睫，吾患將來有醉浮屠，或易於遷徙焉。苟非鐫琢，則本末無所彰。」遂以記徵（百）〔下〕僚亡。亡不得辭，且拜命之辱，謹用二十九日戊辰獻記〔云〕。

集古錄目：唐攝館驛巡官前進士濮陽亡撰，書爲八分，不著名氏。福州刺史楊君碑不著名。改立新社稷、風、雨壇，遂記其壇壝室宇之制。碑以大中十年十一月立。集古錄云：其詞曰：「大中十年夏六月，關西公命遷社於州（城）〔坤〕，凡築四壇：壇社稷，〔其〕廣倍丈有五尺，其高倍尺有五寸，主以石；壇風師，廣丈有五尺，高尺有五寸；壇雨師，廣丈而高尺云。文字古雅，甚可愛。嗚呼，唐之禮樂盛矣，其遺文有足采焉。州縣社稷有主，見於此記，蓋大中時其體猶在也。按唐書，楊發自蘇州刺史爲福建觀察使，至大中十二年遷嶺南節度。以歲月推之，關西公者，楊發也。」

毬場山亭二十咏并序 大中十年

諸道石刻錄：「唐福州刺史裴次元作，大中十年刻。」據寶刻叢編，二十咏有序。郝志但云「二十咏」，略也。此即楊發所刻序文，見前。按，發以大中十年徙福建觀察使，碑陰稱「大中十年十月都團練觀察等使楊發」。

桃林場碑記 大中十五年

輿地碑目：「桃林場記，唐大中十三年，盛均撰。」閩書云：「縣令陳知柔述之。唐長慶二年，析南安置桃林場。大中間，盛均撰文。」碑目作「大中十三年」，誤。

唐武宗二年，余還斯境。其場由西十里，右脇精廬，前距危岫，形拘勢促，不似公門。故其人輕而險，其官屑而殘，時非厭遷，殆有數也。今己卯年，覲季父於此，視廛里若巨邑，覽風物如大邦。鱗鱗然廨宇之羅，靄靄然煙火之邦。一派趨碧，群峯走青，横飛而野鶴沖疲，曠望而晴郊遠去。是以俗阜家泰，官清吏閑。淩晨而舟車競來，度日而笙歌不散，故知興廢有時，吉凶由地。不然，何勞於舊宇，而逸於新亭耶？吾友王顓，字還古，鶯泊未遷，祿爲親屈，莫邪曾試，犀象無全。是年冬，枉車再至，蓋有爲也。先是，知余謀展覲，驟謁簾幃，去纔旬月，歸諧素志。知還古不日青雲，暫適我願耳。徒服其所刊，變風易俗。嘗聞期日之内，變爲大縣乎？亦是斯場人士之所願也。其他故事，前記已詳。其或加予，未可無述。大中十五年十二月。

案，桃林場，即今永春州。盛昭州（記）〔均〕稱其「俗阜家泰，官清吏閑，舟車競來，笙歌不散」，見閩書。宋陳知柔永春縣記謂縣作於唐寶曆元年，名勝志載永春縣記宋開寶二年立，與舊志、閩書不合。按，輿地紀勝引寰宇記：「唐長慶二年，析南安置桃林場，閩升爲桃源縣。長興元年，改爲永春縣。」當以此爲正。盛均，字之才，永春人，大中十一年進士，終台州刺史。知柔，字體仁，號休齋。郝志未著永春縣令之名。

復雲峯院碑 大中

撰人闕，在福州。

大中寺額大中

寶刻類編：柳公權書，在惠安縣雲峯西。下有大中寺，唐宣宗賜額，柳公權書。

柳公權書

輿地碑目：晉江縣瑞峯院有閣，榜曰「瞻部靈源之閣」。相傳柳公權書，而鳥雀不敢棲其上。

閩中金石志卷二

唐

九峯鎮國禪院額咸通二年

諸道石刻錄：「唐柳公權書，咸通二年八月八日題。閩中記云在懷安縣北。」

沈懷遠碑咸通二年

輿地碑目：咸通二年。在漳州。

案，懷遠，懷文弟，劉宋武康人，著南越志，見萬姓統譜。咸通二年，漳浦興教寺僧元慧録古今詩銘作粉版，有宋沈懷遠次綏安詩，見漳州府志。

咸通塔佛頂尊勝陀羅尼經咸通四年　經文不録。

宣義郎、前建州司户參軍事劉鏞書。

漳州押衙兼南界遊奕將王剬及母陳大娘、妻林八娘、男薰發願造此寶幢。

佛頂尊勝陁羅尼經序

佛頂尊勝陁羅尼經者，婆羅門僧佛陁波利儀鳳元年從西國來至此土，到五臺山次，遂五體投地，向山頂禮曰：「如來滅後，衆聖潛靈，唯有大士文殊師利，於此山中汲〔引〕蒼生，教諸菩薩。波利所恨，生逢八難，不覩聖容，遠涉流沙，故來敬謁，伏乞大慈大悲普覆，令見尊儀。」言已悲泣雨淚，向山頂禮。禮已舉頭，忽見一老人從山中出來，遂作婆羅門語，謂僧曰：「法師情存慕道，追訪聖蹤，不憚劬勞，遠尋遺跡，然漢地衆生多造罪業，出家之輩亦多犯戒律，唯有佛頂尊勝陁羅尼經能滅除惡業，未知法師頗將此經來不？」僧曰：「貧(盲)〔道〕直來禮謁，不將經來。」老人曰：「既不將經，空來何益？縱見文殊，亦何必識？師可倒向西國，取此經來，流傳漢土，即是遍奉衆聖，廣利群生，拯濟幽明，報諸佛恩也。師取經來至此，弟子當示師文殊師利菩薩所在。」僧聞此語，不勝喜躍，遂裁抑悲淚，至心敬禮。舉頭之頃，忽不見老人。其僧驚愕，倍更虔心，繫念傾誠，迴還西國，取佛頂尊勝陁羅尼經。(卩)〔至〕永淳二年，迴至西京，(共)〔具〕以上事聞奏大帝。大帝遂將〔其本〕入内，請日照三藏法師及敕司賓寺典客令(杜)〔杜〕行顗等，共譯此經，施僧絹三十疋。其經本禁在内不出，其(□)僧悲泣，奏曰：「貧道捐軀委命，遠取經來，情望普濟群生(□)，救拔苦難，不以財寶爲念，不以名利開懷，請還經本流行，(靡)〔庶〕望含靈同益。」帝遂留翻得之經，還僧梵本。其僧得梵本，將(□)向西明寺，訪得善梵語漢僧順貞，奏共(羽)譯(□)。帝隨其請。僧遂對諸大德共(貝)〔貞〕翻譯訖。僧將梵本向五臺山，入山於今不出。今前後所翻兩本，並流行於代，小小語有不同者，幸勿怪焉。至垂拱三年，定覺寺主僧志靜，因停在神都魏國東寺，親見日照三藏法師，問其逗留，一如上説。志靜遂就三藏法師諮(度)〔受〕神咒，法師於是口宣梵音，經二(十)七日，句句委授，具足梵音，一無差失。仍更取舊翻梵本勘校，所有脱錯悉皆改定。其咒初註云：「(取)〔寂〕後别翻」者是也。其咒句稍異於杜令所翻者，其新咒改定不錯，并註其音訖。後有學〔者〕幸詳此焉。至永昌元年八月，於大敬愛寺見西明寺上座澄法師，問其逗留，亦(占)〔如〕前説。其翻經僧順貞現在(往)〔住〕西明寺。此經救拔幽顯，不可思議，恐學者不知，故具録委曲，以傳未悟。

幢後正書：列朝議郎、使持節漳州諸軍事、守漳州刺史崔衮，大德僧義中、文古，寺主貞素，上座行充、黄軒、陳充發意。大德僧藏轍，勾當僧令如，司勾當都維那行逢，居士鍾徵，工匠程曇、魏操，畫人邵宗、陳𣉅、黄照林造。陳大娘、吴一、缺。入緣弟子周逈及男女等，菉望母賀二娘、妻林四娘，王繼、沈遇及方一娘，盧幹及男湘，軍事直典陳、缺。吴(禺)〔顒〕及弟琫、弟榮，陳賀、林茸、黄審、張濆、王用、周弘、鄭儀及男瓌，黄穗、王持、黄展、王賞、杜簡、畄。缺。

維唐咸通四年歲在癸未八月辛酉朔二十一日辛巳建立，鎸字湯惟晟。八分書。

曝書亭集：右咸通四年八月，漳州押衙兼南界遊奕將王剬所造陁羅尼石幢。按，遊奕將，五代十國多有之，獨不見於唐會要、新舊書，惟六(甲)〔典〕載騎曹掌外府兵馬、簿帳牧蓄之事，凡諸衛馬承直配於金吾巡檢遊奕者，季請其料給之，殆職巡邏者已。是帖今存吴江潘〔檢討〕稼堂家。

通志云：在漳州開元寺，鏞書，結法遒勁，有晉人風致。漳南金石刻文，此爲第一。

按，正書，在漳州開元寺。崔衮，咸通間任漳浦郡刺史。參軍押衙，郝志載四人，王剬不詳年月，亦未著遊奕之名。鏞書，唐碑屢見。建州司户參軍，志失攷。書人邵琮亦例之創。又考開元石幢凡六，高約丈餘，寫經者二，一爲南無摩訶般若波羅經，正書，較此稍大，剝蝕僅數十字；又一幢有陳士璣、魏愛、楊臯、陳逵、陳嗣、唐十九娘、林十五娘等姓名，各書出錢之數，亦漫漶不可拓。餘幢皆正書佛號。

神光寺碑咸通五年

輿地碑目：「長樂集，咸通五年，李勳撰。」福州府志同。郝志作「八年」，誤。諸道石刻録云：唐李勳撰，盧元書并篆額，咸通八年十二月立。閩中記云神光寺在城内烏石山（絶頂）〔正西〕。

按，鄭樵通志作「盧充書」。寶刻類編亦作「元」，「充」字當誤。

雙峯院記咸通六年

見三山志。銜稱「福建等州都團練觀察處置使、朝議郎、持節都督福州諸軍事、守福州刺史兼御史中丞李瓚」，則作記者瓚也。

福州雪峯山故真覺大師碑銘咸通六年

輿地碑目：「僖宗時黄滔撰。」見文集。

大師法號義存，長慶二年壬寅生於泉州南安縣曾氏。自王父而下，皆友僧親佛，清淨謹志。大師生而鼻逆葷血，乳抱中或聞鐘磬，或見僧佛，其容必動，以是別鍾愛於膝下。九歲請出家，叶而未即。十二從家君遊莆田玉澗寺，寺有律僧慶玄，持行高潔，遽拜之曰：「我師也。」遂留爲童子焉。十七落髮，淳樸貞（吉）〔古〕，了與流輩異。暨武宗皇帝乙丑之否，乃束髮於儒冠，（萊）〔菜〕中而蓬跡。來府之芙蓉山，弘照大師見奇之，故止其所。至宣宗皇帝之復，其道也涅而不緇，其身也裦然而出。北遊吳、楚、梁、宋、燕、秦，受具足戒於幽州寶刹寺訖，巡名山，扣諸禪宗，突兀飄飖，雲翔鳥逝。爰及武陵，一面德山，止於珍重而出。其徒數百，咸莫之測。德山曰：「斯無偕也，吾得之矣。」咸通六年，師歸於芙蓉之故山。其年圓寂大師亦自潙山擁徒至，坐於怡山王真君上昇之地。其徒熟（熟師已嗣德山。）纍纍而款關，師拒而久之。則有行實者，始以師同而議曰：「師之道巍巍乎？法門閫遠之所，不可造次，其地宜若鷲嶺、（猿）〔猴〕江之爲。卜府之西二百里有山焉，環控四邑，峭拔萬仞。峭崪以支圓碧，培塿以覛群青。怪石古松，棲蟄龜鶴；靈湫邃壑，隱見龍雷。山之半，頂之上，則先冬而雪，盛夏而寒。其樹皆別垂藤蘿，茸茸而以爲之衣，交錯而不呈其形。奇姿異景，不可殫狀。雖霍童、武夷，無以加之。實閩越之神秀，而古仙之未攸居，誠有待於〔我〕師也，祈以偕行。秋七月，（寄）〔穿〕雲躡蘚，陟險昇幽，將及之，師曰：「真（君）〔吾〕居也。」其夕山之神果效靈，翼日巖谷爽朗，煙霞飛動。雲庵既立，月構旋隆，繇是梶法輪於無爲，樹空門於有地。行實乃請，名其山曰「雪峯」，以其冬雪夏寒，取鷲嶺、猴江之義。斯則庚寅，逮於乙未，師以山而道侔，山以師而名出。天下之釋子，不計華夏，趨之如赴召。乾符中觀察使京兆韋公、中和中司空潁川陳公，每渴醍醐而不克就飲，交使馳懇，師爲之入府，從人願也。其時内官有復命於京，語其道、其（濟）〔儕〕之拔俗悟空者，請蜕浮華而來剃。僖宗皇帝聞之，翰林學士訪於閩人陳延郊，得其實奏，於是聖錫「真覺大師」之號，仍以紫袈裟俾延郊授焉。大師授之如不授，衣之如不衣。居累夏，辛亥歲朔，遽然杖屨。其徒啓而不答，雲以隨之，東浮於丹邱、四明。明年，故府侍中之有無諸尅。句。洗兵於法雨，致敬於禪林。馥師之道，常東望頂手。後二年，自吳還閩，大加禮異。今閩王誓衆養民之外，雅隆其道，凡齋僧構剎，以之龜焉。爲之增宇設像，鑄鐘以嚴其山，優施以充其衆。時則迎而館之於府之東西〔甲〕第，每將儼油幢、聆法輪，未嘗不移時。餘乎一紀，勤勤懇懇，熊羆之士，因之投跡檀郙；漁獵之逸，其或弭心鱗羽。戊辰年春三月，示疾，吾王走醫，醫至粒藥以授，師曰：「吾非疾也，不可罔子之工。」卒不〔之〕餌。其後，札偈以遺法子，函翰以別王庭。夏五月二日，鳥獸悲鳴，雲木慘悴，其夜十有八刻時滅度，俗壽八十有七，僧臘五十有九。以其月十五日，塔其藏焉。其塔也，其徒僉云：「以山之奇、堂之峻，法堂也。大師之生也王，去聲。是其歿也，不宜捨諸，〔故〕坎其中焉。」若干尺之高，若干尺之周，皆彫珉石，錯(大)〔火〕壤，磷磷然，巢巢然。四隅則環宇以庥，玲瓏竒窱，雲霞時入，風雨罔侵。其日奔閩之僧尼士庶，僅五千人。閩王(娣)〔涕〕之，子降左金吾衛將軍、檢校刑部尚書延禀始陳祭。是設齋焉，大矣〔哉〕。大师之見世，於是罔量其僧耶。自始及茲，凡四十年，東西南北之夏往秋適者，不可勝紀，而常不減千五百徒之環足，其趨也馳而逾離，辯而逾惑。常曰：「三世諸佛，十二分教，到此乃徒勞耳。」其庶幾者若干人：其一號師備，擁徒於玄沙；今安國也。其二號可休，擁徒於越州洞巖；其三號智孚，擁徒於信州鵝湖；其四號慧稜，擁徒於泉州招慶；其五號神晏，今府之鼓山也。分燈之道，皆膺聖獎錫紫袈裟，而玄沙級宗一大師、招慶玄晤大師、鼓山定慧大師之命焉。其曹早曰：「法雖〔無〕說，名以文垂。自少林之逮曹溪，無不刻碑而紀頌，我師其默乎？」一旦愬其曹，句。首曰：從智如堵，而叩愚求文。某老且病，刊勒之加，多已辭避。欽師之道，不覺聳然。偉夫，恭聞釋波之東注也，流其象則不流其旨，流其旨則不象其形。厥初大迦葉之垂二十八葉，至於達摩；達摩六葉，至於曹溪，分宗南北。德山則南宗五葉，大師嗣，句。其今六葉焉。雪峯之分玄沙、洞巖、鵝湖、招慶、鼓山，其道皆離貝葉以祇其七。非某之能言也，但美數公葳蕤，其葉衆多，殷勤之請，遂爲之銘而應其求。其詞曰：

曹溪分派，誰繼南宗？一言冠絶，六葉推雄。無物之物，非空之空。不瑩而明，不增而隆。縮靡秋毫，舒靡鴻濛。不有靈鏡，曷揚真風？懿彼閩越，巍乎一峯。洞壑斯異，雪霜罕同。天之有待，師也云鍾。名將道協，跡與仙崇。奔走厥徒，百千其叢。庶幾幾人，莫不玄通。分燈照耀，樹木玲瓏。聖君寵疊，賢王敬重。不生不滅，曷始曷終。刻貞石於斯文，旌厥德於梵宮。

按，十國春秋云：真覺，開平二年三月得疾，太祖命醫視，曰：「吾非疾也。」竟不服藥。夏五月，卒。碑書「戊辰」，正開平二年也。

天王堂記咸通七年

諸道石刻録云：唐盧標撰，咸通七年立。

三山志：咸通七年李瓚作，天王堂有記。

福州府志作「修築城北及創天王樓記，咸通中館驛巡官、鄉貢進士盧標撰。」

按，唐制，節度使下館驛巡官四員。志並失考，盧標亦不見於選舉。

懷安縣天王堂記咸通七年

福州府志：何蟾撰。輿地碑目作「咸通六年」。

華（巖）〔嚴〕寺開山始祖碑銘咸通七年

黄滔撰，見文集。

師法號行標，俗姓方，祖榮，父安，莆之盛族。師生於建中二年辛酉，髫齔即穎悟，異於諸童。九歲，投玉澗寺監寺神皎出家。將二年，皎嘉其拔萃，命之落髮。師以梵行未至，不敢預大僧數。至貞元十七年，時師年二十一。方薙鬢髭。翼日，遽講所習涅槃經，一寺歎服。既而辭其師北遊，抵京薦福寺受戒品。詣章教大師法會，章教奇之，令首其衆，凡十年。士君子之造者，無不聳慕。尋爲功德使推入道場，憲宗善之。元和十一年，丙申，師年三十六。東歸，復於玉澗焉。法雨隨車，慈雲被物。洎武皇帝會昌元年辛酉。除佛舍，籍釋子於户部，師則巾華陽，衣縫掖，晦迹樵客，廬於西巖石室，律身守道，如居千衆。及宣宗皇帝復寺，大中元年丁卯，師年六十七。刺史瑯琊王公迎以幡花，舍於〔郡〕開元寺，俾爲監領。大中六年，師年七十（三）〔二〕。師以環足之煩、擁旅之數，乞歸故山。先時，玉澗之北巖，泉石之奇也，卜而居之。縣令中山（甌）〔甄〕宿與莆之士庶，爭沐醍醐，共隆蘭若。煙巒蔽虧，朱碧掩映，前俯平川，後峙奔嶠，地自人勝，名由道高。刺史河東薛公仰其孤風，復馳開元之僧，衛以入郡。日扣華嚴大義，幾忘食寢。洎解印，與之偕至北巖，題之爲「華嚴院」，以徹祠部焉。師咸通六年七月五日示滅，壽八十有五，僧夏六十有四。後四十有五日，建窣堵波於西岡。十一年，其徒從紹疏師行實於闕，昇其院爲華嚴寺。有徒三十人，皆肅肅可觀，不忝師門。於戲，師儀梵骯髒，言詞雅直，沖默而明敏，慈恕而剛毅。儒書皆通，三皇五帝之道，言未嘗及，而人知其博古也；經（綸）〔論〕綜貫，天堂地法之説，舌未嘗舉，而人皆務崇善也。所至清風凜凜，政所謂釋子之高傑者也。弟子道光、道圓，令詢悉器，傳師道。愚冠扣師闕，壯以隨計，乾寧二年忝登甲科，東還薦造金地，歲周三紀。膠掌而拜影堂，腹藁而銘遺美，不可使桑門大士泯而無述焉。故銘曰：

智月不缺，乘虛照物。道花不衰，吐豔無時。洞徹照灼，傑然吾師。稟薦福戒，分章教枝。厥宗得雋，内庭擢之。御香徹印，雲間資期。數有汙隆，道無磷緇。德風徒襲，法舸寧維。山幽跡高，身没名垂。松塔雖故，竹毫可追。稽首影堂，敬刻斯碑。

按，閩碑之見於文江集者，凡九篇。莆陽志稱其閩中所爲碑碣皆其文。浮圖荒隴，舊刻猶存，而通志俱不載，知殘泐多矣。今從文集錄存之，其注皆原文也。惟王刺史廳壁記，輿地碑目謂爲滔撰，今御史集無之。

西禪寺記咸通八年

見三山志。記云：懿宗八年，福建廉使李景温。

東禪寺記咸通十年

三山志：咸通八年，李景温爲福建廉使。東禪寺記：咸通十年，廉使李公記。疑亦李所作。又，閩縣三昧院下東禪寺碑云：惠筏化塔於金鷄之左臂，僖宗詔謚辨才大師。三昧之塔，大順三年賜今額。亦見三山志。按，大順止二年，「三」字當誤，當另一碑也。

漳州三平大師碑銘咸通十四年

輿地碑目：唐王諷撰。

漳州府志：唐王諷撰，述僧義中行錄，咸通癸巳立。

得菩提一乘，嗣達磨正統。誌其修證，俾人知方，則有大師，〔法〕名義中，俗姓楊氏，爲高陵人。因父（在）〔仕〕閩，生於福唐縣。年十四，宋州律師玄用剃髮，二十七具戒。（立）〔玄〕超先修〔三〕摩鉢提，後修奢摩他、禪那。大師幼悟法印，不汩幻機，日損薰結，冥觀。先依百巖懷暉大師，歷奉西堂、百丈、石碧，後依大顛大師。寶曆初，到漳州。州有三平山，因芟（華）〔薙〕住持，敞爲招提。學人不遠荒服請法者，常有三百餘人。示以俗諦，勉其如幻解脱；示以真空，顯非秘密（度）〔明〕門。虚往實歸，皆悦義味。知性無量，於無量中以習氣所拘，推爲性分；知智無異，於無異中以隨生所繫，推爲業智。以此演教，證可知也。大師一日疾背疽，閉户七日，不通問。洎出，疽已潰矣。無何，門人以母喪聞，又閉户七日，不食飲。武宗皇帝簡併佛刹，冠帶僧徒，大師止於三平深巖。至宣宗皇帝稍復佛法，有巡禮僧常肇、惟建等二十人。刺史、故太子鄭少師薰俾葳其事，旬歲内寺宇一新，因舊額標曰「開元」。於戲，知物不終完，成之以禪教；知像不盡法，約之以表微。晦其用而不知其方，本乎跡而不知其常。咸通十三年十一月六日，宴坐示滅，享年九十二，僧臘六十五。諷自吏部侍郎以旁累謫守漳浦，至止二日訪之，但和容瞪目，久而無言。徵其意，備得行止事實，相見無間然也。問曰：「周易經歷三聖，皆合天旨神道。注之者，以至虚而善應，則以道爲稱；以不思而玄覽，則以神爲名，達理者也。經云

『隱而顯』，不言而喻，不疾而速，不行而至。後之通儒，有何疑也？」異日又訪之，適有刑獄，因語及，師曰：「孝之至也，無所不善，有其跡乃匹夫之命節；法之至也，莫得而私，一其政則國之彝典，其於適道、適權又如此。」言訖領之，不復更言。今亡矣夫，彊擬諸形容，因爲銘曰：

觀跡知證，語默明焉。觀證知教，權實形焉。體用如一，曷以言宣。大數浩然，吾師亦然。觀其定容，見其正性。不閱外塵，朗然内淨。智圓則神，理通則聖。師能得之，隨順無競。吾之行止，師何以知？得性之分，識時之機。達心大師，邈不可追。

按，諷，懿宗時曾爲建州建安郡刺史，見黄志職官。碑稱「以吏部侍郎謫守漳浦」，足補志乘之缺。

王志道云：碑立於唐咸通癸巳，後二百三十七年至大觀庚寅，僧雲岳修之；後一百八十九年至元大德己亥，僧如璧修之；後二百有三年爲明弘治壬戌，僧古心、定祥修之；又一百五年至今萬曆丁未立石，距咸通癸巳七百三十五年。按，今所立石非王侍郎文。疑原碑既毁，别構他文，託名諷作耳，故當以唐文粹所存爲正。

薛老峯 咸通

輿地碑目作薛老峯碑。

在烏石山。咸通間，侯官令薛逢書。五代時，一夕雷雨，字形倒竪。宋尚書祠部員外郎、知軍州事王逵詩云：「薛老峯三字，雕鎸從渾元。偶留青草徑，合在紫薇垣。梵刹方臨兑，閩州地占坤。諸任推族重，絳縣讓年尊。頭角龍蛇起，精神虎豹蹲。如銘□□石，疑署翟公門。妙絶非人力，侵凌斷蘚痕。詎憂魚魯敝，聊記姓名存。筆冢傳衣鉢，祠山列子孫。乘間玩奇跡，到（處）〔即〕爽吟魂。」慶曆□年冬十二月，林□勒石鎸烏石山。徐鉉稽神録：福州城中有烏石山，山有峯，大鑿三字曰「薛老峯」。癸卯歲，一夕風雨，聞山上如數千人喧噪之聲。及旦，則「薛老峯」倒立，「峯」字反向上，城中石碑皆自轉側。其年閩亡。

按，閩書：「薛逢，字陶臣，蒲州人，會昌間進士。咸通中爲侯官令。」攷唐書本傳：崔鉉鎮河中，表在幕府，引爲萬年尉，歷侍御史、尚書郎。有薦逢知制誥者，劉瑑以逢未試州縣，執不可。乃出爲巴州刺史，遷秘書監，卒。是逢未嘗爲縣，喬遠不知何據也。

連江縣濬東湖記 咸通初

邑令李宸撰，在連江。

按，李宸知連江，郝志未詳年月。

鎮國威惠王廟中碑 咸通末

輿地碑目：鎮國威惠王廟有古碑，云：「唐僖宗廣明年中，黄巢兵經延平，有風雷雨電自廟而出。賊大恐，自斬麾下五百人，祭於廟，即引去。」

惠安明應王廟碑乾符三年

在烏石山。王姓陳，失其名。舊隱是山，唐時屢顯靈異。元和後，始立祠祀之碑，文有「心遊墳典，性愛山川，遊息於宿猿之洞，登臨於落景之坪」云云。按，三山志稱烏石感應王廟碑，在乾符三年。碑稱「咸通間，蠻寇犯於交、廣。府帥李大夫播遣使運饋，告廟而行」。意即是碑，惜無從考其拓本矣。

李先鋒靈祐廟記乾符六年

在延平府城東隅。神爲李係，西平王晟曾孫。唐乾符六年，招討使王鐸奏係爲行營副都統，將五萬兵以拒黄巢。南唐因閩中驛騷，先遣查文徽攻建州，又遣王崇文討李仁達於福州。仁達乞師吴越，取道延平，民震駭，匿山谷。係領兵駐於郡之高桐，以遏其勢，民賴以安。係殁，州人祠而祀之，立石以記。

太姥山記（乾符六年）

輿地碑目：乾符六年，〔唐〕林嵩撰。

龜洋靈感禪院東塔和尚碑（中和二年）

黄滔撰，見文集。

三教之垂萬古也，咸以師弟子授，獨釋氏之師弟子，削姓以名，别爲父子之流葉。東塔和尚葉真身大師，其道偕極，不可思議。以父子言，克盡弓裘之善。和尚法號志忠，俗姓陳。世居仙遊，祖諱璠，父諱筇繼，以好尚山水，崇佛友僧。生和尚，自於乳抱，鼻逆羶辛。九歲，詣真身大師爲童子，一見之，兩如宿契。年十五，落髮。初，大師之卜龜洋也，雲木之深，藤蘿如織，狼虎有穴，樵採無徑。俄值六眸之巨龜，足躡四龜，俯仰其首，如作禮者三，逡巡而失。遂駐錫卓庵，名其地曰「龜洋」焉。龜洋之泊也，盂不及村，畬不及菑。山産菜，號曰「苦（蓋）〔益〕」，以之充卯而齋。惟大師與和尚，俱歲移月更，名馳迹漏，檀信尋而施，漁獵投而事，時謂之「二菩薩僧」。其地或來人之稍乖嚴潔，則立有蛇虎驚吼之怪。及武宗皇帝乙丑之否，棄之而絛帽潛匿。大師允檀信之迎，隱於數家；和尚棲於巖穴之内，不離兹山。相伍者麋鹿，馴伏者虎狼。既而靡耕菑、杜施丐，還取苦（蓋）〔益〕之卯。至今兹院之逢歉歲，一卯之風不泯。宣宗皇帝復寺之始，議者以靈巖之奇勝，非我菩薩僧不可以宏就。由是都人環乞大師以居，故和尚獨薦龜洋之址焉。松堂揭而覺路喧天，金（磐）〔磬〕敲而道花滿地。誠以上昇道士不受籙，成佛沙彌不具戒，和尚且不（然之）〔之然〕。旋將西遊，受具足戒於襄州龍興寺。大中十二年東還，由廬陵與草庵和尚值。草庵曰：「來自何山？」曰：「六眸山。」曰：「六通乎？」曰：「慧非重瞳。」和尚蓋行高而言寡，是日對答如流。既及本山，人地愈盛，院落則不營而竣，供捨則不化而來。咸通三年，靈巖力圓，乃迎大師返於兹。八年，大師坐亡，法身不壞。南北歸敬，闃然無時。和尚以之煩，十三年，遂南五步里之山，得峯之秀，室而禪焉，即今南畲也。廣明元年，弟子智朗、惠朗、玄鑒、藏輝、景閑、弘幹、鴻超，悉以植性祇園，分光慧炬，以謂我大師承法（焉）〔馬〕祖，親得心印。則和尚焉，今以宿曉而晦，辭煩即靜，不可使六眸靈感之地，留形示滅之異，葉其葉而不之大乎？於是迓乞歸於院，將以弘張法輪，式救迷津。其如感通，雖然現没有數。中和二年，是（年）〔時〕，公尚未登〔甲〕科（第）。龍集壬寅三月十日示滅，壽年六十有六，僧夏二十有五。後二旬之一日，建窣堵波於東岡焉。嗚呼，和尚之道，不粒而午，不宇而禪。與虎狼雜居，所謂「菩薩僧」，信矣。其三月之朔，語其衆曰：「至道之有顯晦，師弟子不欲雙立。昔大師之去也，留形爲之顯；今吾之行矣，速藏爲之晦。」故將儀貌若生而蓋棺，晦朔不逾而啓土，從付囑也。其上足景閑、弘幹，以凡紀道名，須資詞筆，懇賚行實，扣愚求文。某早訪蓮扃，今〔非〕〔悲〕松塔，敢辭抽思，用刻貞銘。爲之銘曰：

六眸獻山，一葉開蓮。號及菩薩，正真自然。雲林匿跡，狼虎參禪。仙花撲地，智月懸天。示滅之滅，顯晦岐焉。布金左岡，建塔開阡。實歸上界，寧曰下泉。松風柏雨，空悲歲年。

大溈延聖禪師碑中和三年

諸道石刻録云：崔胤撰。寶刻叢編：在福州。

按，三山志：僧大安，中和三年坐化，建塔於鳳凰山前，爲亭曰「大溈」。明年，敕賜延聖塔寺、長慶寺。今存。大溈延聖塔院碑已無考。

重修子城記文德元年

觀察使林嵩撰，在福州。

按，嵩，字降神，福寧人。乾符二年進士，除秘書省正字，官至金州刺史，善詞賦。見唐藝文志。據福州府志，稱「觀察使」，而不見於三山志秩官表。

雙巖院鐘款龍紀元年

三山志：雙巖院，鐘刻云：「龍紀元年造。捨入東熟文殊院。」後因巢賊欲以烹牛，鐘乃飛至西熟潭。其後潭窒，又飛六嶼江。皇朝咸平（元年）三（月）〔年〕，迎歸於院。

金泉寺鐘 大順三年

輿地碑目：在將樂縣玉華門外，寺有大銅鐘，唐大順三年鑄。

司徒觀察陳巖墓誌 景福二年

潁川郡陳府君墓誌 篆額，四行，每行二字。

唐故福建觀察使檢校司徒兼御史大夫潁川郡陳府君墓誌銘并序 第一行低三格起。

前鄉貢進士黄璞撰。　安定胡兆祉書。第二行低二十五格起。

嗚呼，府君以大順三年正月二十九日薨，變春秋四十有四。其戡難之大略，鎮俗之宏功，實挂在民謡，□於□□，江夏黄璞第三行頂格起，下同。爲名士傳以伸之，又爲神道碑以明之。吁，今將葬矣，合（作）〔有〕誌銘以備陵遷。夫誌者，識也。但書其爵里宅兆，鐫之於石，藏之於幽，第四行。識之於後，故其詞不縷矣。府君諱巖，字夢臣，帝王之後。其先尤以賢德聞者，曰仲弓，潁川人也。當後漢時，爲太丘□令。叔□，第五行。季和弟昆，動於天文，聚以表德，章帝旌之，命爲侍中，封□始興郡王。其□霸先仕於梁，平侯景之亂，□□□五世□□□□第六行。避永嘉之難，入閩之建安綏成，因鄉於□。曾祖父諱宏，字文保，爲當府司馬。時淮西逆，命帥軍討之，□□□功□□□史□第七行。御史中丞、賜紫金魚袋。王父諱好古，字慕堯，溺□林泉，不干(利)〔秩〕祿，搜抉勝異，蔚成篇章，有家集二十卷，追贈太子舍人。父第八行。諱簡，字言史，漱流枕石，克紹先風，蘊粹孕靈，以鍾令嗣，贈工部尚書，又贈羽林大將軍。太夫人會稽郡□氏□□□□□□第九行。知詩禮，鳳鳴叶兆，□子挺生，追贈會稽郡太君，又贈衛國太夫人。府君幼則徇齊，不爲兒弄，長逢離亂，□□兵鈐□□□之第十行。泣血，興言□□王室；陳仲舉之登山，□□□思掃妖塵。登□則神鬼宵奔，揮劍則欃槍星落。洎麋使職，□□□功。廉使滎陽公第十一行。鎰，夙慕英風，累咨□畫，請爲都團練副使，仍判清源。又三發疏章，請□交代。滎陽公尋告疾北歸。公□□府□□□□□第十二行。文，威以肅衆，寬以撫□，誓丹血以□□，□憂瘁而求理。(當)〔嘗〕曰：「施民莫先於令長，持法必繫於糺繩。」遂精吐□□□□□□故□□第十三行。□不撓，瘡痏咸瘳，莫不□率農桑，□□學斆。賣刀佩犢，再揚龔遂之風；左誦右絃，大闡文翁之化。故得與國□□於□□□□第十四行。竟納於降幡。合浦靈珠，睽□光於五夜；魚陽瑞麥，吐秀色於連年。家家吟多袴之謡，處處詠如坻之什。朝廷嘉嘆

□□□□第十五行。褒崇，就加工部尚書、兵部尚書。未幾，又加右僕射、左僕射。不二年，又加司空。噫，雖則委珠道著，益彰衣錦之榮；然而治水功成，第十六行。未捧陶鈞之命。甘棠勿翦，講樹空存，哀哀生靈，何嗟及矣。夫人錢塘范氏，而出自令門，婦於華族，□□婉嫕，蕙□蘭□，□第十七行。垂範於金閨，驟霑榮於石窌。□府君非惟敦敬孝悌，多奉以家規，至於恤物愛民，亦得於内助，□□□之□□□□□第十八行。封錢塘郡夫人。有子六人：長曰延晦，太子司議；次延美，一子出身，守閩縣尉；次延(冕)〔晃〕，睦王府參軍；次□□，□□□□□□□□；第十九行。次延曦，皆秀掩嵇松，茂踰緒柳，儼然在疚，柴毁踰禮。吾知聚星之德，其未艾矣。有女二人：長適事〔于〕□判滎陽公□□□；□第二十行。適於太子正字董承和，即淛東廉問相國之令子。孫男三人：長曰肇，任長樂縣令，賜緋魚袋□□□令裔翰木□□□□□第二十一行。試於銛鋒，展驥終呈於逸步；次曰翬，檢校工部尚書、守漳州刺史兼御史大夫，材質豐傑，宇量沉厚，分茅土之□□□□□第二十二行。之望，又可以見敬仲之後，不乏其人焉。□府君以景福二年八月十四日厝於閩縣敦業鄉太平里□□山之陽□□。余復第二十三行。掇其民之哀歌而(爲)銘曰：

大滂仁化蘇凋俗，生植霑如膏雨沃。方喜九年重戴天，豈□一旦□□□。銘詞首行低七字起，每句各空二格，次行同。閩山上，閩山足，佳城鬱鬱松阡綠。逝者徒云可□錄，□身御，知□□。

銘詞次行。

通志：唐參軍黄璞撰文，安定胡兆祉正書，景福二年八月立。

來齋金石記云：康熙甲申九月，石工有以舊銘石來求售者。諦視知爲陳公墓誌，嘆詫久之。衆議舁置郡庠。按，黄巢之亂，荼毒中原，至於陷京師。惟沙陀李克用破之於北，陳公驅之於南。李氏竟代唐而有天下，爲唐室立九廟。陳公於南方觀察九載，授軍柄於王潮以及審知，奉唐正朔(二十)〔念〕餘年，保境息民。陳公之功德於閩甚鉅，璞銘文敘次頗詳。誌云「厝於閩縣敦業鄉太平里」，宋太平興國間，析置懷安縣。前明萬曆併入侯官，今北郊三十八都是也。此石出於北郊村民黄福之家。福於屋後浚溝得之，遂加發掘，見壙中石室規制宏壯，時鄉鄰多目擊者。乙酉春仲，諸生陳祈廣等相率上其事於制府，牒下有司。乃有豪强奄有其地，欲毁古塚而作新墳。多方狡辯，〔展轉支離〕，甚至指銘文「厝」字爲非葬。終則撫建寧縣〔志〕以爲疑。按，以(前臣)〔古憲〕之豐功偉烈，一坏莫保，吁可勝歎哉？余於唐末既得沙陀李氏二殘碑，今又得讀陳公墓誌，竊嘆二人功績相類，斷碣荒碑皆可寶也。代州誌載：晉王墓，明時爲土人所發，能見夢於神宗，官爲完之。豈陳公一代人傑，而今靈爽遂爾銷沉〔哉〕？可慨也。

按，碑約高三尺二寸，寬二尺，字徑圍五分。篆額横列「潁川郡陳府君墓誌」八字，分四行，行二字。碑分二十六行，行四十八字。下截多漫漶。志所稱「廉使滎陽公鎰，夙慕英風，累洽□晝，請爲都團練副使，仍判清源」，又云「三發疏章，請□交代」，證以十國春秋，皆合。至所云「登□則神鬼宵奔，揮劍則欃槍星落」，即指擊破李連一事。又，巖卒，五代史作景福元年，閩中實録作大順中，十國紀年作大順二年，通鑑、十國春秋從之；昭宗實録「在明年三月」，墓誌作「大順三年正月」。考大順止二年，實録作「明年」爲景福元年，惟「三月」乃「正月」之誤，墓誌當得其實。志云夫人錢塘范氏，有女二人，一適鄭，一適董，足證新唐書、薛史、閩書、閩中録以范暉爲巖壻之誤。林仁志王氏（啓）〔紹〕運載監軍程克諭表，云暉爲巖妻弟，十國春秋據此，惜未見此志也。又，志稱「厝於閩縣敦業鄉太平里」，諸史及三山志皆不言所在。明一統志、八閩通志、閩書皆云在建寧，足正其譌。子三人，一延□，守閩縣尉。孫男三人，長肇任爲長樂令，賜緋魚，次守漳州刺史，皆舊志職官所不載，惜泐其名。黄璞，字德温，侯官人，大順二年進士，官崇文館校書郎，後杜門不出。碑立於景福，不書官，稱「前進士」者，從始階也，亦漢碑之例。

檀林院鐘 景福

輿地碑目：院在劍浦南七里，有鐘，乃唐昭宗景福年中鑄。

閩中金石志卷三

唐

乾寧石刻乾寧三年

郝志：在興化吳塘山。唐末有吳公者，棄官隱於此〔山〕。元時淘井得石，云：「去國投兹土，編茅隱舊蹤。年年秋水上，獨對數株松。」字大徑（尺）〔寸〕。末小書「乾寧三年秋吳」，餘數字莫辨。

泉州開元寺佛殿碑記乾寧四年

黄滔撰，見文集。

混沌死而天地生，道德銷而仁義作。情車業網，始脈旋波。天譴洛龜河龍，文有生而不文無生，乃産金聖人於西國。鑽智慧火，乾煩惱海，理不吾吾而一貫生生。其姿電燿於周室，其波派漾於漢代。繇是館移鴻臚，城崇白馬，斯有寺之始也。寺制殿，象王者之居，尊其法也。其後金地蓮扃，周旋四海，烏飛兔走，或故或新。至如神運之靈莫靈矣，亦靡得而歸然。則我州開元寺佛殿之與經樓、鐘樓，一夕飛燼，斯革故鼎新之數也。初僕射太原公以子房之帷幄布泉城，以叔度之袴襦纊泉民，而謂竺乾之道，與尼聃鼎，宜根乎信而友乎理。刕開元(御)宇，五十載之聖容，實寺之冠。洎帥閩也，愈進其誠，繕經三千卷，皆極越藤之精、書工之妙。駕以白馬十乘，送以府僧，迎以郡僧，置兹之樓。既而蜀雨不飛，識者以爲物之尤，罕留於世；敬之至，必動乎神，是必爲地祇所搜，龍宮之索。不然者，曷與斯故新之數期？厥理則明，我宜悄然不已。仲弟檢校工部尚書爲兹郡之秋也，武則拍孫吳之背，文則席夏商於前，而復龍虎之内，以塤以篪，大聳孟龍之旨。乃割俸三千緡，鳩工度木，煙巖雲谷之杞梓楩楠，投刃以時，趨功以隟，食以月粟，付以心倕，不期年而寶殿湧出。棟隆舊綺，梁修新虹，八表四隅，悉半乎(友)〔丈〕。柱盛鏡礎，方珪叢斗；楣承蟠螭，飛雲翼栱。文榱刻桷，轇輵杈枒。或經緯以幵織，或丹雘而繽耀。畾若蟾窟，築如鰲背。風夏觸而秋生，僧朝梵而谷應。昇者骨冰，觀者目波。而五間兩厦，昔之制也。自東迦葉佛、釋迦牟尼佛，左右真容；次彌勒佛、彌陀佛、阿難、迦葉、菩薩、衛神，雖法程之有常，而相貌之欲動。東北隅則揭鐘樓，其鐘也新鑄，仍偉舊規。西北隅則揭經樓，雙立嶽峯，兩危屡雲，東瞰全城，西吞半郭。霜韻扣而江山四爽，金字騈而講誦千來。是知天地日月，鬼神不欲一存其物，將有待於後人也。設使斯殿也、斯樓也，不有之故，其何以新？我公之作之爲，其何以布之哉？三略、六韜，流通貝多；戈霜劍雪，爲甘露潔，信英智之所措也。既畢，召化内之緇錫，數邁於千，齋而落之累中。慈雲五色，慧日重輪，譚者以爲梵天之宇化於是矣，靈山之會儼於是矣。我公之倅、試大理評事宋君曰騈，才推博古，識洞真如，請立貞珉，垂於不朽。公以小儒不佞，俾刻斯文。僧正臨壇大德僧宣一，桑門之關楗者，曰：「寺有記，亡之矣。垂拱二年，郡儒黄守恭宅桑樹吐白蓮花，〔捨爲蓮花〕道場。後三年，昇爲興教寺，復爲龍興寺。逮玄宗之流聖儀也，卜勝無以甲兹，遂爲開元寺焉。嘗有紫雲覆寺至地，至今凡草不生其庭。大矣哉，自垂拱之迄開元，四朝而四易號。及句。諒兆水於木，垂雲薙草，謂桑、蓮之與雲、草。天啓地靈之如是。則開元實寺之冠，斯又冠開元焉。金聖人無爲也，堯舜亦無爲也。誠參錯其道，巍巍聖儀，永與諸佛如來俱，豈（其不）〔不其〕然？」愚是以奮筆於一公之説。乾寧四年丁巳冬十一月日記。

按，「僕射太原公」，謂王潮；「仲弟」，謂審邽，乾寧時爲泉州刺史。黄志：開元寺在泉州肅清門外。唐嗣聖二年，郡民黄守中園有桑、蓮之瑞，因爲白蓮瑞應道場，後名蓮花寺，尋改興教，又改龍興。開元中改開元。碑所謂「四朝而四易號」也。嗣聖三年，碑作「垂拱二年」。黄守中，碑作守恭，當以碑爲正。

司直陳公墓誌銘 光化二年

黄滔撰，見文集。

姬孔之教，與日月以懸天；顔閔之馨，作芝蘭而出地。可不誄清塵於桂苑，揭貞石於松阡，敘白楊之別生悲風，示黄壤之下藏嘉氣者哉？漢太丘長二十三世孫南安縣尉諱真，生處士蕘。蕘生大理評事齊，忠信篤敬，不類今世。嘗有白雀巢其庭宇，佳蓮産其池塘，識者謂其後必大。有子九人，皆力儒學。公其長也，諱嶠，字延封。齠齔好學，弱冠能文。與高陽許龜圖、江夏黄彦修居莆之北巖精舍，五年而二子西去，復居北平山。兩地穴管寧之榻，十霜索隨氏之珠。然後應詔諸侯，求試宗伯，而以咸通、乾符之際，龍門有萬仞之險，鶯谷無孤飛之羽，才名則溫歧、韓銖、羅隱皆退黜不已。故公自丁丑之及丙申，高價馳而逸步躓。既而大盜移國，德公文行之深者，安州鄭郎中諴、孫拾遺泰，嘆而勉之。久乃持輦下之屈名，適蜀中之貢府。致卿士倒屣揚席，開路清風。既爾竊爲權官沽諸，將求識而薦之。公時已出經試，比言之者，缺一字。策紙而亡是舉。光啓二年收開，三年榮登故相滎陽鄭公禮部上第。大哉，公爲人謹信，居家純孝，事繼親彌善。廬先君墓，泣血有聞。其所爲文，扣孟軻、揚雄户牖。凡三百篇，有表、奏、牘，頗爲前輩推工。且大唐之設網士，得之於是者，歲幾人焉？矧復有避宦者之節，若走衡虛之車馬。滎陽公自以得人，其春首門人〔脱〕麻攝京兆府參軍。司空太原公（師）〔帥〕閩，解榻以，缺一字。辟之爲大從事，受大理評事兼監察御史。今府相繼擁於節旄，益賢其參畫，奏大理司直兼殿中。方期輟從藩屏，入踐諫垣，不幸寢疾，浹辰不起矣。享齡七十有五，光化二年十月三日。嗚呼，將來失其龜鏡，斲者喪其般倕。雖登大年，終恨朝露。三年庚申正月十七日丙午，葬於泉州莆田縣崇教里北平故山，禮也。公兩娶：魯國林夫人、滎陽潘夫人。其子三人，仲曰（就）〔説〕，買石太湖刊文。愚與公同邑，閩越江山，莆陽爲靈秀之最。貞元中，林端公藻冠東南之科第，十年而許員外稷繼翔其後。詞人亹亹，若陳厚慶、陳泛、陳黯、林顥、許溫、林速、許龜圖、黄彦修、許超、林郁，俱以夢筆之詞，籝金之學，半生隨計，没齒銜冤。曠乎百年，而公追二賢之後，七年而徐正字寅捷，八年而愚，缺一字。莫不江山之數耶？猗歟。昔之負高才不以位而碑者，襄陽惟孟先生焉；今也累懿德不隆位而碑者，以陳夫子始。愚沾巾宿草，無媿抽毫。其辭曰：

江山之秀鍾乎人，純孝高節并其身。掬兹二美，摛爲雄文。以之登桂科，以之列蓮賓。斯爲君子，誰曰未仁？烏乎九原，宜樹貞珉。

按，陳延封，十國春秋作「光啓三年登進士，光化三年十月卒，年七十五」。與碑作「二年」異。

難提塔序天復三年

僧真覺自序。

夫從緣者，始終而成壞；非緣得者，歷劫而常堅。堅之則在，壞之則捐。雖然，離散未至，何妨預置者哉？所以疊石結室，剪木合函，般土積石爲龕。諸事已備，頭南脚北，横山而卧。惟願至時，同道者莫違我意。見三山志。

郝志云：「在侯官雪峯山。唐龍紀元年，僧真覺預造葬地，自爲序以紀。天復三年，王審知刻石。」案，列銜「威武軍節度使、管内觀察處置兼三〔司〕發運使、光禄大夫、檢（檢）〔校〕司空、同平章事、開國公、食邑三千户王審知」，蓋未稱王時也。

按，真覺，名義存，泉州南安人，姓曾氏，乾符中賜號「真覺大師」。住閩四十餘年，門下常千五百人，即雪峯和尚也。談薈云：義存没後在函中，每月其徒出之，髮爪皆長，輒爲落薙以爲常，經百餘年不廢。後因兵火亂，始封而灰之。

大唐福州報恩定光多寶塔碑記 天祐二年

黄滔撰，見文集。

金聖人之教功與德，魯聖人之教忠與孝。以忠孝之祈功德，莫之大也。天復元年辛酉，天子西巡，岐汴交兵，京洛顒顒。我威武軍節度使、相府、瑯琊〔王〕王公，祝天地鬼神，以至忠之誠，發大誓願。於開元之寺造塔，建號「壽山」，仍輔以經藏，乞車駕之還宫也。其三年甲子，以大孝之誠，發大誓願，於兹九仙山造塔，建號「定光」，仍輔以經藏，爲先君司空、先秦國太夫人、元昆故司空薦祉於幽陰也。大矣哉，赫赫忠誠，懇懇孝思，以國以家，以明以幽，胡天地之不動歟，胡鬼神之不感歟？釋之西天謂之「窣堵波」，中華謂之「塔」。塔制以層，增其敬也，造之獲無量無邊功德。初我公以宏才妙略之有藩維，以仁智神鑒之謀遠大，謂閬越之江山奇秀，土風深厚，而府城坐龍之腹，烏石、九仙二山聳龍之角。屹屹巖巖，孱孱顔顔，兩排地面，雙立空際。怪石如墉，迴崗若揖。東銜滄海以鏡豁，西走建溪而帶縈。氣色蒙茸，風雲蓬勃。非仙宮佛寺，不可以乘龍之角、（天）〔大〕龍之腹，何烏石二而九仙曠？烏石山有神光、天王二寺。豈非代虛其作，地祕其期，以待我公？況古仙錬骨之所、昇真之跡耶？一旦之新城月圓，壬戌歲，我公卜築其外城，號「月城」。二山之嘉氣雲連，森上介、掀大旆，或旬或朔，眷於粉堞之上；時行時止，卜於煙巒之堀。得峻中之平，平中之峻，凸而不隆，凹而不卑。樹翳薈以奇姿，草芊眠而別翠。遂從弘願，啓茲塔之基焉。塔之科也，恐山之偏，憂地之入，將塹（平）〔乎〕壤，五十尺之深，百有餘尺之闊。杵土積石而上上聲。逮二十尺，瞥然虹見，瑩然穴貯。俄以珠寶之獲，坐以金錢，大不及拳，光能奪目。於時清風四來，海天擴開。煙霞蓊蔚於城隅，鸞鶴旋盤於林表。〔舉閩之軍〕，傾閩之俗，以趨以走，以歌以詠。既而畚鍤投、般倕奮，内甃以塼，凡四十萬口，外搆以木，蓋百其巧。七層八面，玲瓏窌窱，榱桷欄楯，轇轕杈枒。雲楣翼環，珪斗鱗甓，雕（鏤）〔鏤〕丹雘，曲盡其妙。方七十有七尺，高二百尺，相輪之四十尺參之也。懸輪之鐸一百九十，懸層之鐸五十有六，角瓦之神五十有六。其内也，則門門面面，繢以金像，不可勝紀。登之者若身在梵天，瞻之者覺神離贍部。嶪嶪然觸圓青而直上，野鶴經之而高翔，疑掠其腹；鱗鱗然壓峭碧而崛起，地祇感之而下捧，疑殫其力。其相輪也，我公誓願之日，仲氏司徒自清源聞而感，鑄而資。雖從人力，悉類神功。謹按妙法蓮花品：自地湧塔於佛之前，其幢幡瓔珞，瑪瑙車磲，七盤四懸，乘虛耀日，乃多寶之佛發大誓願之感現也。繇是以斯塔取如來之嘉號，號之曰「定光」；以其感珠之現，侔於自地之湧，故聯之於「多寶」；本於孝思薦勔，故冠之以「報恩」，此其義也。夫如是，大雄之力，出死入生；至誠之神，感天動地。若乃沉沉夜壑，浩浩世塵，莫不以茲玄符，承彼慧日，超於三千大千之世，遊乎二十八天者哉。苟不之然，則凡彼經文，悉爲之虛語耳，又焉能垂信於百千〔年〕之後哉？既而巍巍峨峨，金輝鐵牢。其東則翼以經藏焉。其藏也，外搆以扃，八角兩層，刻栴檀，鏤金銅，飾朱漆之炳煥，仍衛以華堂七間，名之「轉經」焉。致其沙門、比丘，比比厥跡，以爲拜唱趺讀、叢談聚聽之湊。日繫乎月，月繫乎時，軒軒闐闐，奚景福之不幽資乎？又感應天王殿一間兩厦，其天王也，變毗沙之身於感通之年，現神質爲龜城之助。倏腰衣褐，屣足乘雲，雙吐目光，兩飛霞彩。乃千百億化身之一，爲壽山草木之應。今塑於此，厥感寧亡。其西則翼之別殿曰「塔殿」，其塔也，我公萌誓願之先，因心以制十有三層之妙形。匪偉而誠，有爲去聲。殿斯奇而塔斯處。其北則報恩變相堂九間，潔瑠璃之地，等娑婆之世。七寶叢樹，五色騰光，明明見闍提之心，一一標如來之說。又僧堂五間，上五門，下之與茶堂五間，直聯曲交，冬溫夏涼。又華鐘之樓，迥起清音，下折刀山，長明燈之臺，圓籠孤光，杳輝漆壤。其東南之一臂，復建地藏殿一間兩厦、功德堂五間、僧堂五間，張如別構，而制匪異。其殿也，坐以菩薩之麗，若欲飛動。其堂也，駢錯儀像，或金範，或幅繢，千形百質，恐悉諸天之聖侶粵間焉。公廳四門一厦，或備旌鉞之覲止。我公或四季之旦，三旬之八，聚僧設會，拜首追祝，勤勤恪恪，罔所不至。舉閩之高卑，舉閩之少耋，攀之望之，無不動心涕臆。君子謂：豈惟冥薦於先，蓋以孝教民也。又庫廚五間，浴室三間，接之井，井重以樓焉。環周輻輳之行廊，凡三(百)〔十〕有三間，總費財六萬餘貫。如山之疊，如洞之濬，巑巑隆隆，叢爲一宮。其大也，琢文石以爲軒，雕修虹以爲梁。其小也，取良木於靈山，篩嘉壤於飛塵。雖掩映乎人間，實參差乎象外。其經也，帙十卷於一函，凡五百四十有一函，揔五千四十有八卷。皆極剡藤之精、書工之妙，金軸錦帶，以爲之飾。天祐二年乙丑夏四月朔，我公宿誠於州，東亰於肆。及脇降之辰，大陳法會，以藏其經。緇徒累千，士庶越萬，若緇若士，一而行之。正身翔手，右捧左授，自州之岊，起於我公，傳至於藏。觀者如堵牆，佛聲入霄漢。幡花照乎全郭，香煙連乎半空。雪頂之僧，指西土之未有；駘背之叟，慶東閬之天降。可謂之鴻因妙果者也。始者我公之登壇也，其一之年，偃干戈，興禮樂；二之年，陳耒耜，均賦輿；三之年，疊貢輸，祇寵澤。萬乘臣其職，四隣視其睦，百姓天其政。故一川之鏡如，靈臺之月如，融融怡怡，愉愉熙熙。乃大讀儒釋之書，研古今之理。常曰：「文武之與釋氏，蓋同波而異流。若儒之五常，仁、義、禮、智、信。仁者，含弘也，比釋之慈悲爲之近；禮者，謙讓也，比釋之恭敬爲之近；智者，通識也，比釋之聖覺爲之近；信者，直誠也，比釋之正直爲之近。而義者，殺也，其爲異物諸武之七德。至如戢兵保土、安民和衆之類，亦猶川陸之徂秦適洛焉，然則皆謂之煩惱。吾父，國也；子，民也。朝爲社稷之計，暮作稼穡之念。若俾求智慧火、乾煩惱海，則非（君）〔吾〕之所能。若建金地、繕金文、陳法會、一衆僧，冀乎不可思議，乃吾之所志也。」於是月陳三齋，時或雪峯之僧圍繞千徒，卧龍之僧圍繞五百。以至萬錢之膳，或間嘉蔬；五袴之歌，或參雲梵。慈航駕岸，法雨垂空，必致菩薩化身、羅漢混俗以降也。時人謂靈山之會日儼矣。又以府之寺至於清源，或存或燼，或抽金積俸，增而新之。而府之開元、大中、神光，曩塔之數，與寺俱焉。新於大中、神光，乃規舊制，而精燿宏壯，則邁前時。開元則輔之經藏，加之轉輪之盛，尊大君也。定光多寶，報恩於劬勞，故以塼。塼者，專也，謂山度之材，有蠹朽之日；火化之壤，無銷鑠之期，其本乎土也，資乎火也。及投諸水火，則不歸乎土，不壞於水，歷千秋而其質堅然。乃以專至堅貞之誠寓於是，則斯誠也，如是得無感乎？則彼珠之爲符驗矣。且夫珠也，或頷乎龍，或銜乎蛇，或胎乎蚌，故水懷而川媚。今兹珠也，不自乎龍，不自乎蛇，不自乎蚌，匪懷水而媚川，而孕厚地之二十尺，豈非斯之感歟？不然，則始從融結而孕之也。若以始從融結而孕之，則厥初已兆我唐之有我公，則我公之言烏石之有神光、天王、九仙，天虛其作，地秘其期，以待我信矣。塔之訖功，顧小從事某，有禮官甲科之忝，明主研許之幸。庶幾於聖人立身揚名之道，命爲之記，用旌厥德於無窮。某不敢牢讓，作禮而推之言。夫陶天地爲後時，銷生死於無朕，其道不可以真虛，求聲影賾，應誓願於有爲，現感通於至誠，其道乃可以精諦至嚴敬致。今我公以精諦嚴敬，積功累德，以（沂）〔泝〕流於世。斯塔也，嶽嶽崇崇，兼乎仁孝之鴻名，偕天地日月江山之永，遂刻於貞石焉。其詞曰：

金聖人教，德與功兮。魯聖人教，孝與忠兮。巍巍賢傑，二美鍾兮。建兹寶塔，惟追崇兮。祝天瀝懇，先延鴻兮。報劬薦祉，祈幽通兮。仙山之秀，夷且隆兮。曠古爲期，俟仁風兮。月圓珠現，契遭逢兮。融結之初，兆英雄兮。豈徒業業，懿班工兮。火壤之貞，積磨礱兮。斧材之取，厥匪同兮。七層八面，相玲瓏兮。金鈴寶鐸，交丁冬兮。影落澄清，馴魚龍兮。頂觸圓碧，分鴻蒙兮。繢儀範像，疊其中兮。齊天極地，爲初終兮。金文貝字，搆重重兮。講讀千來，罄西東兮。靈山盛會，日雍雍兮。甘露法雨，常蒙蘢兮。鴻名冥祉，偕無窮兮。

按，諸道石刻錄云：定光塔記，黄滔撰，進士劉瑊書並篆額，天祐二年立。按，十國春秋：天祐元年，建報恩定光多寶塔於福州，薦考司空、妣秦國夫人、伯兄司空也。據碑，在天復三年。

靈山塑北方毗沙門天王碑天祐二年

黄滔撰，見文集。

列藩之業有地，有地之職有民。有民之道，興禮樂、惇忠孝以行事。興禮樂、惇忠孝以行事，然後謀。謀者也，築城池居其一。城既築，進道德以居之，樹神祇以尸之，爲一方之巨防，雖永古而無疑。我相府瑯琊王王公之有閩越也，具列藩之業，修有地之職，行有民之道。自乾寧四年丁巳，至天祐二年壬〈戌〉〔戌〕，凡六年。禮樂興，忠孝敦，乃謀及城池。城池及謀，乃尸及神祇。於是於開元寺之靈山，塑北方毗沙門天王一鋪，全部落已，鎮於城焉。大矣哉，所謂闡六韜，濬七德；建陽功，配陰騭。夫毗沙門，梵音，唐言多聞也。始自于闐刹利之英奇，膺世尊帝釋之錫號，居須彌山北，住水晶宫殿，領藥叉衆，爲帝釋外臣，以護南贍部州。其道入大乘，得無生法，忍住聲聞，證不還果。謹稽我公之築城也，恢守地養民之本，隆暫勞永逸之策。其名舉一而生三，法陽數也。曰大城焉，南月城焉，北月城焉。周圍二十六里四千八百丈，基鑿於地十有五尺，杵土胎石而上，上高二十尺，厚十有七尺。外甃以磚，凡一千五百萬片。上架以屋，其屋曰廊。其大城之廊也，一千八百有十間。自廊凸而出之爲敵樓，樓之層者二十有三。又角立之樓六，其二者層復層焉，皆欄干鉤聯，參差煥赫。而廊之若干步一鋪，又各〔以〕鼓而司更焉，凡三十有六，謂之更鋪。其四面之門八：其南曰福安門，福安之東曰清平門，西曰清遠門；其北曰安善門，安善之東曰通遠門；其東曰通津門，通津之北曰濟川門；其西曰善化門，皆鐵扇銅扃，開陽闔陰。門之上仍揭以樓，三間兩挾兩噲，修廊雙面遠碧。門之左右，又引而出之，爲之亭，兩間一厦。又匪樓之門九，曰暗門焉。又水門三，其二樹欞篩汲，卸帆入舟，鳴舷柳浦，迴環一郭，堤諸萬户。注之以堰二，渡之以橋九，鏡瑩虹横，交舫走蹄，斯大城之制也。粵南月城也，東貯九仙，西盛烏石之二山，嘉樹蓄雲，茂草藏獸。城上之廊，一千十有三間。其中七間，謂之徘徊。敵樓四十有九，樓之層者三，其門二，曰登庸門、郭璞記：「南臺江沙合，即有宰(輔)相。」(爲)〔而〕我公膺期。今登庸門外橋，名「沙合橋」。道清門。其上之樓，其下之扉，左右之引亭，建暗門(入)〔八〕、水門二，其堰一，其橋五，及廊之更鋪二十，悉與大城類。其外之東西，復距而出之，謂之横城。其東也，城上之廊，四十二間五厦，其中兩間是兩面之敵樓。其門一。斯南月城之制也。伊北月城也，城上之廊，六百四十二間，敵樓二十有六，樓之層者十，其門二：曰道泰門、嚴勝門。其上之樓，其下之扉，左右之引亭，建暗門四、水門二，其橋一，及廊之更鋪十有四，復與南月城類。又觜而出之，謂之横城。城上之廊，五間一厦，其門一。斯北月城之制也。其東畫長川以爲洫，西連乎南；句。盤別浦以爲溝，悉通海鰌。朝夕盈縮(之)之波，底澤鱗介，岸泊艓艘。北截越王之故山，派西湖以爲隍，若鼇之負，如甌之置，軒軒然，翼翼然，真謂天設之府、神開之地也。既而我公一旦膝分席校，鱗軍堵耋，陳大會以落之，而言曰：「惟閩越之爲藩屏也，建汀二疆東其右，巖千而壑萬；(溟)溟海巨流瀕其左，濤雷而浪霆。信乎江山奇險，無以加之。矧今新之以城壁，城壁之以鐵石。古人言得地，又言守地，又言堅壁，豈不以得地而居，守地以城，城以堅壁？信不疑矣。然則吾之戴恩忝土，勤勤懇懇，不以〔江〕山(川)

奇險之爲奇險，不以城壁鐵石之爲鐵石也，修道德、樹神祇以居之。」毗沙門之天王，自天寶中使于闐者得其真還，愈增宇内之敬。旋大夫芮國公荆渚之塑也，凡百城池，莫不一之。斯舊城之北，往規也；舊天王在子城北也。斯新城之制，今城也。且勝莫勝於開元寺，尚莫尚於寺之靈山。阜寺之艮，控城之乙，祖僧六葉雁其〔下〕，珉石一拳星其上。廬山灣落星石上有佛舍。劍池徹寫，飛山奔揖，足以象水精而營宫殿，掀廟貌以衛城池。爰將擇工之精、搜塑之妙，製乎聖質，俄然化出，身被金甲，手擎雁塔，地祇下捧，天將前擁，光灼灼而如將動摇，神雄雄而若欲叱咤。觀之者皆謂：須彌拔宅於是矣，于闐分身於是矣。而復翼僧堂而右邃，膊鐘樓而左突，毳錫百萃其夏午，蒲鯨六吼其宵加，信爲塵間之北方、連營之靈城也。訖命小從事某刊貞石而碑之。某不敢牢讓，齋戒三日，抽毫而書。猗歟天王，因果則釋氏，猛勇則兵權，啓願而願從，云戰而戰勝。至如揮額汗以爲童子，却修羅之師，擎手塔以貯彌陀，解天鼓之赴，爰皆肹蠁，克致感通。洎唐有土藩之黷也，豆面以行疹，儀金以現人，嚙戈以生鼠，與彼時之玄應。蓋大同而小異，況邇則咸通季蠻之侵蜀，蜀人亟祈，褐衣倏以乘空，目光燿以照地，蛇將奔穴，龜竟全城。〔夫〕如是，則護南瞻部洲，豈虛言哉？今我公之至誠通日月，弘願質鬼神，以曠世之功業，託無生之法力，豈昔時之有是，而今日之不然哉？雖體蒼蒼而無言，固乃昭昭而有鑒，輒爲之銘。其詞曰：

受命帝釋，封邑須彌。金甲儼被，藥叉雄隨。越七金山，突修羅師。入大乘妙，與聲聞差。于闐分身，皇唐衛國。〔若加〕善禱，咸蒙聖力。塞雁煙塵，龜城戈戟。虜騎猶東，鑾車未北。現以真儀，亡乎悖德。懿彼閩越，大哉侯王。仗鉞務本，築城爲防。石取（宅）〔它〕山，壤塹聯崗。疊百厥雉，累千乎廊。却鐵之觸，疲羽之祥。奔馬轡並，馳車軌方。巢鳳於樓，蟄龍於隍。如嶽斯立，如翼斯張。不有依憑，曷旌扃鐍。臺略俄啓，神驅遽設。鐵鬚卓竪，漆瞳曝昳。捧足神府，持劍將列。月殿巍峨，靈山巀嶭。法逮無生，權唯有兵。昔之若是，今肯忘情？閩山永高，閩江永清。厥宜識之，盤石斯城。

按，十國春秋：天祐二年，築南北月城，復塑北方毘沙門天王以鎮之，命唐國子四門博士黃滔爲碑，以紀其事。即指此碑。

莆山靈巖寺碑銘 天祐二年

黃滔撰，見文集。

釋波東流，湧爲花宮。花宮之構，咸宅靈秀。靈秀之啓，其或神授。則知融結之始，已有待於金聖人也。粵靈巖寺，乃莆山之靈秀焉、神授焉。懿夫嶽立大山，堆下數峯，面乙臂坤，石嵌（神）〔松〕瘦。昔梁、陳間，邑儒滎陽鄭生家之。生嚴乎一堂，架以詩書。既而秋一夕，風月清朗，俄有神人，鶴髮麻衣，丈餘其狀，見於堂曰：「誠易茲爲佛宇，善莫之大。」生拜而諾，瞬而失。旋以堂居僧像佛，獻其居爲金仙院。即陳永定二年庚申也。鶴髮麻衣，西天之謂，故曰金仙。山水推其奇，鶴髮增其異。緇錫日萃，院落日峻。隋開皇九年，昇爲寺焉。左漱寒泉，右擁疊巘。危樓豁壺公之翠，上方視鮨海之波。唐景雲二年辛亥，寺僧志彦入内，背文講四分律。睿宗嘉之，錫號聰明。彦因獲言所居寺之自。復有僧無際持妙法蓮華經感石，上湧白泉。僧歿而泉變清焉，遂膺敕額爲靈巖寺。太和二年，殿中彭城劉公軻幕提泉印，聆寺之勝，不卸而宿。候吏不蔬而午，掬泉而漱，隨手以涸，其石今坎於上方之上。其僧復有玄悟、玄準、慧全、省文、靈敞、無了，悉間生祇園，堅持密行。或臨壇表德，或降虎示真，厥衆如雲，厥施若市。洎武宗皇帝乙丑之否，邑之東有敬善寺，民井而居之；乾有玉澗寺，民畝而田之。獨茲之奇，豪人互以金輪，爲幽宅之卜，若有之衛，竟不克遂。敞公、了公及句。帽首縧腰，沉蹤處晦。逮宣宗皇帝之復，索之於石罅雲根，歸之於蕪基燒址。山靈之感，行氈之慕，投金執斲，匪招匪勸。不越閏而其宇鱗鱗，其徒翼翼。敞公咸通六年秋八月云滅，靡風而大樹折庭，靡觸而大殿傾瓦。了公八年冬十月坐亡，色身不壞，今龜陽之號真身大師者也。則知僧以行而神，其亦地以靈而感。若乃軒軒月殿，藹藹松門，醍醐雨天，瑠璃鏡地，慧燭九枝而吐燄，慈雲五色以垂陰，推之甌越，居之甲乙。今僕射瑯琊王公，牧民之外，雅隆淨土，論及靈勝，以爲東山神泉之比。神泉寺在府城之東山，其泉亦自僧感而湧也。繕經五千卷，於茲華創藏而藏平聲。焉，即天祐二年春二月也。初侍御史濟南林公藻與其季水部員外郎蘊，貞元中谷茲而業文，歐陽四門捨泉山而詣焉。四門家晉江泉山，在郡城之北。其集有與王式書，云莆陽讀書，即茲寺也。其後皆中殊科。御史省試珠還合浦賦，有神授之名；水部應賢良方正科，擅比干之譽。策云：「臣遠祖比干因諫而死，天不厭直，更生微臣也。」歐陽垂四門之號，與韓文公齊名，得非山水之靈秀乎？元和才子章孝標，邵楚萇、朱可名寄詩以題。大中中，宣宗元年丁卯，號大中，凡十三年。潁川陳蔚、江夏黄楷、長沙歐陽碣兼愚，慕三賢之懿躅，葺齋於東峯十年。咸通、乾符之際，懿宗元年庚辰改咸通，凡十四年。僖宗元年甲午改乾符。豪貴塞龍門之路，平人藝士，十攻九敗。故潁川之以家寃也，與二三子率不西邁。而愚奮然凡二十四年，於舉場幸忝甲第，東歸之尋舊址，蒼苔四疊，嘉樹雙亞，今東峯雙龍眼樹，即往歲書齋之庭陰也。訪舊僧，雲扃十扣，雪頂一存。於是謹祝金儀，益誓丘禱，以謝兹山之靈秀；刻銘貞石，兼補前賢之未述。其詞曰：

山奇孕神，地勝惟靈。螢窗既夜，鶴髮斯形。一畝（清）〔請〕宫，雙蓮建扃。洞深夏寒，林茂冬青。松竹鏗樂，峯巒豁屏。晶迷蟾窟，茫眺鰌溟。持經僧志，湧石泉泠。四分律講，萬乘君聽。敕飛額降，寺以靈名。不有地祥，焉動天庭？大士鴻生，珠明桂馨。良牧聳聞，華構藏經。浩劫不泯，匪兹曷丁。敬祝巉巖，勒石以銘。

攷黄志，靈巖廣化寺，在鳳凰山下。梁、陳間，邑儒鄭露家焉。俄有神人，鶴髮麻衣，夕見於堂，請易爲佛刹，露拜而諾之。永定二年爲金仙院，隋開皇九年陞爲寺，唐景雲二年賜額靈巖，柳公權書扁。黄滔有靈巖寺碑。宋太平興國改賜廣化。按，十國春秋：天祐二年夏四月，藏佛經於壽山，凡五百四十一函，總五千四十八卷。碑云「繕經五千卷，於兹華創藏而藏」是也。碑作「春二月」，稍異。又按，林藻，字緯乾，貞元七年進士；林藴，字夢復，貞元四年以明經及第，並披子。初爲固始人，後居莆田，碑所謂「皆中殊科」也。藻省試合浦還珠賦，稿成假寐，見人語之曰：「何不賦『珠去來』？」藻寤，援筆修之，果中第。及見主司杜黄裳，曰：「敘珠去來，豈有神助耶？」見閩川名士傳。碑所謂「賦有神授之名」也。歐陽，即詹，任四門助教。藻，德宗時爲嶺南節度副使。藴，始爲推官，後遷禮部員外郎，出爲邵州刺史，其官御史與水部，郝志並失攷。文江，舉乾寧二年進士。皆嘗讀書靈巖者也。

藏經銘天祐二年

在開元寺。閩王審知時，泥金銀萬餘斤，作金銀子四藏經，各五千四十八卷。栴檀爲軸，玉飾諸末，寶休架納，龍腦以滅蠹蟫。翁承贊爲碑銘。

按，承贊，字文堯，福唐人，乾寧三年進士。初仕梁，後爲閩諫議大夫，勸太祖立四門學者。

閩中金石志卷四

唐

開元寺丈六金身碑天祐三年

黄滔撰，見文集。

釋氏之稱釋迦牟尼佛千百億化身，而古今之世，以諸佛菩薩其或鑄成、塑成、刻成，其或壁繪、幅繪乎像，不可勝紀，況多應現感通之，自其非之乎？我公粤天祐三年丙寅秋七月乙丑，鑄金銅像一，句。丈有六尺之高。後二十有三日丁亥，繼之鑄菩薩二，句。丈有三尺高，銅爲内肌，金爲外膚，取法西天，鑄成東越，巍巍落落，毫光法相。初我公登壇之三年己未秋，一夕雨歇天清，風微月明，瑶兔無煙，銅龍有聲。俄夢天之西際，燿以照物，綵雲罅裂，大佛中座，嶽嶽以覯止，熙熙而啓言，曰：「斷余一臂，衛〔之〕一方。」既覺而思，現乎形，昭像也；斷一臂，誓誠也；衛一方，保衆也。始嘉其異，姑默其事。後創其意，乃命自賓席之逮將校，〔將校〕之逮步乘，步乘之逮衆庶，其有植信根之深者，暎惠燭之明者，許一以金，投吾俸中，將櫝於肆，俟以銅易。而後鳩工鴻鑪，卜境擇日，鑄斯佛於九仙山定光多寶塔之右，古仙徐登上昇之地。其日圓空鏡然，江山四爽，橐籥之上，上聲。騰爲煙雲，盤旋氤氳，五色成文。又有群鳥，或若鴻鵠，或如鸑鷟，交翔而間鳴，自寅而及午。斯佛也，一瀉而成。翼日，我公禮閱之，乃與夢中一類，其形儀長短、大小無少差。其一臂，工以之別鑄而會，其像大，工慮其不就，計以一臂別鑄而會之，乃暗符夢中。我公神之而露其夢。於是迎入府之別亭，磨瑩雕飾，克盡其妙，朝夕瞻拜，時不之怠。冬十有二月丙申，會僧（千）〔于〕千，以幡以幢，以鐘以磬，引歸於開元寺壽山之塔院。獨殿以居之，翼二菩薩於左右，三十二相足，八十種好具。螺纍纍以成髻，珠隱隱以炫額。檀信及門而膝地，童耋遍城而掌膠。夫如是，豈非千百億化身之一乎？不然者，焉得入乎夢而如乎神，成乎形而如乎夢，夢不之告、工以之缺者哉？其應現感通復爲之殊矣。大矣哉，且先天地生之謂道，後天地設之謂象。道者也，以無爲爲志之者，授心印於虚空；象者也，以有爲爲志之者，疊慧力於報應。論者惑，句。以之爲風馬。曾不謂象猶道之轂也，無象，道不行矣。始者摩騰、竺法蘭二梵僧，不慎其象，東其道且西耳，惜乎不與三皇五帝同世而出。設與三皇五帝同世而出，必能從容樸素，遲回仁義，詐僞未之亟矗也，奈何天將後之，豈徒然哉？豈不以仁義之生也曰堯與舜，仁義之亡也曰癸與受？至於列國之際，强秦之立，癸受之悖，亹亹其躅，天謂仲尼之祖述堯舜，憲章文武，終不能獨制之。故東釋迦牟尼於中土，大陳出生入死之理、天堂地法之事，以警戒之。雖人世之風波，萬態逆翻，而幽府之鐵縲，一無苟免。上智聞之，若鏡之磨；中智聞之，若泉之澄；下智聞之，若火之燒。謂之爲有，則河沙芥子之説虚誕難測；謂之爲無，則應現感通之事尋常立驗。故能銷嗜慾，更禍福，一貴賤，則爲裨教化之一源，湛然不動，感而遂通者也。而以金厥地，蓮厥宫，張法橋以度人，無刑綱以束俗，世之敬之可也，怠之可也，黷之可也。繇是有委之國君、委之大臣之旨，既而委之則人非常人，道非常道。我公曠代之生也，有神僧識(伏)〔仗〕鉞之雄也，應江沙期，合仙人讖；築城之盛也，契菩薩説。初丙午歲，我公至清源，未在時有僧號涅槃於衆中駭而指之，曰：「金輪王之第三子降人間，幸勉之，專生殺柄。」又閩之侯未嘗至宰輔，晉時郭璞記曰：「南臺江沙合，即有宰輔相。」我公之登台席也，江沙契焉。又梁時王霸怡山上昇，山在府城之西五里(五里)。光啓丁未歲，衢之爛柯山道士徐景立因於其仙壇東北隅取土，掘得瓷缾七口，各可容一升水，其中悉有炭，上總蓋一青磚，刻文字云：「樹枯不用伐，壇壞不須結。未滿一千歲，自有系孫列。後來是三皇，潮水蕩禍殃。巖逢一乍開，未免有銷亡。子孫依吾道，代代封閩疆。」其壇東南有皂莢樹，古云真君於此樹上上昇，其後枯矣，至咸通庚寅歲復榮茂也。又嫣山僧號大安，頃坐西禪者，乾符中曰：「府城之到九仙三橋，其中乃菩薩行化。」今之新城及焉。夫神通爲佛，魂交曰夢，神非夢而罕通，夢非神而不感。我公之慶鍾也，其如是矣。其明年正月十有八日乙未，設二十萬人齋，號無遮以落之。是日也，綵雲纈天，甘露粒松，香花之氣撲地，經梵之聲入空。座客有右省常侍隴西李公洵，翰林承旨、制誥、兵部侍郎昌黎韓公偓，中書舍人瑯琊王公滌，右補闕博陵崔徵君道融，大司農瑯琊王公標，吏部郎中譙國夏侯公淑，司勳員外郎王公拯，刑部員外郎弘農楊公承休，弘文館直學士弘農楊公贊圖，弘文館直學士瑯琊王公倜，集賢殿校理吳郡歸公傅懿，皆以文學之（粵）〔奥〕比偃商，侍從之聲齊褒向。甲乙（之選）昇第，巖廊韞望，東浮荆襄，南游吳楚，謂安莫安於閩越，誠莫誠於我公。依劉表，起（商）〔襄〕、漢，其地也，交輸及館，値斯佛之成，斯會之設，俱得放心猿於菩提樹上，歇意馬於清涼山中。我公乃顧幕下者滔，俾刻貞石以碑之。某以甲科忝第，盛府蒙招，刊勒之職，不敢牢讓，謹推於厥旨。經云：作佛像之功德，斗量海以有盡，塵碎劫以無窮。至若青黛之畫辟支，一金之補毗婆，戲爲之而以草木，思見之而刻栴檀，其猶蜕現其生，羽金其報。而況今乃儼至誠，從靈感，銅乎萬萬，金乎千千，虡鼓鑄於神仙之山，卜貞吉於火土之數，其積功累德，豈可以邊以涯而言之哉？或曰：「梁武〔帝〕之隆釋氏，今古靡倫，奚報應之昧乎？」對曰：「梁武帝隆釋氏之教，不隆釋氏之旨，所以然也。夫帝王之道，理世也；釋氏之教，化人也。理世之與化人，蓋殊路而同歸。彼宵旰於萬有，故一夫不獲。若已隕諸隍中，此濟度於觸類，故欲凡一有情，悉皆成佛。梁武帝則不然，以民之財之力，刹將三百，祈功覬德則歸諸己，啼億兆而不乳，削頂頷以言覺，所以私所以然也。今我公爲邦則忠孝於君親，自興兵以來，天下以三司之泉，皆名直進，獨我公以俸錢爲直進。三司之運，悉如舊焉，闕庭大稱其美。牧人則父母於生民。造塔四：其一曰壽山，以昭皇帝辛酉歲西巡，發誓願以祝熊羆，乞車駕之復宮闕；其二曰報恩多寶定光，追薦於先世；其三、其四，大中、神光，爲軍旅也，爲人民也。繕經五藏，其二進於上，其三附於壽山、定光、大王，意同乎塔。月三其齋，或千僧，或千佛。疏乎誠，首則君親，次則軍旅、人民，而已後焉。況斯佛已之而不已，與賓席、將校、步乘、衆庶共（誠）〔成〕之，故其地出明珠，海出珊瑚，幾於蓮花妙品之繁；車渠瑪瑙，幡幢瓔珞，周乎多寶之湧也。開元定塔基，掘地（大）〔丈〕有五尺之深，得寶珠，坐以金錢。又於海中得珊瑚樹，凡二百餘株矣。夫其玄貺之如彼，靈感之若此，則斷一臂，衛一方，斯昭昭矣，豈與彼而論哉？」某是輒奮筆而無愧，爲其詞曰：

託入佳夢，鑄成鴻鑪。毫光法相，銅肌金膚。恍惚現形，昭彰合符。不有爲也，其如是乎。唐一其宇，越百其區。伊閩之設，於地之殊。（四）〔西〕城甌仞，東塹鼇隅。匪德莫處，惟仁靡逾。懿其槖籥，飛作醍醐。焦山草木，不得不蘇。（若）〔苦〕海波瀾，不得不枯。

仙花罔謝，慧日寧徂。永兹一方，盤石其都。

按，十國春秋：天祐三年秋七月乙丑，鑄金銅佛像一，高丈有六尺。丁亥，鑄菩薩像二，高丈有三尺。冬十二月丙申，迎像於開元寺壽山塔院。滔爲是碑，極言三藏聲明之盛。

威武軍節度王審知德政碑 天祐三年

寶刻叢編作閩忠懿王德政碑。諸道石刻録云：于兢撰。輿地碑目：乾寧三年，于兢撰，作恩賜瑯琊王德政碑。

郝志云：在慶城寺東閩王廟内，唐天祐三年十二月奉敕建立。禮部侍郎于兢撰文。

大唐威武軍節度福建管内觀察處置三司發運等使特進檢校太保同中書門下平章事使持節（提）〔都〕督福州諸軍事兼福州刺史上柱□瑯琊郡王食邑□□户食實封一伯户王審知德政碑銘並序

銀青光禄大夫、行尚書禮部侍郎、上柱國臣于兢奉敕撰。

粤自範金合(上)〔土〕之制，雲師火紀之名。禹别九州，堯咨四岳，莫不束求良輔，弘濟兆人，彰克勤克儉之能，垂可久可大之業，嗣太叔寬猛之政，循仲尼富庶之言。既茂勳勞，宜標篆刻。公名審知，姓王氏，瑯琊人也。其胙土命氏，疏源演派，代濟其美，史不絶書。後以大祖就禄光州，因家於是郡焉。曾祖友，贈光禄卿；王父藴玉，贈秘書少監；父恁，贈光州刺史，繼贈太尉。公即太尉之季子也。初公兄潮志尚謙恭，譽藹鄉曲，善於和衆，士多歸之。福建節度使陳巖，既嚮其名，又以所屬泉州求牧，乃遣禮而請之。及到任，頗著嘉聲。後巖在軍病甚，不能視事，軍士等懼無統御，皆願有所依從，泉牧遂以郡委於仲弟審邽，而與公皆赴。至〔則〕積惡者屏去，爲善者獲安。因詔授節度使，累加檢校右僕射。於是剗其訛弊，整其章條，三軍無譁，萬姓有奉。乾寧三年，僕射遘疾，且付公以戎旅，仍具表奏。尋加刑部尚書、威武軍留後，俄授金紫光禄大夫、右僕射、本軍節度使。公器局端雅，識理融明，稟嵩嶠之真精，得圯橋之妙略。及膺帝命，寵陟齋壇。細柳連營，旌旗動色，蒲盧莅政，草樹逢春。一年而足食足兵，再歲而知禮知義。方隅之内，仰止攸同。曩以運屬艱虞，人罹昏墊，農夫釋耒，工女下機。公既統藩垣，勵精爲理，强者抑而弱者撫，老者安而少者懷，使之以時，齊之以禮。故得污萊盡闢，鷄犬相聞，時和年豐，家給人足。版圖既倍，井賦孔殷，處以由庚，取之盍徹。夫述職之道，底貢爲先，九(江)〔丘〕爰序於厥苞，伍伯是徵於縮酒。雖甸服之近、江漢之中，或遇阻艱，亦絶輸賦。唯公益堅尊獎，慎守規程，松柏後凋，風雨如晦，地徵旁午，天庫充盈，共仰勤劬，咸知匡戴。常以學校之設，是爲教化之源，乃令誘掖童蒙，興行敬讓。幼已佩於師訓，長皆賓於國庠。俊造相望，廉秀特盛。閩川以南，地惟設險，人尚爭雄，或因饑饉薦臻，或以刻剝爲苦，萑蒲易聚，巢穴難探。公感之以恩，綏之以德，且曰：「吏實爲虐，爾復何辜？」示以寬仁，俾之柔服。遂數十年之氛祲，遽致廓清；一千里之封疆，旋觀昭泰。張綱以單車入壘，虞詡用絳縷擒姦，以古況今，彼猶懷愧。爰自天寶艱難之後，經費實繁，聚斂之臣，名額滋廣，即山鳩利，任土庀財。峻設隄防，頗聞賙贍；洎纏烽燧，仍患崎嶇。三司之職務空存，四海之輪蹄鮮至。公按其程課，令以權衡，盡叶舊規，尤彰宏業。而又奉大雄之教，崇上善之因，象法重興，道師如在。虹梁雕栱，重新忉利之宫；鈿軸牙籤，更演毗尼之藏。而又盛興寶塔，多捨淨財，日麗飛甍，霞攢綵檻，頂甋迴向，遠邇歸依，用俾群緣，皆同妙果。佛齊諸國，雖同臨照，靡襲冠裳，舟車罕通，琛賮罔獻，〔□者〕亦踰滄海，來集鴻臚。此乃公示以中孚，致其内附，雖云異類，亦慕華風。宛土龍媒，寧獨稱於往史；條支雀卵，諒可繼於前聞。自燎熾西秦，煙飛東觀，魯壁之遺編莫捄，周陵之墜簡寧存？亟命訪尋，精於繕寫，遠貢劉歆之閣，不假陳農之求，次第籤題，森羅卷軸。夫四隣共守，蓋當偃革之期；七德方修，必假禦衝之備。是以恢張制度，固護基扃，程功而莫匪子來，作事而適當農隙。立崇墉之百雉，表巨屏於一方。巖邑湯池，曾何足數；折篩縈帶，固不可憑，未若暫勞，致兹永逸。兵戈薦起，帑庾多虚，凡列土疆，悉重徵税，商旅以之而壅滯，工賈以之而殫貧。公則盡去繁苛，縱其交易，關譏鄽市，匪絶往來，衡麓舟鮫，皆除守禦。故得填郊溢郭，擊轂摩肩，競敦廉讓之風，驟覩樂康之俗。閩越之境，江海通津，帆檣蕩漾以隨波，篙檝崩騰而激水，途經巨浸，山號黄崎，怪石驚濤，覆舟害物。公乃具馨香黍稷，薦祀神祇，有感必通，其應如響。祭罷一夕，震雷暴雨，若有冥助。達旦則移其艱險，别注平流，雖畫鷁争馳，而長鯨弭浪，遠近聞而異之。優詔獎飾，（乃）〔仍〕以公之德化所及，賜名其水爲甘棠港，神曰顯靈侯。與夫召神人以鞭石，驅力士以鑿山，不同年而語矣。於戲，辨貞金於大冶，認勁草於疾風，不有良田，誰康澤國？尋就加平章事、檢校右僕射如故。腰懸相印，手握兵符，益壯軍聲，彌新殊渥。又改光禄大夫、檢校司空、〔轉〕特進、檢校司徒。然而物議輿詞，功厚賞薄，以爲爵禄未稱疇庸，於是異姓分封，仍加井邑，轉檢校太保、瑯琊郡王，食邑四千户，食實封壹伯户。公之仲兄審邽，自守泉郡，一紀於兹，黠馬皆調，疲人盡泰。公性惟雍睦，氣稟溫和，韻契塤篪，政牟魯衛，可謂高明輝映，超絶一時者也。公以天下兵馬元帥、太尉、中書令、梁王，勳格穹昊，德服華夷，奉大國之歡盟，爲列藩之表率。今節度都押衙程贇，及軍州將吏、百姓耆老等，久懷化育，願紀功庸，列狀上聞，請議刊勒。元帥梁王以公如河誓著，匪石情堅，累貢表章，顯陳保證。朝廷冀弘誘勸，特示褒揚，將建龜趺，合徵鴻藻。兢謬居清列，曾乏雄文，頃歲嘗詠皇華，往宣宸旨，已於視聽，親飫徽猷。今之執簡濡毫，得以研精覃思，備陳懿績，寔無愧詞。乃作銘曰：

日月麗天，舟檝濟川。内外克乂，股肱惟賢。淮水長清，緱嶺方寧。慶隨祚遠，材爲時生。伯氏雄特，泉人仰德。求瘼斯勤，頒條有則。冠軍被疾，付以師律。政教翕張，士庶寧謐。懿彼閩越，帥實英傑。地列周封，心馳魏闕。聖澤汪洋，元戎啓行。有典有則，爲龍爲光。高懸秦鏡，理道自靜。比屋懷仁，連營稟令。航海梯山，貢奉循環。務其輸委，無憚險艱。周徹之術，公田什一。約以有程，守而勿失。輕徭薄賦，謳歌載路。高掩龔黄，遐追邵杜。鄉校皆遊，童蒙來求。雅道靡靡，儒風優優。惟虺吹毒，久依山谷。罔恣陸梁，竟欣柔服。法寶梵宇，勝因所主。崇搆斯精，福慶攸聚。佛齊諸國，綏之以德。架浪自東，驅山拱北。墜簡遺編，繕寫精研。麟臺矗爾，武觀森然。畚鍤其勤，雉堞連雲。永制爾敵，用壯我軍。關譏不税，水陸無滯。遐邇懷來，商旅相繼。黄崎之勞，神改驚濤。役靈祇力，保千萬艘。劉驥茍龍，埧篪雍雍。惟邦惟翰，以侯以公。元帥梁王，武步龍驤。挺彼七德，削平四方。公能事大，推心斯在。風雨無渝，歲寒不改。殊勳茂績，盡瘁宣力。國之丹青，邦之柱石。位冠台鼎，任隆兵柄。重以徽章，寵分異姓。優詔銘功，萬古英風。貞珉是勒，垂之無窮。

天祐三年丙寅歲閏十二月一日准敕建，將仕郎、前守京兆府鄠縣尉、直弘文館王倜書□□。

金石萃編：按，碑有缺字。吴任臣十國春秋載此文，今據以增注。撰文者于兢，書者王倜，皆無攷。碑云：「公名審知，姓王氏，瑯琊人也。後以大祖就祿光州，因家於是郡焉。」兩五代史皆云：「王審知，字信通，光州固始人。」十國春秋云：「五代祖曄，爲固始令，民愛其仁，留之，因家焉。」然則碑云「大祖者」，即五代祖曄也。碑云「兄潮，士多歸之。福建節度使陳巖請牧泉州，巖病，軍士無統御，泉牧遂以郡委於仲弟審邽，而與公皆赴」云云，歐五代史王審知傳稱：唐末群盜起，壽州人王緒攻陷固始，緒聞潮兄弟材勇，召置軍中，以潮爲軍校。薛史云：時潮爲縣佐，緒署爲軍政。是時，蔡州秦宗權募士益兵，以緒爲光州刺史，召其兵會擊黄巢。緒遲留不行，宗權發兵攻緒。緒率衆南奔，自南康入臨汀，陷漳浦。緒性猜忌，潮頗自懼，説其前鋒將擒緒，推潮爲主。薛史云：緒衆求帥，刑牲歃血爲盟，植劍於前，祝曰：「拜此劍動者爲將。」至潮拜，劍躍於地，衆以爲神異，即奉潮爲帥。時泉州刺史廖彦若貪暴，潮略地，至其境，耆老留之。潮圍彥若逾年，克之。光啓二年，福建觀察使陳巖表潮泉州刺史。景福元年巖卒，薛史作「大順中巖卒」。其壻范暉自稱留後。潮遣審知攻暉，破之。唐即以潮爲福建觀察使，以審知爲副使。十國春秋云：王緒取光州時，潮爲縣佐（使）〔史〕，與弟審邽、審知以材氣知名，邑人號曰「三龍」。緒署（潮）爲軍正，主廪庾。緒南奔，陷漳浦。初以糧少，故兼道馳，約軍中曰：「以老孺從者斬。」潮與二弟時奉母行，緒切責潮，欲斬其母。潮等請先母死，會諸將士皆爲請，遂舍之。有術士望軍氣，言軍中當有暴興者，緒益猜忌。前鋒將擒緒，推潮爲主。潮乃除地剚劍，祝曰：「拜而劍三動者，我以爲主。」至審知，劍躍於地，衆〔以爲神〕，皆拜之。審知讓潮，自爲副。餘與兩史同。此審知與兄入閩之緣起也。碑云「乾寧三年，僕射遘疾，付公以戎旅，仍具表奏，尋加刑部尚書」云云，僕射者，潮也。十國春秋從通鑑作「四年冬，潮有疾。十二月丁未，潮薨」，與碑差一年。十國春秋又云：天祐（九）〔元〕年夏四月，唐遣右拾遺翁承贊加審知檢校太保，封瑯琊王，食邑四千户，食實封一百户。碑載此語，無年月。又云：是歲，建報恩定光多寶塔於福州。天祐二年夏四月，王藏佛經於壽山，凡五百四十一函，總五千四十八卷。三年七月，鑄金銅佛像，高丈有六尺；鑄菩薩像二，高丈有三尺。即碑所云「奉大雄之教，崇上善之因。虹梁雕栱，重新忉利之宫；鈿軸牙籤，更演毗尼之藏。盛興寶塔，多捨淨財。日麗飛甍，霞攢彩檻」者是也。又云：海上黄崎，波濤爲阻，審知禱於海神，一夕風雨雷震，擊開爲港，封其神曰靈顯侯。原注：一作顯應侯。碑載此事大略相同，惟「靈顯侯」作「顯靈侯」爲異。十國春秋又云：天祐二年，築南、北夾城，謂之南、北月城，合大城而爲三，周二十六里四千八百丈。即碑所云「恢張制度，固護基扃。立崇墉之百雉，表巨屏於一方」者是也。十國春秋又云：是時，命管内軍州搜寫遺書以上。即碑云「亟令訪尋，精於繕寫。遠貢劉歆之閣，不假陳農之求。次第籤題，森羅卷軸」者是也。十國春秋又云：佛齊諸國來賓。即碑云「佛齊國舟車罕通，賝賮罔獻。亦踰滄海，來集鴻臚」者是也。佛齊，即三佛齊，兩唐書及兩五代史皆不載，惟宋史云：「佛齊，南蠻别種，與占城爲隣，其王號詹碑，人多蒲姓。」可知在唐時未通職貢，王審知又係僭僞之國，故其來賓不列史傳也。十國春秋又云：唐以梁王全忠奏賜王，建祠福州，勒功於石。即謂此碑也。梁王全忠，即碑所謂「天下兵馬元帥、太尉、中書、梁王」。是時昭宗遇弑，哀帝嗣位，本紀書：天祐三年閏十二月己酉朔，福建百姓、僧道詣闕，請爲節度使王審知立德政碑，從之。是時，朝廷命令多出梁王，秉筆者尚存大體，故本紀特書哀宗之從，碑文特書梁王之請，其實皆具文也。然玩碑文，但頌功德，不及祠祀之事，則十國春秋所謂「建祠福州」者，又不知何所本也。碑文書「檢校太保」，標題作「揀校」，他碑未見。撰文于兢稱

「臣」，書者王倜不稱「臣」，蓋書非奉敕也。

孟超然曰：己卯秋，友人王周侯貽余瑯琊王碑。時座主王西莊先生甫出闈，問余閩中碑版之文，遂裝二巨册以獻。今忽忽二十年矣。近日，何述善上舍復見貽一本。紀庚辰夏，余論漢唐金石文字，出此碑所記年歲、官爵，訂史之誤。又曰：閩王，亂世盜魁耳。史稱與兄潮俱起群盜，攻泉州，殺刺史廖彦若，遂有其地。而碑云「兄潮譽藹鄉曲，福建節度使陳巖遣人禮請，署爲泉州牧」。史云陳巖其壻范暉自稱留後，潮遣審知攻福州斬暉。而碑云「巖病，不能視事，軍士等懼無統御，皆願有所依從，泉牧遂以郡委於仲弟審邽，而與公偕赴，詔授潮節度使」。此皆曲筆也。先生之言如此。然當是時，天下之亂極矣。王氏偏據海濱，其始猶奉正朔，士大夫自中原至者，依以爲主。雖其崇象教、度僧尼，窮極土木，而民猶得暫免湯火之患。此亦如吳越錢氏，史謂非有德澤及人，百年之間，虐用其民爲甚，而東坡表忠觀碑謂其有德於斯民甚厚。孟子有言：「饑者易爲食，渴者易爲飲。」開門節度，安集哀鴻，易於見德。是以吾鄉有「八閩人祖」之稱，而王之鄉族自光州固始來歸者，至今爲盛也。

按，王倜仕唐，官弘文館直學士，中原亂，來依閩審邽。見萬姓統譜。十國春秋：

審邽爲政十二年，爲人喜儒術，作招賢館禮之。弘文館直學士楊贊圖、王倜等皆賴以免禍。薛史王審知傳以潮爲節度、福建管内觀察使，審知爲副，碑作「詔授潮節度，累加檢校右僕射」，無爲副使事。兄審邽，五國故事作「審圭」。至如「伍伯是徵於縮酒」，十國春秋作「五霸」；「雚蒲易聚」作「萑苻」；「旋觀昭泰」作「旅觀」；「霞攢彩檻」作「雲攢」；「雖云異類」作「異俗」；「蓋當偃革之期」作「偃草」；「競敦廉讓之風」作「竟敦」；「不有良田」作「良臣」；「氣稟温和」作「中和」，皆當以此碑原文校正之。輿地碑目作「乾寧三年」，誤。輿地紀勝又謂「天祐元年有王德政碑」，亦失實。

枯木庵木碑 天祐三年

正書，刻於木。訪碑錄云在侯官。按，在雪峯寺。文云：廉主王大王枕子一枚，雀觜杖一條，匕生旬庵。及作水池，約五阡餘功於時。

維唐天祐乙丑歲造庵子。

按，此時王延翰稱王於閩，「王大王」指審知也；「廉主」即「賢主」之謂也；「枕子一枚，雀觜杖一條」，即德政碑所謂「條支雀卵」也；「匕」是「化」字之泐。枯木庵爲唐僧真覺宴坐之處，池旁有枯木，外嵌中枵，木根不朽，峨然若小臺。碑刊於木腹，字徑五寸，絶似柳誠懸書。無書人姓名，疑即真覺所刻。又有雍熙四年知郡事何允昭刻題，稱太宗廟號，當爲後人補書。見名勝志。

閩王爐 天祐四年

爐以漢傂傂尺度之，高三寸七分，内深如之，口徑八寸九分，圍二尺九寸七分，唇徑一尺二寸四分，圍三尺九寸，厚二分，底廣八寸七分，蓋高四寸六分，廣九寸四分。紐爲蹲獅，帶環於頸，綴以小鈴，自耳至足，高四寸九分，廣二寸九分，哆其口以吐煙。下有五足，高七寸四分，缺一足。重十六斤一兩十（六）〔一〕銖。款云：「弟子鹽鐵出使巡官、主福建院事、撿挍尚書禮部郎中、賜紫金魚袋王延翰奉，爲大王及國夫人鑄造師子香爐壹口，捨入保福院，永充供奉。天祐四年九月四日題。」繞〔口〕陽文正書「大王及國夫人」並空一字。保福院，在仙遊。是爐得于仙遊鄉土中，今藏鼇峯書院。

陳壽祺曰：「大王」謂瑯琊王；「國夫人」謂母樂安任氏，觀國夫人也。昭宗天復四年八月始改天祐元年；八月哀帝立，在位四年，仍稱天祐。四月甲子，哀帝避位，而銘在九月，仍稱天祐，盖唐亡後，猶稟正朔也。

司徒王審邽墓碑 天祐

十國春秋：武肅王葬晉江皇積山，徐寅撰墓碑文。有「皇者天皇，積者勳績」之語，人以爲獻諛。

按，十國春秋：審邽，以乾寧四年始知泉州，爲政十二年。推之此碑，當在宣帝天祐初。徐寅，字昭夢，莆田人，乾寧進士。常爲人生幾何賦，人以金書，列爲屏障。官至正字，後隱釣磯。有釣磯集。

〔陳氏〕鐵券 天祐

鄭真滎陽外史集：陳氏爲莆田望族，三世而會稽郡王揆，以滅董昌、救溫陵等功，授大鎮節鉞，賜鐵券。

按，會稽郡王陳揆，以武寧軍節度使、同中書門下平章事、檢校太師，賜鐵券。郡王薨，其家上之內府。文載在家譜，定爲宋太平興國四年。以予觀之，文載郡王平董昌、救福建溫陵等功，當是唐昭宗朝錢鏐同時事，非太平興國年也。宋初功臣，以一言罷兵就鎮，未必有「九死三宥」之説。嘗考司馬通鑑、東萊記事本末、歐陽五代史，皆不載郡王事，恐郡志及墓碑或他書可考，今當爲史家之闕可也。

閩中金石志卷五

唐無年月。

大乘愛同之寺

諸道石刻錄云：李邕書。

河石記

閩書：唐福州開城南河，得石，記云：「五百年，城移東南，本地合出連帥。」自太康至是，適五百年。閩（州）〔川〕名士傳以爲陳巖，閩人，爲「連帥」之應。

玉枕蘭亭

金石林時地攷：褚遂良正書，在福州府學。書畫譜又有棗木蘭亭，在福州。

中丞石

閩書：在長樂縣。上刻「中丞」二字。唐潘(□)獨坐南歸憩此，里人銘之。

長樂嚴湖碑

見三山志。撰人缺。福州府志列入唐刻。

修羅城碑

觀察推官劉璐撰，在福州。

按，王審知於子城外環築羅城，北起永安門，南至利涉門，東至海晏門，西至豐樂門，又有通津、清遠、延遠等門，是曰羅城。觀察判官劉璐，郝志失攷。

劉禹錫題名

在連江蛤沙河船所，有石峭立如壁，刻「劉禹錫過此」五字。

按，唐開成元年，唐扶爲福州御史中丞、福建團練觀察使，劉禹錫有送行詩，則此題名當在開成初。或疑非唐之劉夢得也。何喬遠疑夢得貶連州過此。

廣化寺石刻

柳公權書，在興化府莆田。金石林時地攷作靈巖廣化寺。

深扈二字

在泉州晉江縣十六都，唐羅隱書。

出岫無心

在清源山。閩書：兩山旁列，石壁巑岏，俯望城郭，歷歷如畫。上有石，刻此四字，唐王子真書。

綠潭石刻

閩書：在清源山綠潭。石刻「綠潭瀑布」四字，波磔遒勁，殆唐人筆也。

唐相李深之題名

輿地碑目引清源集：呂夏卿同巘大廷老閱書北（屋）〔臺〕，看唐相李深之題名，慨然作詩云：「一篇論諫手曾開，七字題名拂綠苔。莫道元和最多士，幾人曾誦左軍來？」

按，夏卿，擢慶曆第，預修唐書。李絳，字深之，贊皇人，元和中與李吉甫同相。見唐書。

曁克華州廳壁記

輿地碑目：趙曄記，在泉州。

晉亭碑

輿地碑目：張登詩云：「瀟洒晉亭碑。」

按，晉亭在漳州中峯之東，葛稚川嘗居之。唐張登梁山詩：「孤高齊帝石，瀟洒晉亭碑。」中峯有蓮花石，相傳爲齊武帝所賞。見輿地紀勝。

鶴鳴山殘刻

在龍溪仙亭巘上。有題詩石一，石覆之，文漫滅不可識，僅藏「保大與許碏尋偃月」數字。按，許碏，唐許真人也，自稱高陽人，由荆襄下江淮、武夷、霍童，無不遍歷。所至必於懸崖人不能及處題云：「許碏自峨眉山尋偃月子到此。」此其一也。

慕容韋揭鴻塞詩刻

在龍溪嶺脊。

何希寂文宣廟記

寶刻類編：奉命書，歲在赤奮若月在陽三日記。在建寧。

員半千題名

寶刻類編：在建寧。

天王院留題

輿地碑目：在沙縣壁間，有唐韓涯題詩。

按，「涯」疑當作「偓」。

心經

唐異僧書，在武夷歸宗巘石壁上。

羅隱題詩石

閩書：在寧德四都溪邊，舊有羅隱題跡，今尚存「添硯沼」三字。

五代

招慶寺長老僧慧稜碑 後梁乾化四年

見三山志。

按，十國春秋：慧稜，杭州鹽官人，姓孫。天祐三年，太祖從子延彬守泉州，請住招慶院，後又(同)〔居〕長慶院，號超覺大師。長興三年卒。惠宗爲建塔。碑云：乾化四年十一月，以福建觀察使王審知奏乞〔慧〕稜師〔號〕，敕賜「玄悟大師」。以碑爲詳。

中丞伍公墓志 貞明元年

輿地碑目：貞明元年，舍人張策撰。在汀州府治。

按，十國春秋：伍昌時，汀州寧化人。太祖時爲偏將軍。父夢授，事太祖，官左僕射。此殆夢授之碑也。案，薛史：張策，字少逸，燉煌人。未弱冠落髮爲僧，十餘年返初服，出爲廣文博士，改秘書郎。天復中，策奉其主書幣來聘，太祖即奏爲掌記。天祐初，拜職方郎中，未幾遷中書舍人。太祖受禪，改工部侍郎，加承召。碑列銜舍人，當在天祐初，貞明爲後梁末帝，不應仍書前官，與史不合。

瑯琊郡王王審知神道碑 後唐同光四年

三山志引十國紀年云：「葬夫人任氏於閩縣鳳池（寺）〔山〕，後忠懿（王）〔薨〕，亦葬焉。」後唐同光四年，改葬永福山，則遵化里蓮花山也。墓前有神道碑，後唐張文寶撰文，正書，今佚。鄭杰閩中録云：五代史稱王卒於同光三年，錢昱重修廟碑云在十二月十二日，去四年不過十餘日，是葬必在四年。今云四年改葬，一年兩易其處，此必無之理也。通志録明林謹夫記發冢歌作「後唐長興三年改葬」，似爲有理，但未知所據耳。三山志鳳池寺下云：「漢乾祐元年置，本僧慧覺塔亭也。初忠懿王易昇山僧田爲尚賢夫人藏室，尋以施塔所。」夫既易爲藏室，旋又施之，或是王在時已有改葬意，及葬王，遂遷祔之。遷者夫人，王實未嘗葬而遷也。王之母姓氏、封號，五代史及廟碑俱不載，考通鑑：王緒至漳州，以道險粮少，令軍中無得以老弱自隨，惟王兄弟扶其母董，崎嶇從軍。黄滔報恩定光塔碑云：天復三年甲子，以大孝之誠，發大誓，於兹九仙山造塔，建號定光，仍輔以經藏，爲先君司空、先秦國太夫人、元昆故司空薦社於幽陰。是王母姓董氏，封秦國夫人，此其可據者也。若葬處則諸書並無明言，惟三山志云：香燈資福崇壽院，在太平里，同光三年，置閩王以國夫人塋郭之西，因置是寺。所云國夫人，當即王母也。太平里，在今西北銅盤山下，王延翰所葬處，今以左冢當之，與郭西之言未合，未識此冢果誰何也。夫金石可以證史書之誤，然苟身履其地，則取史書以證傳聞之誤，亦有可以得史書之誤者。惜夫五代十國之書，流傳既尠，而此邦職志又無能任之者，徒使躑躅於涼煙白草之間，無與爲語，有慨然長嘆而已。

按，十國春秋：忠懿王，後唐同光三年辛未王薨，葬於福州城北鳳池山。長興三年，改葬於蓮花山，有後唐所賜神道碑，張文蔚撰文。三山志以爲同光四年改葬，蓋沿十國紀年之誤。「文蔚」當作「文寶」，考薛史：文寶，諫議大夫顗之子，莊宗即位，以文寶知制誥，歷中書舍人、刑部侍郎，蓋在同光時。文蔚，河間人，乾符初進士，以開平二年卒，贈右僕射，蓋後梁太祖時人。

中際香積院天成(元)〔三〕年

輿地碑目：在水際里，天成三年記。刻石今存。

三山志：在寧德縣。僧紫筠刻石，記云：「中際山百丈飛泉，鳴雷撲雨，千尋怪石，蔽日藏雲。中和五年，前關隸營使陳希遠與僧清彦共申聞，觀察使陳巖爲鑄鐘一口。」

重修文宣王廟記天成四年

寶刻類編：劉纂撰，劉曦度書，天成四年七月十三日記，在建寧。

安國寺碑長興元年

輿地碑目：長興元年，閩王所立。在福州。

宗大禪師碑長興元年

三山志：在懷安縣北安國寺忠信里。始曰龍丘，會昌間廢，乾寧三年忠懿王復之。光化初，僧師備（白雲）〔自雪峯〕來居焉。師備，閩縣江南人，號宗一禪師。後唐長興（九）〔元〕年，閩越王（延）鈞所立碑文，節度副使王延禀舍石刻（碑），今存。攷宗一碑云：開平二年十二月，靈龕歸於懷賢飛山之源。蓋宗一禪師另有塔院爲賢沙寺。按，三山志稱安國院宗一行狀碑。

按，十國春秋云：備，初住普應院，後遷福州玄沙。開平二年卒，太祖爲之立塔。

崇妙保聖堅牢塔記後晉天福二年

塔凡七層。第一層中爲南無金輪王佛。旁正書：「大閩皇曦，爲自身家室、小男愛女、内外眷屬臣寮、五州管界人民士庶，乞保平安。」

第二層爲南無當來下生彌勒尊佛。旁正書：「女弟子大閩國后李氏十九娘，爲自身，伏願安處六宫，高揚四教，上壽克齊於厚載，陰功永福於長年。」

第三層中爲南無无量壽佛。旁正書：「弟子閩王王亞澄，并室中越國夫人余氏十三娘，各爲自身，伏願顯甲觀之儲休，保宜家之懿範，椿松比壽，蘭蕙齊芳。」

第四層中爲南無多寶佛。旁正書：「女弟子福清公主王氏二十六娘，駙馬、守司徒、同中書門下平章事陳文質，伏願天宫降福，仙掖迎祥，蕣華永茂於容儀，柳絮恒資於賦詠。」

第五層中爲南無藥師琉璃光佛。左旁正書：「弟子節度副使王繼潛、宫苑副使王繼源，伏願望殿承顔，洊雷藴譽，注福涯於四海，顯禄位於萬邦」。右旁書「女弟子順昌公主王氏二十七娘、建安公主王氏二十八娘、同安公主王氏二十九娘，各爲自身，伏願月娥偕美，星婺同休，雅彰麟趾之風，顯播鳳臺之譽。」

第六層中爲南無龍自在王佛。旁正書：「女弟子賢妃尚氏十五娘，爲自身，伏願竺乾諸聖，長開植福之門；蓬島群仙，每降延齡之籙。」

第七層中爲南無釋迦牟尼佛。下正書：「戴君匡國變理功臣、特進、守太傅兼門下侍郎、同中書門下平章事、上柱國、萊國公、食邑二千户李真，妻趙國夫人陳氏；推忠竭節匡濟功臣、西面經略使、特進、檢校太尉兼侍中、同中書門下平章事、使持節泉州諸軍事、行泉州刺史、上柱國、下邳郡開國公、食邑一千五百户余廷英，妻閩興長公主王氏；輸忠竭節效順匡濟功臣、左軍使、驃騎大將軍、檢校太尉兼御史大夫、上柱國、韓國公、食邑二千户張再榮，妻太原郡君王氏；輸忠竭節效順匡濟功臣、右軍使、匡國大將軍、特進、檢校太尉兼御史大夫、上柱國、蔡國公、食邑二千户程宏緯，妻太原郡君王氏；定亂威勇效列忠節功臣、左龍虎統軍兼莊宅使、判榷鹽事、特進、檢校太尉兼御史大夫、上柱國、滕國公、食邑二千户黄紹頗，妻梁國柔德夫人張氏；推誠叶力保定竭節翊佐功臣、右龍虎統軍、東上閤門使、控鶴都指揮使、守左驃騎大將軍、特進、檢校太尉、上柱國、兖國公、食邑二千户連重遇，妻宋國□□缺二字，不可辨。夫人朱氏；推誠叶力保定竭節翊佐功臣、左龍武統軍、威烈效節都指揮使、守左驃騎上將軍、特進、檢校太尉、上柱國、鄧國公、食邑二千户朱文進，妻楚國貞範夫人王氏；輸忠竭節效順匡濟功臣、左神武統軍監、左金吾□、缺一字，不可辨。特進、檢校太尉兼御史大夫、上柱國、徐國公、食邑二千户尚紹殷，妻鄒國夫人孫氏；忠勇揚威竭節功臣、左龍武統軍、右金吾使、特進、檢校太尉兼御史大夫、上柱國、虞國公、食邑二千户許宏欽，妻平陽縣君賈氏；忠勇揚威竭節功臣、右神武統軍監、左扈從都、光禄大夫、檢校太尉兼御史大夫、上柱國、開國侯、食邑二千户林守諒，妻武昌縣君殷氏；威烈效節内扈駕小牌都指揮使、金紫光禄大夫、檢校太保、守左千牛衛上將軍兼御史大夫、上柱國、開國男、食邑五百户劉懷遂，妻太原郡君王氏；西上閤門使、軍器使、金紫光禄大夫、檢校司徒、守右千牛衛上將軍兼御史大夫、上柱國、滎陽縣開國子、食邑五百户鄭懷通，妻陳留郡君氏氏；内外弓箭指揮使、内承旨都行首、右鈐轄事、金紫光禄大夫、檢校司徒、守左千牛衛上將軍、濟南縣開國子、食邑五百户林宏直，妻弘農郡君楊氏；御輦使兼左鈐轄事、金紫光禄大夫、檢校司空、守左千牛衛上將軍兼御史大夫、上柱國、太原縣開國子、食邑五百户王思（後）〔俊〕，妻弘農郡君楊氏；明威殿使、金紫光禄大夫、檢校司空、守左驍衛大將軍兼御史大夫、上柱國、上黨縣開國男、食邑五百户連懷義，妻吴郡縣君朱氏；進宫使、金紫光禄大夫、檢校司空、守左驍衛大將軍兼御史大夫、上柱國、上黨縣開國男、食邑五百户連懷（後）〔俊〕，妻濟南縣君林氏。」旁行書：「右各爲自身家室等，伏願千靈萬聖，降難盡之休祥；八節四時，納無疆之福壽。家室康泰，男女安和，長承聖主之恩，永保明廷之慶。」末書：「甲辰歲正月十五日記。」

題塔名碑，在第四層。崇五尺，廣三尺，中正書「崇妙保聖堅牢之塔」八字。寬廣徑尺，左旁正書：「功德主睿明文廣武聖光德隆道大孝皇帝王曦，爲自身及皇后、宮□缺一字，不可辨。眷屬、文武臣寮、六軍兆庶，發心敬造。」右旁書：「永隆三年歲在辛丑十一月八日建。監臨，扈聖指揮使、儀仗使、檢校司空、開國男、食邑三百户臣劉懷進；勾當，捧聖軍將、檢校右散騎常侍兼御史大夫臣鄭可端、吳逢泰；布置造塔，控鶴官兼侍御史臣邱超、長樂府令史臣黄衮。」

書塔記碑，在第五層。其崇廣視前碑稍殺，額篆「崇妙保聖堅牢塔記」八字，首行正書「崇妙保聖堅牢塔記」，次行結銜稱「中散大夫、守中書（令）、□缺一字，不可辨。（令）柱國、賜紫金魚袋臣林同穎奉敕撰。右銜神光寺文章應制、宏慧大師、賜紫臣僧元逸奉詔書」。其文曰：「夫古之塔者，兒童聚沙授記，聞諸金僊子；鬼神碎寶成功，歸彼府志誤作「諸」。鐵輪王。今之塔也，非寶非沙，彌堅彌大，鑿鞭來之巨石，狀湧出之浮圖。是故人但有心，物亦府志誤作「非」。無體。心以不貪爲戒，寶即同沙；體以不磷爲名，石還勝寶。我當今睿明文廣武聖府志誤作「堅」。光德隆道大孝皇帝，君臨域府志誤作「城」。內，佛在王中，雖日揔萬機，且躬行十善。嘗曰植福靡因乎地，賦命弗自乎府志誤作「于」。天，猶吾基構之肯承，亦我梯梁之夙設，而今而後，念兹在兹。永隆三年歲次辛丑冬十一月，上視朔之暇，顧謂南面城中，西來山左，林繁簷蔔，熏府志誤作「薰」。滿國以馨香；草偃苾蒭，占度年之蒼翠，可安之窣堵，鎮此高崗。是月八日，峻址環開，貞姿片合，層一至九，樣獨無雙。暨府志無此字。□年此字上原空二字。□月，此字上原空二字。良工告成。凡一十六門、七十二角，并隨層隱出諸佛形象，府志誤作「狀」。共六十二軀。繇是影籠千室，猶趋潤礎之隅；勢入重霄，已戴補天之色。壯矣哉，壽嶽因之永固，他山爲之一空。設使王曰毗沙，擎應不動，臺稱壘土，比則非牢，作之者莫與爭功，目之者自然生善。臣叨承出綍，俾屬受辛，瞻八面之貞明，相高聖德；舉一隅之磨琢，略類府志誤作「數」。微才。將何確論，宏規虛忝，堅令善誌，却於文罷，特地魂驚，蓋不容揖讓洪儒，彫鐫翠琰，唯深幸矣，敢直言之。」後署：「永隆□年此字上原空一字。歲次□□月此字上原空三字。□日此字上原空一字。記。神光寺長講兩經三論大德、賜紫臣文於篆，試左千牛衛長史臣林歡鐫。功德主睿明文廣武聖光德隆道大孝皇帝王曦。」

林喬蔭曰：按，二碑第四層亦有一碑題塔名。及末層石刻所記，是塔創於辛丑之十一月八日，而成於甲辰之正月十五日。記蓋創始之時豫製者，故其言「良工既成」之上所有年月皆缺二字。（既）〔記〕末所題歲（月）〔名〕日子，亦並留（工）〔空〕以俟補膡。以史鑑攷之，王曦之立，在晉高祖天福四年歲次己亥，自稱威武節度使，自稱閩國王，改元永隆，遣商人問道奉表，稱藩於晉，然其在國置百官，皆如天子之制。是歲，以太子太傅致仕李真爲司空兼中書侍郎、同平章事。明年庚子，曦與其弟建州刺史延政連兵相攻。又明年辛丑夏四月，曦以其子亞澄同平章事，判六軍諸衛；六月，以連江人黄紹頗爲國計使；秋七月，曦自稱爲大閩皇，領威武節度使；九月，以其子亞澄爲威武節度使，改號長樂王；福州改稱長樂。冬十月，曦即皇帝位，此即造塔之歲也。又明年壬寅春正月，立司空李真女爲皇后；三月，立長樂王亞澄爲閩王。又明年癸卯，富沙王延政稱帝於建州，國號殷，改元天德；三月，曦立尚氏爲賢妃。又明年而爲甲辰，則塔成之歲也。是歲，晉出帝開運元年三月十三日乙酉，曦如后父李真第問疾，拱宸兵馬步使錢達弒曦於馬上，文進自稱閩王，收王氏宗族延喜以下五十餘人，皆殺之。先是，文進既弒昶立曦，懼國人見討，相與結昏自固，曦果於誅殺，二人内不自安。曦后李氏害尚賢妃之寵，欲圖曦而立其子亞澄，因以語激怒文進、重遇，故及於難。夫以曦之淫虐，李氏之悍妬，亡可計日待，而上下恬嬉，方如處堂之燕雀，且欲邀福於浮屠，以祈永命，卒之身遭殺戮，子孫無遺，相距塔成不兩月耳。則甚矣，無道之必不能以延，而浮屠氏之説之果不足恃也。此石所列諸凡二十餘人，其見於史書者惟李真、余延英、林守亮、黄紹頗及重遇、文進六人，餘皆不著，然大都朋奸逢惡，無非曦之廉來，而兩載之間，亦罔不駢尸就戮。則所謂「長承聖主之恩，永保明廷之慶」者，二語見第七層釋迦牟尼佛旁列名下，末書「甲辰歲正月十五日」。果安在哉？

又曰：通鑑載文進既弑曦，乃謚曦曰睿文廣武明聖元德隆道大孝皇帝。今以二碑所稱考之，則此十二字即其生時之尊號稍爲移易，其所異者「光」之爲「元」耳。王曦之子見於史者僅一亞澄，非此塔則不知其尚有繼潛、繼源也。二人名見第五層南無藥師琉璃佛左旁。

又曰：林永亮之妻殷氏，遍攷字書，並無此文，疑爲「殷」之變體。鄭懷通之妻氏氏，據三國吴志，當時有北海是儀，本姓爲氏，以孔融嘲之爲「民無上」，因改爲(氏)〔是〕。然五代梁時又有氏叔琮，爲開封尉氏人，則此之封陳留，或亦從叔琮族望也。

金石萃編：按，此碑在侯官縣南澗寺東石塔寺。今寺没於民居，塔猶存也。福建通志云：唐貞元十四年，德宗誕節，觀察使柳冕以石爲塔，啓(視)〔祝〕，賜名無垢淨光塔。晉天福二年，閩王曦重修，刻石題曰崇妙保聖堅牢塔，記嵌於塔上。時〔閩〕已僭號，記中有「詔敕」、「年號」等字，俱爲後人削去，末尚有「永隆」、「年」、「月」及「王曦」等字。通志之言如此。今據碑文中間有謚號一行，泐三字，證以十國春秋，乃王曦之謚，曰睿文廣武明聖元德隆道大孝皇帝也；下有「三年歲次辛丑」而泐其上兩字，以十國春秋紀元表攷之，正永隆三年也。文云：「王曰毘沙，擎應不動，臺稱壘土，比則非牢。」此（則）〔即〕命名「堅牢」之義也。文又云：「南面城中，西來山之左，可安之窣堵，鎮此高岡。是月八日，峻址環開，貞姿片合。」玩此文義，當由新建，不似修舊，且並無〔一語〕述及舊〔塔〕，與通志所謂「即無垢淨光塔」者未合。末行題「大孝皇□王曦」之「大孝」上泐三字，似即王曦之謚號，「皇」下泐「帝」字，「王曦」之下不知泐幾字，據歐五代史，曦乃王審知之少子，初名延曦，既立，更名曦。薛史云：更名義。不（以）〔從〕日。十國春秋名同薛史，而以爲太祖即審知。第二十八子。其立碑之年，在晉爲天福六年，通志作二年者亦誤。文既用謚號，又斥曦名，似〔係〕後人追記者。

按，三山志：無垢淨光塔，天福六年王延曦重建，即淨光塔寺地。通志亦言重建，不誤，惟「二年」當作「六年」。

龔景瀚曰：吳任臣十國春秋百官表採摭頗爲詳備，惜未嘗見此碑。今摘碑中所列而表缺者列於左：功臣名號不錄階勳，唐志可以例觀；表已言之，今亦不錄。西面經略使、左軍使、驃騎大將軍、表但有大將軍，無號。右軍使、匡國大將軍、左龍虎統軍、表但有統軍使。莊宅使、判榷鹽事、右龍虎統軍、東上閤門使、表但有閤門使。左驃騎大將軍、威烈效節都指揮使、表有拱宸都指揮使，實一官也。左驍騎上將軍、左神武統軍、監左金吾衛、左龍武統軍、右金吾使、表有大金吾衛將軍。右神武統軍、監左扈從都、光祿大夫、威烈效節內扈駕小牌都指揮使、金紫光祿大夫、左千牛衛上將軍、西上閤門使、軍器使、右千牛衛上將軍、內外弓箭指揮使、內承旨都行首、表有南廊承旨。右鈐轄、御輦使、左鈐轄、明威殿使、表但有殿使。左驍衛大將軍、進宮使、扈聖指揮使、儀仗使、捧聖將軍、控鶴□、長樂令史、左千牛衛長史、宮苑使、駙馬。其有官名，已見于史鑑，而吳表失採者，亦附錄于此：右軍都監、柳邕，通鑑：同光三年。奉國節度使、王延禀，天成四年。寶皇宮主、陳守元，長興二年，表但有寶皇宮使。下軍使、見胡三省註，清泰元年。驃騎大將軍、王延宗，清泰元年。拱辰指揮使、林延皓，清泰元年，表但有都指揮使。拱宸軍使、控鶴軍使、朱文進、連重遇，天福四年，表但有兩都指揮使。教練使、杜漢宗，天福四年，表但有都教練使。都軍使、蔡宏裔，天福四年。戰棹都頭、陳誨，天福四年。大明宮使、黃敬忠，天福七年，表缺「明」字。金吾使、尚保殷，天福八年。控鶴指揮使、魏從朗，開運元年，表但有都指揮使。拱宸馬步使、錢達，開運元年。左軍使、程文緯，開運元年。鎮遏使、黃仁諷，開運二年，表但有防遏使。右軍使、見胡三省註，開運三年。排陣使、馬捷，開運三年。監軍使、周承義，開運三年，表但有監軍，無「使」字。百官表謂十國官制多仍唐舊，其間與六典異名者，閩之國計使云云，僅一二見耳。然殿使之官，亦絶不經見，爲閩所特置。通鑑：閩主曦陳金鳳，以其族人守恩、匡勝爲殿使。胡三省曰：「殿使，閩所置官。」此碑中之「明威殿使」，亦其一也。明威殿建于王昶時，三山志曰：「通文、永隆之間，宫有寶皇、大明、長春、紫微、東華、躍龍，殿有文明、文德、九龍、大酺、明威，門有紫宸、啓聖、應天、東清、安泰、金德。錢氏内附，廢撤無留者，獨面衙門一殿故址猶在，至今呼爲明威。國初守臣避不敢居，以爲設廳，凡敕設宴集，乃就焉。」萬曆癸丑志：宋景炎端宗即位于閩，以舊設廳爲垂拱殿，明爲政本堂。然則今布政使司之正廳，其即閩之明威殿故址歟？又進宫使亦閩特置者。

黄世發曰：唐制六軍，龍武、神武、神策，各分左、右爲六。今碑中有左龍虎統軍黄紹頗、右龍虎統軍連重遇、左龍武統軍朱文進、右神武統軍尚紹殷、右神武統軍林守諒。其許宏欽御亦爲左龍武統軍，此「左」字頗覺漫漶，未敢確定爲何字，然既有左龍武，則必有右龍武。是當時所謂六軍者，左右龍虎、左右龍武、左右神武也。三山志稱王氏竊立龍虎、天霸等六軍及拱宸、控鶴、宸衛三都，蓋統七主之制言之，故别有天霸之號。即通鑑載朱文進以羽林統軍使，黄紹頗爲泉州刺史，亦係曦死後事。或當時禁軍别名，似不宜以天霸、羽林合龍虎、龍武、神武爲五軍而以一爲缺也。驃騎大將軍，乃武職散階，非如六軍官屬之分左右，今於連重遇列銜讀云左驃騎大將軍，「驃騎」二字碑石模糊，似當缺之。朱文進列銜讀云左驍騎上將軍，唐書百官志武散階四十五，並無驍騎將軍，即謂當時亦不宜加「左」字；「上」字蓋唐制，上將軍惟左右衛設之，今泛云驍騎，不當有上將軍之號也；「騎」字缺之，爲是官名。記中「尚紹殷」三字，細玩碑文，中一字尤似是「保」字，左邊立人顯然，蓋即尚妃之父也。如此則列銜「左金吾」下缺一字亦當作「使」字，不當作「衛」字。至於記中所列諸缺文，亦有可辨者：張再榮銜「某國公」，乃「韓」字；「連重遇妻某國公」，乃「宋」字，「某夫人」上應缺二字；朱文進銜「某國公」，乃「鄧」字；塔字碑左旁「六軍」下乃「珁」字，右旁「控鶴」下乃「官」字；記塔首行「崇妙」上尚有二字，首乃「大」字。「僧无逸奉敕書」，「敕」乃「詔」字。林歡銜「左千牛」上缺一字，乃「試」字。此雖無關考究，然碑石已經剗滅，久恐益誤耳。余於史書既未窺覽，金石亦未搜羅，姑就所見言之如此。

再興禪林寺記天福四年

寶刻類編：紹珪書，李仁表撰，天福四年四月五日立，在建寧。

羅漢寺碑 天福七年

三山志云：王延曦之第，既即僞位，天福七年乃施爲永隆金身羅漢寺。有高麗銅佛三，一爲人所攘，木刻代之；胡僧八，狀貘者；羅漢十八，侍立胡奴及僧各一。石碑徑二尺，高丈餘，上刻無量壽文殊普賢像及樓閣之狀。東小殿，深沙神一，旁立僧一、童一。案，陳鳴鶴閩中攷：延羲故宅，即今慶城寺，天福七年舍爲永隆金身羅漢院。

尊勝經幢 天福九年

諸道石刻錄云：李紹元書，天福九年立。

鳳丘山石刻 後漢

閩都記：鳳丘山，去城五里，有刻劉智遠篆書「龍虎」二字。

鐘山肅安王廟記後周廣順二年

林嗣宗撰，在福州。

福清重興院碑銘顯德二年

輿地碑目：在福清蒜嶺西。翁正度立碑，又鐫「石馬泉」三字於碑。

尊勝經幢并記顯德三年

諸道石刻錄云：僧文琠記，顯德三年立，在福州。

外湯院置田記顯德六年

諸道石刻錄云：大德亞山高述，顯德六年十一月立。

寶刻類編：在福州。

初建安溪縣記 顯德

詹敦仁撰，見文集。

夫萬户而置郡，千户而置邑，古制也。泉之爲郡，古矣。小溪場西距汀漳，東瀕溟海，乃泉之一鎮守也。地廣二百餘里，三峯玉峙，一水環迴，黄龍内顧以驤騰，朱鳳後翔而飛翥。土之所宜者，桑麻穀粟；地之所産者，麞麀禽魚。民樂耕蠶，冶有銀鐵，税有竹木之征，險有溪山之固。兩營之兵，額管二千餘人；每歲之給，經費六萬餘貫。地實富饒，是豈不足以置縣歟？敦仁奉命以來，視事之始，既嘉山川雄壯，尤喜人物夥繁，（恩）〔思〕築而縣之，乃以狀請於郡太守。未幾而報可之令下，增割南安近地，新揭清溪美名，敬奉以還，大懼弗稱。矧新邑發岡，自乾亥而來，轉勢從辛兑而入，向丙乙以奉離明之化，流寅甲以申震疊之威。左環右接，如抱如懷，前拱後植，若揖若拜。析爲四鄉一十六里，通計一邑幾（二）〔三〕千餘户。梓列以圖，卜契我龜，當三農收斂餘暇，適二營番戍休閒。便近之户，役止三日，而民不告勞；築作之工，計不踰年，而兵不憚用。崇門豎樓，所以嚴其勢；繩廊周宇，所以處其吏。屋不華而加壯，寢僅足以爲安。居民鱗次，雍雍然以和；官廨翼如，濟濟而有辨。由陸而至者，必出其塗；自水而運者，會流於下。坐肆列邸，貿通有無；荷畚執（篚）〔筐〕，各安職業。土沃而人稠，風淳而俗樸，真東南形勝之地，實疆埸衝要之區也。初經營於顯德大火之首冬，遂落成於明年小春之下澣，苟完苟美，不至侈矣；曰富曰庶，又何加焉？其奈地華人（質）〔夷〕，業儒者寡，是豈教有未及者歟？殆亦〔習俗〕有〔加〕待而化者歟？豈知夫秦奢魏褊，俗若未易以轉移；伯清惠和，聞者尚能以興起，顧在上之人所以作之者何如耳。敦仁不能遠引古者之説以爲喻，請以鄉邦之事而昌言之，可乎？爾閩之初，人未知學，自常公觀察以來，有歐陽四門者出，豈曰彼能而我否，孰謂昔有而今無？蓋未然者猶有所待而然，未至者當有所勉而至，齊變至魯，魯變至道。盛事鼎來，以答山川之靈；雄名日起，以續龍虎之號。曰教之令，固不敢不勉，而從令之教，爾邑之人，當交相勸勉，以副令之願望。猗歟休哉。丙辰十月甲辰記。

按，敦仁，字君澤，固始人。避亂仙遊，康宗再辟之，不受。留從效再辟之，乃求監小溪場，請置安溪縣。未幾，隱佛耳山，自號清隱。見十國春秋。寰宇記云：江南僞命乙卯歲爲清溪縣，後改安溪縣。乙卯爲顯德二年，次年爲丙辰。

清隱堂記 後周

詹敦仁撰，見文集。

清源之西，踰百餘里，有地曰清溪。去邑之西，又踰百餘里，有山曰佛耳。峭絶高天，遠跨三鄉，有田可耕而食，有山水可居而安。予既卜而築之，爰取清幽之義，榜所居之堂曰「清隱」。若夫烟收雨霽，雲捲天高，山聳髻以軒騰，風梳木而微動。殆若曉妝靚鏡，夜籟沉聲，寒泉聒耳，戛玉吟琴。非宫非羽，五音不調而自協；不絲不桐，五絃不撫而自鳴。此其所以爲清者也。然與其適於耳目之外，孰若得之胸襟之内？春而耕，一犁雨足；秋而斂，萬頃雲黄。飢餐飽適，遇酒狂歌，或詠月以嘲風，或眠雲而漱石。是非名利，榮辱得喪，皆不足爲身心之害。此又所以爲真清者也。宜乎斯堂以清目之。

王氏刺史廳壁記 南唐保大五年

輿地碑目：保大五年，黄滔撰。在泉州。

按，碑亡，集無此文。

連江靈端廟記 保大中

南唐保大中鄭僉判南卿撰。

漳州故羅漢禪師碑 閩通文元年

寶刻類編：在福州。

諸道石刻録云：張廣撰文，僧匡政書，閩王昶通文元年建。

蕃書二碑天德二年

三山志：侯官龍德外湯院，地(方)〔多〕燠泉，氣如琉黄，能熟蹲鴟。天德二年，占城國王遣其相金氏婆囉來。道里不時，遍體瘡疥，訪而沐之即痊，乃舍五千緡，創亭其上。陳莊記之。有蕃書二碑，方塔五級。

永福高蓋名山院碑閩

王瞻撰，在福州。

按，高蓋名山院，文德元年置，後唐天成中閩王賜額。後僧慧炬得道處。僞閩鄉貢進士王瞻記曰：「神仙變化，非靈洞而不棲；祖佛修行，非聖岳而不憩。故王子晉騰身於緱嶺，能大師示跡於曹山。雖出凡之路斯然，而達本之元不爾。是謂控鶴驂鸞之客，以九仙六洞爲家；出生離死之人，以八道三界爲宅。或金骨化而烟霞停影，空閉古壇；或色身謝而水月回光，却歸(化)〔他〕世。豈可以凡目識於去住，豈可以凡心測彼變通哉？大閩國西岳名山者，初有神仙以變化，次有祖佛以修行，聖跡聿興，在於唐朝之初。其山中分六合，高冠二儀，巖根而吼出雷聲，峯首而戛横斗柄，寒生六月，風起五(尺)〔天〕，上有列仙聚會之壇，中有志士修真之室。」見三山志。

閩鐵錢

開元通寶。篆文。

十國春秋：龍德二年，鑄大鐵錢，以「開元通寶」爲文，以五百文爲貫。

倪濤六藝之一録：陶岳貨泉録曰：王審知鑄大鐵錢，闊寸餘，甚麤重，亦以「開元通寶」爲文，仍以五(貫)〔百〕文爲貫，俗謂之「銠𠠎」，賀。與銅錢並行。

永隆錢

永隆通寶。篆文。

五代史：王延羲鑄大鐵錢，以一當十。洪氏泉志有「永隆錢」，又云：此錢徑寸四分，重十銖二參，文曰「永隆通寶」，字文平漫，製作不精，以銅爲之。十國春秋：永隆大鐵錢，一當鉛錢百。知當時有銅鐵二品也。

六藝之一錄：閩世家曰：王延羲立，改元永隆，鑄大鐵錢，以一當十。

天德錢

天德通寶。篆文。

十國春秋引董逌錢譜：建州王氏錢面文「天德重寶」，背文穿上有「殷」字。洪氏泉志：按，王延政以建州建國，稱殷，故幕爲「殷」字。通寶、重寶之異，有此二品耳。

六藝之一錄：閩史曰：王延政天德二年鑄「天德通寶」大鐵錢，一當百。

寶華院記

輿地碑目：在將樂〔縣〕（東）南十五里，有僞閩王氏鑄〔銅〕鐘。

烏石宣威感應王廟碑銘用契丹年號。會同十年

輿地碑目：「陳郯撰並序。長樂志云：會同十年封。又云：年號史闕。東陽志：義烏縣真如院碑：吴越〔會同〕十年建。洪邁隨筆載：錢氏有年號三，曰天寶、寶大、保正，而無會同年號。象之謹按，通鑑：晉天福二年，歲在戊戌，契丹主耶律德光即位，改元會同。至後漢天福十二年丁未，整整十年。蓋是歲福州陷於吴越〔錢氏〕，是時錢氏不置年號，只用中原正朔。契丹入汴，故用契丹年號，二浙既用會同年號，是年福州既屬吴越，故福州亦用會同年號。」

按，延平大昇院亦用會同二年號，即晉天福四年，閩永隆元年也。陳郯，莆田人，通文中爲檢校太傅。見十國春秋。

閬中金石志卷六

宋

義井石刻建隆二年

仙遊縣志：義井，亦名七星井。乾隆丙子掘地得石刻二，其形左凹而右凸，一曰「建隆二年辛酉十一月十日淘砌，縣尹翁處厚、丞尉王永裕、主簿陳仁雋」，一刻姓名者大曰「仙關陳劍銑、林恪、李全泰，函谷陳蒲、蔡賢、李蔡」。

按，翁處厚，莆田人，建隆間知仙遊。王永裕、陳仁雋，郝志失載。

保福寺石觀音〔像〕記 建隆三年

三山志：建隆三年造像。有記刻石，云：「寺雖新號，山則故名。」蓋古閩山也。

建善寺碑 建隆四年

三山志：在溫麻縣，背洪嶺之北，面黄（河）〔沙〕之南，所謂安遠里。自唐析溫麻爲長溪，景雲二年，遂移建寺在縣城東，改號建善寺。碑云：「邑既遷來，寺亦隨至。」建極四年，威武軍節度館驛巡官、儒林郎吴慎辭撰碑銘。

按，「建極」，紀元所無，輿地碑目作「建隆四年，吴謹辭撰，在長溪。」按，「慎」作「謹」，避宋諱字改也。節度使館驛巡官，郝志姓氏失攷。

永春縣記 開寶二年

輿地碑目：開寶二年立。又有江公望多暇亭記，刻於碑陰。

按，公望，紹聖四年宰永春，其題多暇亭詩云：「作吏如兼隱，爲儒也解禪。了然無箇事，安坐自調弦。」見輿地紀勝。

甘泉院記 開寶七年

三山志：雪峯僧守稠卓庵施水，里人創此院。開寶七年，張正字克儉記，刻石前西塔下，云：「平險道以利人行，施義泉而資渴者。」

按，在長樂縣。

甘棠院記 開寶九年

輿地碑目：在福州治。錢氏有土日，錢昱爲太守，作記，開寶七年。

案，三山志引錢昱甘棠院記云：「甲戌三月，予始叨岳牧，至十九年，乃作甘棠院。」按，開寶止九年，甲戌歲乃七年也，三山志所引恐有誤，「十九年」當作「九年」。輿地紀勝：甘棠院，在福州治，開寶九年錢昱創。此得其實矣。碑目又作「七年」，誤。

大華嚴寺疏 開寶九年

三山志：支提萬壽（院），錢氏起廢爲寺，號大華嚴。有開寶九年十一月天下大元帥吳越國〔王〕錢俶慶寺疏刻石，今存。疏云：「國家自辛〔未年〕中，爰舍金帛，命所司建精〔舍，仍鑄天冠菩薩梵容。斤〕斧功成，藻繪事就，謹捨銅金帛三百八十七千八百一十〔八〕（丈）〔文〕，建道場一會，修設五千僧功德慶讚。兼捨本州鐵金帛二千繩，充長生供給常住，又差靈隱寺副寺主辨隆爲寺主。數年掛意，今日召工」云云。

重建瑯琊王廟碑 開寶九年

在福州慶城寺東閩王廟，開寶九年三月建，福州刺史彭城錢昱撰文，攝閩縣丞、將仕郎、試太子校書林操書。

若夫非常之人必有非常之事者，衆所聞矣。其或功及于國，道濟於民，生居茅土，殁饗廟食者，求諸前史，罕有其倫。是以黄石立祠，皆因遺跡；沔陽致祭，實表舊功。故聖人之制也，法施於民則祀之，以勞定國則祀之，苟無所稱，實曰誣祭。〔唯忠懿王非誣祭歟〕？公名審知，字詳卿，姓王氏，本瑯琊人，秦（相）〔將〕翦三十四代孫。高祖曄，唐貞元中爲光州定城宰，有善政以及民，因遷家於是邦，遂世爲固始人〔矣〕。曾祖友，贈光禄卿。王父藴玉，贈秘書少監。父恁，累贈至太尉、光州刺史。〔十圍巨木，始從厚地以盤根；九曲洪河，本自仙源而析派。若匪降神之氣，豈生命世之才〕。公即太尉季子，形質魁秀，機辨明敏。負英雄之氣者，必相交友；學韜鈐之略者，咸詢智謀。懸知五典之書，暗合萬人之敵，遠近服其義勇，鄰里推其孝弟。嘗有善相〔者〕，詣公之門，視其昆弟三人，曰：「富、壽皆一體也，而季當位極人臣。」自是公竊負之。尋遇陟岵興悲，在原軫念，恭事孟仲，嚴若父焉。乾符末，鯨網全疎，鳧毛（盡）〔屢〕落，磨牙吮血，中原正苦於傷殘；脱（來）〔未〕裂裳，四海盡疲於征戰。公蓄慷慨之氣，負縱横之才，每或撫髀，暗驚彎弧，自誓曰：「大丈夫不能安民濟物，豈勞虚生乎？」於是〔以俟時待價之□，抱拯溺救焚之志〕。豪俠相許，寢食不忘。雖大鵬未飛，已具垂天之勢；而神馬一躍，終同追電之踪。

屬王緒者，憑巢寇之戈矛，盜霍丘之土宇，遽言得志，遂啓無厭，但思於弱吐强吞，豈顧其幸災樂禍？因乃大掠部屬，〔旁□□□，復收〕士民，以廣隊伍，於是公之昆季咸與焉。及秦宗權竊弄五兵，遍侵四境，緒内乏嬰城之計，外無善鄰之助，遂率衆以作竄，欲避地而偷安，玉石俱焚，孰能分别？豺狼當路，無匪縱横。幸豫章懦怯之中，偶番禺(受)〔殘〕害之後，凡經藩翰，靡或支吾。自潮陽抵漳浦，百姓畏其塗炭，五馬避其鋒刃。豈知兵忌不戢，人慎無恒，狃蒲騷者終至敗亡，好草竊者焉能長久？動蓄自疑之志，(轉)〔本〕乖同義之心。適當軍衆不賓，遂爲部下所害。公素敦誠信，累涉艱危，既負出群之才，仍諳(武庫)〔撫士〕之術。且兵不可以無主，將不可以失人，衆遂推公而立之。公居下惟謙，事上必順，雖輿情之有屬，在公論以不忘，乃曰：「予蚤事二兄，常若嚴訓，豈有弟爲大將，兄居其下者乎？」遂奉長兄潮以帥其衆，(乃)〔仍〕獲清源爲所理之地。公(用之)〔由是〕惡道路之多梗，憤貢賦之不通，實欲致理一方，尅平群盜，外維征繕，中則經營，運籌之勝負預知，攬轡之澄清可待。〔大順冬□□□□廉察遽亡〕，兵馬使范暉奪符(甲)〔印〕以自尊，奉題緘而不遜，恣行誅戮，罔事綏懷。人既類于倒懸，時合當于逆取。公比緣觀釁，因得(微)〔徵〕詞，遂舉勤王之師，以伸弔民之義。躬事戈甲，身臨矢石，〔一年而圍□□□，□年而堅壁遂陷〕。范暉扁舟欲遯，踈網難逃，遂爲海人梟首以獻。公既殲元惡，乃布優恩，凡曰脅從，悉令宥過，用仁信以御下，行慈惠以卹民。曾未浹旬，已聞致理，百姓愛之如父母，三軍畏之如神明。〔又能成功不居，讓無愧〕。遂迎長兄潮還理是郡，復請仲兄審邽迭居舊邦。武肅王表率諸侯，蕩平大憝，吳越盡歸於賜履，江淮咸奉以專征。以其能務忠勤，遠求薦擢，遂奏授本道廉察及泉州符印，偕命焉。尋朝廷以寰海挻災，久勞我武，東南靖亂，獲庇吾民，俾提旄鉞之權，□□（襦袴）〔袴襦〕之惠，遂升本州爲威武軍，授潮節度觀察處置等使，仍以公爲節度副使，奬勳績也。洎元昆殂謝，衆庶歸依，公乃躬受遺言，式俟朝命。明年春，帝恩遠降，人欲是從。初授公檢校刑部尚書、威武軍節度兵馬副大使，將委什連之任，攸居貳職之勞。一之日訓習驍雄，二之日蘇息疲瘵，用心數月，善政聞天。於是進端揆之資，正元戎之位，齋壇高築，軍幕大開，分（州司）〔周詩〕屏翰之權，握從□鼓鼙之任。未幾，顯居使相，特錫户封，方隆推轂之寄，（尤）〔又〕籍（東鉤）〔秉鈞〕之力。當多難未弭，聊同指臂之相須；及具瞻有歸，實賴股肱之（别）〔迭〕用。式資補衮，俾重褰帷。天復元年，載正乾綱，重光帝座，言念七閩之地，實符八柱之功，特頒渥恩，用越倫等，賜武庫戟十二枝，列於私門，非恒例也。自是日鍾百禄，歲奉九遷。公致君愈勤，述職無怠。萬里輸貢，川陸不繫其賒；一心尊戴，風雨不改其志。昭皇累嘉忠節，别錫異數，欲酬懋德，豈限彝章。天祐元年夏四月，封瑯琊〔郡〕

王，食實封一百户。尋屬龍蛇起陸，戎馬生郊，人心不厭於有唐，天命已歸於新室。公知微不爽，居（闇）〔暗〕罔欺。梁祖之即位也，纔傾推解之恩，繼舉疇敷之典，三公互拜，萬户連封。吕尚帝師之尊，官榮既極；子儀中令之貴，考限（惟）〔微〕同。尋復進封閩王，加福州大都督〔府〕長史。迨莊宗之建王業也，神州克復，寓縣咸寧，欲敦柔遠之心，先下念功之詔。遂增井賦，仍改功臣，式覃北闕之恩，用倚南門之寄。公方推拱極，（既）〔冀〕效安邊，惟治民素屬於優勤，而得疾遽從於綿篤。百（齡）〔靈〕無效，五福（先）〔克〕全。以同光三年十二月十二日薨於正寢，享年六十有四。朝廷素欽盡節，俄覽遺文，既增慭老之悲，豈（慳錫）〔悋餙〕終之典。册贈尚書令，謚曰「忠懿」，禮也。公生當離亂之運，出值艱難之秋，割據一方，蓄養百姓，得深溝高壘之固，有披堅執鋭之衆。贍水陸之産，通南北之商，鑄銅於蜀山，積粟於洛口者，不足言其富也；連臨淄之袂，投淝河之箠者，不足言其庶也。至若外函大度，内用小心，慎刑既及於精詳，舉事悉從於簡略。犯則不赦，令比秋霜之嚴；恩本無私，惠如冬日之煖。民惟道化，吏以法繩。此可以稱善爲政矣。言必皆（信）〔中〕，行罔自欺，非正詞不入於聽，非公事不宣於口。居嘗無聲色之樂，平生以禮義自守。念十家之産者，躬行節儉；懷五子之歌者，心誡荒唐。每當爍石之威，未嘗操扇；纔屬雞鳴之後，早見嚴裝。以德報恩，遠逾萬里；至誠感物，動契百神。此可以稱善立身矣。興崇儒道，好尚文藝，建學校以訓誨，設厨（僎）〔饌〕以供給。於時兵革之後，庠序皆亡，獨振古風，鬱更舊俗，豈須齊魯之變，自成洙泗之鄉。此得以稱善教化矣。懷尊賢之志，弘愛客之道，四方名士，萬里咸來。至有蓬瀛謫仙，鴛鸞舊侶，或因官而忘返者，或假途而惜去者，盡赴築金之禮，皆歸簪（帽）〔瑇〕之行。其餘草澤蒐羅，魚車待遇者，固不可勝記。此得以稱善招納矣。尊天事地，奉道饗神，無非克誠，足以監德，然而素欽釋典，大廓法門，衆善皆臻，何德不報。無漏上智，苾蒭散布於諸方；作有良因，伽藍遍滿於樂國。煉（郎）〔即〕山之堅固，鑄六丈（金）〔化〕身；鎔麗水之光輝，寫五千秘藏。事非爲己，願乃庇民。此得以稱善求福矣。功惟理亂，志在盡忠。安不忘危，常爲持險之戒；小當事大，罔違與國之道。以至覆盂數郡，高枕三邊，雖昆彭致霸之儔，未能繼踵；在佗變自尊之患，固不同風。此得以稱善守位矣。且天惟祐德，民本懷仁，公饗富貴者三十年，傳册封者四五世，遺愛銘於人口，忠節書於國史，臣子之盛不亦大乎？迨茲陵谷變遷，箕裘廢墜，寂寞闕以時之薦，凄涼同乏（嗣）〔祀〕之悲。士農工商，慕舊政以如在；潢汙蘋藻，望遺廟以（如）〔不〕存。丙午歲，我師恤鄰，闔境嚮化，遇今大元帥吴越國王位鍾壓紐，運偶負圖，當保大定功之初，行興滅繼絶之義。既克寧於民庶，思咸悦於鬼神。每念閩川所歸，本由王氏而盛，雖子孫異代，已同薰爐之香，而春秋二時，宜陳籩豆之禮，遂命以公舊第爲忠懿王廟，仍參常祀之數。霸主爰修於廢祭，藩侯遂立於叢祠。(竹)〔行〕馬戟枝，尚存故物；豚肩尊酒，早薦惟馨。(望)〔塑〕山庭月角之容，立偕老于飛之像。庭廡未(同)〔周〕於工績，槐檀旋改於光陰。舊徑難尋，已絶羅含之蘭菊；重門長閉，但多仲蔚之蓬蒿。既乖與祭之儀，殊缺致誠之所。大宋開寶七年秋九月，大元帥吴越國王以時和年豐，家給人足，俾答福謙之祐，遂申咸秩之典，凡曰祠廟毁廢，(悉)〔並〕出錢帛修完。乃命衙直將，躬授人工，旁搜材植，補遺基而皆備，易舊物以咸新。曾(不)〔未〕踰時，已(云)〔聞〕告畢。奢儉得以中度，規制得以合禮。朱軒粉壁，隨晚霽以生光；修竹喬松，向寒霜而吐色。(挺)〔逞〕曹筆則陰兵欲動，鬬郢工則神馬將嘶。步從悉周，精靈如在。矧以故鄉將吏，開幕賓僚，當其草昧干戈，屢經勞苦；洎自拊立基搆，盡享崇高。乃塑都押衙建州刺史孟威等二十六人，以配享焉。斯廟也，前瞰清(流)〔游〕，右連淨刹，一路自無有塵雜，四鄰皆屬於幽奇。曉霧纔開，先露列窗之岫；踈鐘雖近，不驚繞樹之禽。公昔也嘗遊宴於斯，今也復祠祭於此。始易宅而爲廟，矧將廢而能興。苟非陰德不衰，令名未朽，又豈能身歿之後，有如此之盛乎？昱叨居是藩，獲畢斯事，仰嘉猷之未遠，聽遺愛以長新，爰(屬)〔述〕短(裁)〔才〕，庶存實錄。燕然敘事，雖有謝於孟堅；峴首感人，亦未多於叔子。乃爲銘曰：

極天曰嶽，惟嶽有神。蓄是英氣，生(是)〔爲〕異人。干霄利劍，瑞世祥麟。爰當季運，實庇蒸民。〔其一〕唐德將衰，群雄欲出。陰霧垂地，(秋)〔祆〕氛蔽日。豺豕猖獗，萑蒲縱逸。苟非偉才，焉濟王室。〔其二〕權爲巨盜，緒亦朋姦。欲亂中夏，首屠光山。誰謂英傑，同罹險艱。終[則]竄跡，能無厚顏。〔其三〕爰率部民，同徂萬里。緒爲衆惡，公得衆美。因戮兇人，遂奉君子。立功著名，自此而始。〔其四〕漳浦既寧，清源復平。遂以政事，授於難兄。孝實至性，謙惟直誠。靜乃揖讓，亂則經營。〔其五〕憤彼閩川，(拊)〔樹〕茲裨將。苛虐漸篤，政刑俱喪。鋭旅大驅，凱歌連唱。克定一方，式諧衆望。〔其六〕始參貳職，已播(列)〔殊〕勛。屏翰之美，朝廷備聞。洎居重鎮，繼事明君。盡忠竭節，松茂蘭薰。〔其七〕偃仰大藩，𢈔麻五郡。雖曰功庸，亦由時運。二柄齊舉，七德兼訓。令子令孫，當年振奮。〔其八〕真王重望，上相清規。陵谷雖變，馨香不衰。俯綠甲第，遂立嚴祠。年禩屢易，籩豆或虧。〔其九〕霸(王)〔主〕推恩，良時有待。舊廟克新，遺蹤不改。奐爾金碧，儼然神彩。靈貺芳名，千秋如在。〔其十〕

案，宋開寶七年，吳越國王以審知舊第爲忠懿王廟，摶王象及孟威等二十六人像以配享，碑所謂「始易宅而爲廟」也。孟威，十國春秋作「孟成」，是誤文。碑偁王薨於同光三年十二月十二日，路振九國志、薛五代史皆以爲元年，並誤。福州府志以爲五月五日卒，是日罷節事，相沿至今，則以「三年夏五月，王寢疾」相涉而誤。惟運曆圖作「同光三年卒」，與碑合。錢昱以開寶七年爲福州刺史，至太平興國二年去任，見三山志秩官表。林操，志失考。

銅牌 太平興國間

閩書：宋太平興國間，惠安令崔某移古縣于今縣，開基得銅牌。志云：「太平興國間，古縣移惠安。若逢崔知縣，送我上青山。」牌陰云：「開我基者立惠安，葬我身者祀青山。」崔令遂送銅牌青山，立廟祀之。牌明初尚存，島夷入寇，以爲金，載歸，船尋没。

按，太平興國惠安令，郝志失考。

連江縣重濬東湖記 淳化二年

鞠仲謀撰，在連江。

縣之北野，古號東湖，潴水五百年，溉田四萬畝，民食之源也。按圖經云：隋開皇十三年，肇興此塘。厥後民豪擅利，塘半爲田。唐咸通初，劉君逵宰邑，義不容姦，道先濟物，訴於上國，盡復舊基。察地形則仙掌前傾，觀山勢則雲屏後擁。牢籠一曲，列大樹而固隄防；控扼九溪，設斗門而通溝洫。苟非清德，疇啓永圖。故得劉君塑像以懷仁，李令刊碑而濟美。今上大中建極，海内同文。三推之禮勤農，百穀之豐爲瑞。有賢能而皆舉，無惠利而不興。奈何廢我泉源，害我稼穡？始姦生於小利，終弊在於上游。狐鼠相依，絲桐莫化，弗除民害，難報國恩。前歲老民李牙等狀於本道，令下興工，遂舉衆心，旋徵工手。仲謀方忝字人，未知爲政。僉曰木斗門易壞，琢石代之，雄雌山立，壯基搆也。開設溝渠，交横左右，疏源流也。外造散橋六所，便牛羊也。小創斗門七所，限要津也。沿塘栽柳成隄，虞内侵也。又約劉公石刻，李令木椿，取西大石柱，月字之中畫一水，則防後姦也。劉公祠廟，增飾經營，廣遺愛也。成功次年再刊刻，獎微勞也。至若春田入耒，秋稼連雲，旱（寇）〔魃〕爲災，陽烏熾景。懸門未發，扃靈雨於東湖；巖鑰纔開，走雷霆於駭浪。莫不環流高下，支派東西。一朝減尺寸之深，七里救枯焦之困。自此歲多大稔，家給餘粮，雖雩霈應祈，桔槔廣用，不能過也。仲謀素慚公器，益謝人文，欲示編甿，敢從實錄，亦冀謳歌行路，宣導皇風，信俗變於無虞，協棟隆而不朽。淳化二年十月吉日。

按，仲謀，字有開，「景德二十四賢」中人。端拱二年知連江，興東湖水利，邑民德之。見八閩通志。此碑即述其事。劉逵，郝志有傳。李令，李扆也。

福州東華宮泰山廟記淳化四年

節度掌書記、監察御史裴詢撰。

案，節度掌書記，宋沿唐制，或設或不設，無定制。郝志職官失攷。

古田縣廟學記景德二年

李堪撰，在古田。

按，林諝閩中記：開元間，都督李亞邱以逋民劉疆輩向化立邑。當環峯複嶂間，平陸二十五里，版垣墉高丈許，步三百周，樹室闢户，張官置吏。先是田畯鉏蕪敷菑，爲厥疆畎，因著之名。右挾建溪，則州城實東南面也。立鄉四，而建東首焉，次恩惠，次元和，次青田。總里一十三：曰保安，曰和平，曰瀨溪者，建東有之；曰横溪、新興、洛陽、慕仁者，恩惠有之；曰邵南、安民者，元和有之；曰長安、安樂、順委者，青田有之，統户一萬二千九百七十七，主客參焉。官公舍五十五間，不堪碎腐者少半，繕完之謀萌矣。初有令、尉，主簿詔以尉兼焉。萑苻椎埋之事，尉不得專，必聽於令。官是以貳員也。繇元宗朝起而爲縣，垂二百六十七載，去闕庭不啻五千里，秩用千石，或五百石至二百石，第以五等百里制之，故遣一令長，補一佐職。奈所來多烏紗之苦，所往非冰清之懿。重以王審知復暴突其國，唯嗜慾於浮屠氏暨淫覡妖言，極綺藻瑰靚之姿，致訛黔首，破業養子，叛親愛、走空門、(□)朋左道，夥可踰髮。興國初歸皇朝，徙縣於西南之三舍曰水口，就津陸之要利，以官政能否、民理枉直，提督而易至，從轉運使楊克讓請也。博陵〔崔榮〕嗣其職，受籠詭胥，復還今所。既深入巖壑，皇華朱輪，無復過抵，諸所不法刺舉漏焉。予下車視事，見一月獄禁，人合三百四十八，至一歲不知其幾；治之簿書，户八百四十三，脱籍丁一千九百，避賦土六百五十畝，失租賦之詞牒，勿辯黑白。於是身教告部下一切除之，榛坰莽阜，聽其請（商）〔而〕授焉，或以之廬，或以之粒，闢沃衍五千五百四十三畝。薙佛宫，灰淫祠，爲之學。凡躡履贏粮、游藝就館者，有通達經旨、分明章句，每釋奠日，講尚書、毛詩及左氏、國語。黄卷雍雍，摳衣肅肅，矍想之風庶幾焉。又從而立壇二，壇社壇稷；廳一，春秋祭祀畢，以讌高年、領秀民、歌豐年；房四，以容祭器；屋六，以列陪位；廡三，以致獻官。其有未能行者，望後之人繼其終也。於是博孝悌之勸，播墳史之訓，紓侵漁之慮，清者揚之，驕者抑之，不給者與之，已仆者舉之。井閭宴然，刻石碑之。後之爲廟廊之策者，其味斯言。景德二年九月九日。

按，李堪，字仲任，常州人，咸平二年進士。景德間知古田，務本愛民，建學社，毁淫祠，暇集諸生討論政理，治化翕然。見黄志。

合沙門石橋記景德四年

林洪範撰，在福州。

按，洪範，閩縣人，有文才，累舉不第，教授門弟子以終，著諸經義方。見萬姓統譜。

閩清縣廟學記 大中祥符二年

邑令史湓撰。

按，湓，大中祥符間爲閩清令，建學立社，設市井，置射場，多所善政。嚴辟疆一見知其才，常自作記志之。見郝志。

閩清縣始置社稷壇記 大中祥符

邑令史湓撰。

懷安縣廟學記大中祥符四年

主簿陸東撰。

按，郝志「懷安縣主簿」，陸東失考。

天寶山石刻大中祥符七年

閩書：在龍溪天寶山。宋大中祥符七年三月，龍溪民〔丘顥〕網（得）魚得珠，以獻郡守王冕。冕列表以進，其詞曰：「臣聞皇猷光塞，天乃效祥；聖德升聞，地不藏寶。前件珠得非蛇口，産異蚌胎。有感必通，（自生）〔生自〕煙潭之内；無脛而至，忽居寶肆之中。瑩煌外散於月華，皎潔内含於星彩。此蓋皇帝陛下齋莊奉道，清淨化民，體乾極而握符，致坤靈而薦瑞。遐稽信史，迥殊照乘之光；洞究祥經，（忽）〔弗〕類媚川之色。臣握蘭郎署，剖竹侯封，幸逢江海之珍，〔難藏外郡〕；願繼梯航之貢，（于顒）〔干黷〕内庭。原缺。」真宗賜敕曰：「省所進珠，良合盛事。具悉。汝方布詔條，克修貢職，偉此媚川之寶，發爲還浦之祥，可配美於鳳庭，比分輝於龍燭。勤順斯著，嘉羨兼深。秋冷，汝輩好否？遣書，指不多及。」冕遂立石公廨左，刻表并敕其上。按，冕大中祥符間任漳州府。

梨嶽廟碑 大中祥符八年

廟祀唐刺史李頻，宋盧幹立碑。郝志：在延平府城東南。

按，建安志云：廟在建安縣十五里。初祥符八年，郡守盧幹立碑，謂神乃唐宰相(王)〔李〕回。紹興五年，運司鄭士秀又立碑，爲神當爲李頻。容齋續筆：建安有梨山廟，相傳爲唐李刺史李回。洪邁守建日，讀唐(藝文)〔文藝〕李頻傳云：懿宗時爲建州刺史。乃證其爲頻也。洪爲作碑記之。王象之紀勝曰：「邁以淳熙七年爲守，在鄭士秀之後，則改李回爲李頻乃鄭士秀，非始於邁也。」閩書云：「建安縣有梨山，郝志作「黎」。(山)〔上〕有梨山廟，唐李頻刺州時，雅好此山。及卒，父老葬之永洛州，郝志作「永樂川」。既即此山立廟。」此皆言建安之祠。宋周弼有建寧浦城李頻行祠詩。浦城縣志：夢筆山等覺寺旁，舊有唐刺史李頻行祠。此周弼詩所據也。又考唐書頻傳：「盜發頻冢，壽昌人爲之掩覆。」則頻葬在壽昌，永洛州殆衣冠之藏耳。碑在建安縣十五里。郝志謂盧幹立碑，在延平府東，亦未詳年月，皆失攷也。

閩清縣梅川廟記天聖五年

邑令邵寶撰。

按，郝志「閩清令」，邵寶失攷。

惠安靈光院記天聖八年

輿地碑目：天聖八年，蔡襄撰。

按，忠惠集無此記。

重修甘棠院記天聖中

邑令陳説之撰，在福州。

按，説之，絳子，莆田人，天聖八年進士，終秘書丞。

黯淡院留題天聖

輿地碑目：在劍浦妙峯閣。上有蔡襄題字及李孝彦草書。賈青詩云：「溪聲灘外急，草色雨中深。客意（無）〔自〕南北，山光（自）〔無〕古今。」

郝志：在延平府東十里。宋天聖中，郡守劉滋摹。南平縣志作蔡襄書。滋，字潤之，崇安人，天聖中知南劍州。見郝志。

勝果院記天聖

輿地碑目：在建寧。天聖中章得象記。

按，章得象，浦城人，字希言，頻從子。咸平五年進士，天聖中在相位八年。

連江縣永定院建殿記景祐三年

陳彝撰。

漳州開元寺景祐鐘款景祐四年

款云：「當寺洪鐘一口，唐大曆十三年所鑄，已邁二百五十載。爰自明道元年壬申太歲，已經蝕壞，收萃元銅。州府聞奏于朝廷，三司牒准于敕命，許重鑄造，丁丑厥功。

爾乃高八尺三寸，廣五尺。洪梁將掛于蒲牢，擊樸上資於帝祚。勝緑將獲，用紀年華。時景祐四年丁丑歲三月甲辰朔十五日戊子，謹題。」後紀太守方慎從等姓名。

按，慎從，字惟之，慎言弟。景祐二年進士，曾知漳州。

箋經臺景祐四年

三山志：在懷安縣北龍山。祥符四年，僧可度即院之北臺箋楞嚴經。景祐四年，夏英公（疏）〔竦〕記其事。

五通廟記康定元年

進士方鬲文，在福州。

按，舊志康定選舉無攷。

長泰縣常平倉記（慶）〔萬〕曆（三）〔二十一〕年

唐堯欽撰。

夫民生三代而下，其命之制於天也，豈不信哉？余壯歲登朝，衹役四方。今老矣，大都見郡邑之爲政者，工簿書、飾廚傳，暇則葺樓亭、（與）〔興〕神祠，蓋若此者多矣。至於民生大命，爲[二]緩急救助計者拱手熟視，不（出一）〔一出〕力。問之，云：「三代漢唐之法，其宜於昔者，今皆極弊不可復。」乾溢卒至，民號呼以死，則又諉曰「天實爲之」。繇今觀之，天耶，人耶？其果不可復，抑未有以復之者耶？余謂行之而得其人，處之而有其法，藉令出於秦皇、漢武之制，調停補葺，不幸有急，猶能有救。而況常平義倉，雖其（義肇）〔議〕於漢唐諸臣，實祖周人委積遺意，朱子社倉倣而行之，亦既有效，孰謂其不可復哉？泰故漳舊邑也，常平倉自昔未有復者，復之自今郡理龍公始。邑侯盧君一日造余，曰：「泰廣袤十不當旁邑之三，泰賦額三足當旁邑之七。民詩書耒耜，賭且盜爾，無所資什一

[二] 下文「緩急救助」至「言曰天下」原被誤錄於「果有效而」至「法之果可」之間，據清郝玉麟修福建通志錄文校正。

之利。故泰所需於倉，視旁邑尤亟。」昔者龍公至，令而民曰：「爾賭、爾盜、爾賊，而助我有藉，其亟更而業，無擾我耕讀，不者死。」閱而城曰：「是女牆低圮，守望何藉？其亟築。」訓而兵曰：「是將定反側，充差捕，而(不之省)〔百之人〕，何兵之爲？其亟增。」已而思歲有饑穰，何儲蓄之〔與〕有，詢故老，有城隍故址，先(讓)〔議〕置而輟，曰：「是足供吾事。修而蓋藏，環而牆栅，(定)〔捐〕而鍰金，買而穀石，邑(之)薦紳與民有力者佐之。」厥鑰東西，充然盈牣，顔其扁曰「常平」。蓋公涖泰不兩月，而蠹民者、衛民者、食民者次第興除，常平又其利之博者。願一言以彰公之明〔伐〕，唐子堯欽曰：「夫以泰之民之將祗席於君之澤也，以公之異於世之爲政者也。以欽不佞之獲附一言與公不朽也。」藉侯不命，猶將勉(爲之)，況有侯之命在。既敘次其語，則復再拜稽首而言曰：天下事創始之難，而潤澤之尤不易也。夫漢唐之常平，國家之預備，其制一也。談常平者曰：「宜當社，不宜郡邑。」蓋雖朱子亦爲是云。余曰非也。有司而賢乎？將薄海利弊盡知之，何有於封域之内如猶未也？置珠桂之品於荒野僻谷之處，弊始盛爾。且夫自昔爲常平者，散也；取二分之息，斂也。與正賦俱徵，國家預備，雖其貴放賤糴者同，而以贖鍰不以息錢者異，則寬於民者又厚矣。而行之卒不效，何也？余以爲邑有繁簡，而鍰因之上官督促太密，郡邑罄俸資以賠，安所得糴本？其或有糴本矣，緩民艱而急私橐，不爲糴則倉雖存而穀無也，弊一。穀價與時貴賤，役人倚市爲奸，本賤也而貴估之，未荒也而賤散之。不者民餓於途，粟腐於倉，知其入不知其出，則穀雖存而濟寡矣，弊二。常平專備賑饑，取於民者還以予民也。有如藉法行私，名爲公糴，實充它用，給散之際，聽憑書吏，得粟盡衙役與其近郭能自達者，貧民不沾龠合之惠，則簿書雖具而不平甚矣，弊三。昔者趙閱道在越州，前民未饑，先問民能自食有幾，當廩於官有幾，庫錢倉粟可發有幾，富民可募出粟有幾，余以爲今郡邑宜倣此意。先於保甲中審識上户中户、上貧中貧，與夫忠實可用之人，臨時委用給賑先窮鄉而後近郭，先上貧而後中貧。不以公廩供私用，不以無事緩蓄積。荒歲減價而糶，頻年挨陳而支。夫然後法行而無弊，制畫而可久，是惟公復倉爲民之意。後之人見其行之果有效而法之，果可復也，將又有繼此而起者矣。如其議之者曰「吾嘗復之」云爾，繼之者曰「吾常記之」云爾，則今日之常平，猶之昔日之預備也。國家預備之建偏天下，豈獨少一常平而已乎？其斯惟公與侯之責。朱子行之建州，復請于朝，頒之天下。當日實惟劉汝愚父子左右其間，亦嘗病世鮮其人，而感嘆于所遭之不易。今幸世有如公與侯，慨然有志制命之道。苟其生同斯世而不勉焉，共成斯政蔽民也，其斯惟鄉人士君子之責。公名文明，永新人。侯名洪遠，東陽人。倉建於（慶）〔萬〕曆辛卯四月，又二年欽爲之記。

按，修復常平一事，可入名宦。郡守龍文明、長泰令盧洪遠，志皆未載。

姜相峯 慶曆四年

在南安縣九日山西，唐姜公輔謫官來泉居此，殁後葬焉。慶曆四年，蘇紳大書「姜相峯」三字刻於石。

按，紳，字儀父，同安人，天禧三年進士，歷官龍圖學士、集賢修撰。姜相，貞元末謫爲别駕，既殁，秦系爲葬九日山下。

福州廟學記 慶曆六年

郡守蔡襄撰并書。

七閩濱海，其地險而壯，福州之治，尤據其勝勢，爲東南一都會。其風俗尊嚮儒術，唐之支盛，間有重人，薰漬劘刈，日以滋衆。然庠校之興，前無著者。自五代錢吴越王制專甄治，一作「治」。分子弟以莅之，乃作新宫，號爲使學。本朝太平興國中，轉運使楊公克讓始立孔子廟，以奠春秋。景祐四年，通判謝君微權郡治，遂表建州學，仍請賜田五頃，以久衆處。詔書（起）〔報〕下，謝適罷去。逮范公亢、許公宗壽更守此邦，參擇曹掾之能者黄中、方嶠，繼任其事，商工度材，歷五載而大備。公帑之泉，計費千萬；植宇之楹，總數六十。中（繪）〔設〕孔子與其徒高弟者十人像，又繪六十子及先儒以業傳于世者，皆傅之壁。曰九經閣，以藏舊所賜書；曰三禮堂，以圖輿服之制、祭享之器。爨舍齋廬，旁翼兩序；（庭）〔庖〕次井飲，百用資給。今尚書都官員外郎沈公之來，入而拜，出而歎曰：「學成，空不居，無以育賢才而起風化。」乃與監都太常博士陳君議增美田，充所賜數，迎舊儒敷解經術，又立比業準程，群居約束，揭爲衆則，以侯官尉吴及兼總之。于是遠近學者，靡然從慕。初公至，精究疾弊，繩治强豪，人用震栗；（隱）〔既〕而譬曉士民，教之六藝。以是知公摧兇梼而培（養）〔善〕本，威一此下有「與」字。惠並施，有所歸賴，更口謄道，厲戒幼小，無或失業。咸願刻文于石，垂延久後，遂相與來請襄爲〔之〕記。已，又作詩曰：於戲生民，角翼者群。上聖有作，才治人文。執道之中，立世之紀。厥後迷謬，乖離本始。躬服儒方，偶媿言詞。專用於神，乃文之疵。入齒王官，出知法令。不失有罪，乃政之病。然于當時，咸著能名。使二者失，由學弗明。學斯謂何？忠義悌孝。政斯謂何？禮讓風教。譬如大鼎，量入于鐘。龠石百數，罔不兼容。在學於政，先其大者。言詞法令，進修之假。唯州有學，邦君寔謀。駈汝閩民，來處來遊。象圖嚴嚴，記書整整。衣冠肅雍，室廬閟靜。孰爲人父，敕戒而子。往焉問聞，弗往攸恥。孰爲人師，啓率其徒。開陳統（緒）〔要〕，罷詘巧誣。墜〔舉〕廢興，（厲）〔屬〕于（以）繼承。益完弗圮，惟賢者能。

按，范亢，景祐間知福州。許宗壽，寶元間知福州。方嶠，任福州司理參軍。沈公，當即沈邈，康定初任。吴友，任侯官尉。並見郝志。通判謝微，志失攷。

善溪廟記慶曆六年

文學范宗暉撰，在福州。

才翁鼓山題名慶曆六年

篆書。才翁丙戌季夏遊。

按，蘇舜元，字才翁，桐山人，時爲福建提刑觀察使。

太平聖惠方序碑慶曆六年

蔡襄撰。

生者天地之德，成者聖人之業。運化流物，隨之不遺，生之之理至矣；推本（真）〔興〕治，安而有倫，成之之道著矣。是故作天下之美利者，其聖人之事乎？傳稱神農味百草、黄帝録内經以除民疾，其術能死者生、夭者壽。以言乎功，雖大禹之疏洚水、驅龍蛇，湯武之用金革、戡禍亂，特救患於一時，孰與無窮之賴乎？故曰：作天下之美利者，皆聖人之事也。宋當天命，出九州之人于火鼎之中，吹之濯之。太宗皇帝，平一或作「一平」。宇内，極所覆之廣，又時其氣息而大蘇之。乃（詔）〔設〕官（償）〔賞〕金繒之科，購集古今名方與藥石診視之法，〔敕〕國醫詮次類分百卷，號曰太平聖惠方。詔頒州郡，傳於吏民。然州郡承之，大率嚴管鑰、謹曝涼而已，吏民莫得與其利焉。閩俗左醫右巫，疾家依巫（索）〔作〕祟，而過醫之門十纔二三，故醫之傳甚少。余治州之明年，議錄舊所賜書，以示於衆。郡人何希彭者，通方伎之學，凡聖惠方有異域瓌怪難致之物，及一作「若」。食金石草木得不死之篇，一皆置之，〔酌〕其便于民用者，得方六千九十六。希彭謹慎自守，爲鄉閭所信。因取其本，謄載于版，列牙門之左右，所以導聖主無窮之澤，淪究于下。又曉人以依巫之謬，使之歸經常之道，亦刺史之要職也。慶曆六年十二月〔八日〕，右正言、直史館、知〔軍州〕事蔡襄序。

按，通志：在福州府堂右。宋慶曆六年建，蔡襄書。

邵去華等鼓山提名慶曆六年

邵去華、蘇才翁、郭世濟、蔡君謨，慶曆丙戌孟秋八日遊靈源洞。正書。

榕陰新檢：題名洞石，楷書，徑二尺，筆書端重，效魯公體，大勝洛陽橋記。鼓山題刻，宋代爲盛，而書法古雅絶倫，以君謨爲第一。又書「忘歸石」三字、「國師巖」三字於靈源洞左，徑三尺許，皆奇品也。

按，郭承規，字世濟，時官福建提刑。君謨時知福州。

邵去華鼓山題名慶曆六年

慶曆丙戌秋邵去華宿鼓山寺。正書，刻靈源洞。

按，邵錫，字去華，時爲福建提刑觀察使。

黄子光等鼓山題名慶曆六年

黄子光、劉仲達、許景山、黄子容、劉漢臣，慶曆丙戌九月二十二日遊靈源洞。正書，刻將軍石左。

董淵等鼓山題名慶曆八年

董淵、吳元卿，慶曆戊子春同來。篆書，刻靈源洞對巖。

按，董淵時知長樂縣。

大都督府門記慶曆八年

潮陽從事邱濬撰，在福州。

按，濬，字思道，建安人，精於曆數，絶意仕進，仁宗時詔除萬年縣主簿，不赴。碑偁「潮陽從事」，蓋幕官也。

隆道侯廟記慶曆八年

鄉貢進士翁定基撰，駐泊都監楊永慶刻石，在福州。

乘風堂記慶曆八年

輿地碑目：在建寧北苑鳳凰山，高處有石，鐫爲碣字，大尺許，端勁有體，蓋慶曆戊子柯適記。

名勝志：東坡序略云：「北苑龍焙〔山〕，如翔鳳下飲之狀。」山最高處，有乘風堂，堂側豎石碣，字大尺許。

按，柯適，永福人，嘉定七年進士，任漳州通判。

十詩石刻慶曆

三山志：廣巖高千仞，慶曆間邑人黄非熊養高其中，訪得奇所，作「十詩」留于石：

玉泉洞、瑞松塢、鐘磬石、聽泉厓、瀑布厓、龍樹巖、靈羊谷、龍尾泉、望(化)〔仙〕臺、清(源)〔音〕洞也。

按，非熊，莆田人。

連江縣顯應廟記 慶曆

潘奎撰。

垂露亭 慶曆

閩書：在長樂瑞峯，中有石曰釣鰲，亭曰垂露。宋慶曆中，觀察使蘇舜元勒字于石，字作垂露體，故以名亭。

閩中金石志卷七

宋

達夫巖石刻皇祐二年

閩書：在同安大輪山。三字書絶壁上，邑令莫兼字也。旁書：「皇祐庚寅季夏乙酉，莫兼達夫、張士宗元卿、黄宗曾希聖、陳綜總之、薛穎士之林、林鑄成之、錢瑊子重、宋溥君覃、楊久中景（嘗）〔常〕，遊興教寺北巖院。越明日，王儀子正至。諸君並一時賢者，傾蓋於是，故紀其盛焉，〔而〕以令字名巖。」

按，邑令莫兼，政和間任同安縣。

茶録 皇祐三年

蔡襄著，上下篇、論並書，嵌甌寧縣學壁間。

福州府志作「皇祐三年，蔡襄書，懷安令樊紀刊行」。

按，紀，寶慶初任懷安縣。

劉後村集：余所見茶録，凡數本，暮年乃見絹本，豈（非）〔公〕自喜此作，亦如右軍之於禊帖，屢書不一書乎？公吏事尤高，發奸摘伏如神，而掌書吏輒竊公藏稿，不加罪亦不窮治，意此吏有蕭翼之癖，與其他作奸犯科者不同耶？可發千古一笑。淳祐壬子十月望日，克莊書，時年六十有六。

陳鑑集名碑藪：宋人無工楷法者，忠惠茶録出入晉唐間，絶構也。此本刻于宋大（同）〔内〕，彼時已稱不易得。余又於友人處見一本，結構稍懈，大不及此。此本後有黄文獻手跋，云：「蔡君謨小楷茶録，結體似顔平原，張景隆刻之汴京。又有墨本，入紹興焕章閣，摸勒禁中，無八分題序，字勢飄逸，頗具晉人風軌，此搨是也。今皆不傳，恐當日所書不止一二，或别有真蹟，日暮遇之，亦未可知耳。至正三年佛日，黄縉記。」

徐𤊹跋：蔡君謨茶録石刻，小楷，爲平生得意書。劉後村去君謨未遠，家有數本，而其一爲方氏得之，不啻重寶。〔當時〕珍貴如此，況五百載之後乎？斯刻自君謨時置之建州治，爲土掩瘞，不知年歲，近重修府藏，掘（圮）〔地〕得之。守識其古物，洗刷仍置庫舍。後附刻茶詩六首，字稍大于茶録，亦稍缺蝕。𤊹聞其石在公署，無從印搨，萬曆丁酉屠田叔爲閩轉運副使，乃托田叔移書建州守索之，才得此本。守（令）去，今復棄置，無有貴重之者，〔不亦〕惜哉？

萬安渡石橋碑皇祐五年

輿地碑目：莆陽蔡襄記并書。

郝志：在泉州迎恩門東二十里。宋皇祐五年蔡襄爲守，建此橋，並書碑以紀。寥寥百十餘言，文簡而書法精絶，爲古今寶。今橋側爲襄祠，二石立祠中。

泉州萬安渡石橋，始造於皇祐五年四月庚寅，以嘉祐四年（十）二月辛未訖功。纍趾于淵，釃水爲四十七道，梁空以行。其長三千六百尺，廣丈有五尺，翼以扶欄，如其長之數而兩之。靡金錢一千四百萬，求諸施者。渡實支海，去舟而徒，易危而安，民莫不利。職其事者，盧錫、王實、許忠、浮圖義波、宗善等十〔有〕五人。既成，太守莆陽蔡襄爲之合樂讌飲而落之。明年秋，蒙召還京，道由是出，因紀所作，勒於岸左。

閩書：是橋也，坦夷如官道，可三里餘。揚州廿四空懸月夜，吳江飛（渡）〔壓〕僅表虹垂，兼以忠惠記文書筆，（益）〔並〕精千古。于是好事者竟傳橋異，謂橋未興時，深不可趾，忠惠爲檄，使隸投之海若而告之。隸歎息曰：「茫茫遠海，何所投檄？」買酒劇（飲）醉，卧小艇上，起視則檄已换，第書一「醋」字。忠惠公曰：「神示我矣。當廿一日酉時，潮退可址也。」又二碑之石，一粗一膩，好事者復云：「外國夷人摹倣其書，勒粗石上，夜换載歸。」此二事要屬齊東，而近時有作皇朝列卿傳者，又以「移檄海神」作蔡守錫事，亦不知何據也。惟予同年都給事中劉弘實者，洛陽里人，爲余言：「幼讀書祠下，嘉靖末有兵燹之變，祠被賊燬，碑離地四尺許，石理横裂，斜倚石垣之上。居久之，忽自端正，意有神物呵護。」此則所親見云。又宋泉守三山林之奇手録造橋二事，其一云：「初造時，石匠四至，各呈其藝。有獻石獅子者，其髮玲瓏，有條理。又一人所獻，其口開處不容（措）〔指〕，（手）〔有〕珠圓轉在口中，殆不可測。元豐八年，轉運副使王子京圖橋以進，朝命嘉賞。」橋之北亭，牓曰「洛陽之橋」，趙岍書。又有亭，曰濟亭，趙不黯書也。

祝穆方輿勝覽：泉州萬安橋，一名洛陽橋。嘉祐間，太守蔡君謨勸州民成此橋。元豐初，運使王公常進畫本，天子嘉賞。陳偁詩「（繪）〔鎌〕圖已幸天顔照，應得元豐（大）〔史〕筆褒」謂此也。

王世貞弇州山人稾：萬安橋，天下第一橋。君謨此書雄偉遒麗，當與橋爭勝，結法全自顔平原來，惟策法用虞永興耳。晝錦堂差近之，荔枝譜不足道也。

書畫跋：君謨此記，原係兩石，嘉靖中遘倭患，燬其半，土人取舊本摹補之。前一片仍舊刻也。

蒼潤軒帖跋：鄭杓子經著衍極，取古今十三人，謂公書起五季之衰，萬安爲摩崖之苗裔，可謂確論。蓋大書不難於矩矱，而難於得天真趣多。今以此觀之，只似作蠅頭小楷，此固其過人者。

金石萃編：按福建通志：萬安橋在泉州府城東北，亦名洛陽橋。皇祐五年，郡守蔡襄建，自爲記，手書勒石橋下，即謂此碑也。史傳：蔡襄字君謨，興化仙遊人。仁宗朝，累以樞密直學士再知福州，徙知泉州。距州二十里萬安渡，絶海而濟，往來畏其險。襄立石爲梁，其長三百丈，種蠣於礎以爲固，至今賴焉。召爲翰林學士，此記云「明年（春）

〔秋〕，蒙召還京」，蓋即召爲學士時也。墨池編稱「君謨真行草皆入妙品，篤好博學，冠絶一時」。周必大平園集稱「蔡忠惠公大字端重沈著，宜爲本朝法書第一。洛陽橋記與吐谷渾詞，皆大書之冠冕也」。然則萬安橋當南宋時已有「洛陽」之稱，但不知何所取義而名「洛陽」，未有人論及者。

泉州府志：洛陽江，在晉江縣東北，距縣二十里，晉、惠二邑界江也，合晉江東北諸山康溪、長溪、留公陂、陡門，東入於海。江上有橋，名萬安橋。廣輿記。唐宣宗微行，覽山川之勝，歎曰：「大類吾洛陽。」

閩書：宋淳祐〔郡〕志引沈存中筆談云：水以「漳」、「洛」名甚衆。洛，落也。水落於下，謂之洛。舊號「洛洋」，九域志作「樂洋〔江〕」，以「落」爲「樂」，誤矣。後〔人〕〔又〕以「洛陽」名之。而好事者云「唐宣宗出家時至此，謂風景〔大〕類西洛」，則不根爲甚。〔予〕按，宣宗嘗至同安夕陽寺，「西洛」之説，〔似亦〕未必無據〔者〕。古讖：「洛陽沙平，泉南公卿。」則「洛陽」之名已古矣。

萬安橋額

書史會要：劉澤，閩人，善大字。嘗書「萬安橋」三字，在海石上，徑三尺許，有「隼尾存筋」之法。時蔡襄造橋，不自書，澤書之。

福清縣昭靈廟記皇祐中

陳良撰。

按，良，景祐元年特奏名，甌寧人。見郝志。

集慶寺鐵井欄文至和元年

寺在浦城北鄉永康里溪東。欄圍一丈一尺，徑面三尺七寸，高二尺二寸。其文曰：

「大宋至和改元歲次甲午十二月丁丑臘十九戊申日，弟子黄光并弟恕、弟高、弟度，同發虔誠，抽淨財備□鑄鐵井欄一□，捨在□門市義井，乞薦先祖章氏六娘□魂超生淨界，謹題勸緣。□街行者□□□義井第四□□人王□鎬記。」凡九十字，分書。

古田縣廟學記 嘉祐二年

邑令陳昌期撰。

按，昌期，字世卿，古田人，嘉祐間知古田。見黄志名宦。郝志職官列入紹興間，誤。

鼓山開并筧路井記 嘉祐二年

僧惟善、惟坦捨錢開并筧路井，宋嘉祐二年中元丁酉日志。正書，刻羅漢巖井邊石壁。

連江縣建學記嘉祐中

邑人周希孟撰。

按，希孟，字公闢，侯官人。與陳襄、陳烈、鄭穆爲友，號「四先生」。試將仕郎，充本州教授，三表力辭，不許。

連江縣朱公橋記嘉祐三年

魯國曾撰。

施元長等鼓山題名嘉祐五年

宛陵施元長、陽夏李宗孟，嘉祐五年十月三日同遊。正書，刻靈源橋。

按，元長，字景仁，宣城人，天聖中進士，與宗孟並任福建提刑。

蔡襄荔枝譜 嘉祐五年

郝志：凡七篇。嘉祐四年，襄製是譜。明年，書于泉山安靜堂。文獻通考：「晁氏曰：皇朝蔡襄記建安荔枝，味之品第，凡三十餘種，古今故事一卷。陳振孫曰：君謨爲此書，且書而刻之，與牡丹記並行。閩無佳石，以板刊，歲久地又（濕）〔溫〕，皆蠹朽，至今猶存其家，而字多不完，可惜也。」

石墨鐫華：此閩中刻，刻手不佳，而君謨正書猶有永興遺意，蘇、黃、米三家不及也。評者謂「土偶蒙金」，（誤）〔冤〕矣。

燕度等鼓山題名 嘉祐六年

嘉祐辛丑歲七月十八日，同（寅）〔賓〕僚遊鼓山，登大頂峯，憩靈源洞。知福州燕度題。通判錢昉、權僉判宋球、東川節度推官趙諮、節度推官方子容、觀察推官趙瑾。正書，刻靈源洞，從左讀。

按，燕度，字唐卿，益都人，嘉祐間知福州。宋球，酸棗人。方子容，字南(奎)〔圭〕，莆田人，皇祐五年進士。通判、僉判、節度推官，郝志並失載。

劉若虚墓碣

蔡襄撰并書，在福州馬鞍山。

宋尚書屯田員外郎贈光禄卿劉公墓碣

公諱若虚，字叔陽，姓劉氏。漢之衰，楚元王子孫不去彭城，歷魏晉以來，彭城劉猶爲著姓。至唐，司徒晏以雄材精智，用轉流輕重之術，於乾元、上元之間飽國饑者二十年，至宰相，功名益顯。晏兄暹爲汾州刺史，治有聲稱，生大理評事談經；評事生左常侍濛；常侍生吏部郎中埴。自司徒以至吏部四世，或居長安，或在汾、晉。吏部生伎，實公之曾祖考也，爲鄂州節度判官。湖南帥據其地自王，兵四起，乃以其孥循江入閩，居泉州，卒葬南安縣，始爲閩人。鄂州生文濟，是爲祖考，徙家福州，閩王王審知以其女妻之，卒官吏部郎中。〔生〕皇考府君諱甫，閩亡，事錢吳越王。法自取所部以爲俸，府君不入一錢。逮王歸京師，而其官屬大小皆得仕，府君以母老辭不就禄，至今鄉閭稱其孝廉。娶李氏，生子九人，公其次子也。公嚴明有大略，始學見鈔録集書如白氏六帖類，即麾去，曰：「要當以法禁去之耳。」通五經大要，摘其旨義，以爲修身治官之用，不苟爲利禄學也。咸平五年登進士第，授大理評事，知溫州永嘉縣，還上所爲文章。真宗皇帝尚儒士，通判洪州。大姓胡氏子殺人，以厚貲雇老貧者代死，舉郡爲之覆藏，獄且成，公曰：每（稱）〔親〕程自言者，召中書試就，遷寺丞，知隰州溫泉縣，移通判保定軍，再遷太常博「被殺者年少壯强，今囚瘠老，豈能制其命？」躬劾之，果老貧者自賣以資其家，於是捕棄胡氏子市，出受錢代死者，郡中驚伏。瀕江民以漁爲生，而土豪常半取之，曰：「江食我田，汝漁（者）〔當〕吾田所也。」公按視，奏除没江田租，縱民漁。改尚書屯田員外郎，知邵武軍。其俗尚鬼而不醫，平居殺牛聚飲，侮欺善良，喜鬭擊，以氣力加人，而得罪戮，意愜不恨。公至，撤淫祠，禁巫覡，教病者藥。朋醉群鬭、賊竊恃强，寘於深法。又治孔子廟，收學者，爲之開説孝弟之行，尊獎賢節。吏民刷故所爲，而聽公之所以爲，俗習大變。年五十，卒於官，天禧三年二月〔二〕十三日也，其年九月八日辛酉，葬福州懷安〔縣〕越城里。公以恩受其父之太子洗馬致仕；祖母馮翊縣太君；母潘源縣君。夫人新鄭縣君，贈工部侍郎潘吉甫之女，淑慎有禮，嬪於夫家，承上以順，睦衆以和，終三十年，人未聞其笑駡聲，閨門之内肅然也。及公卒，愈自約，以奉時祀，敕諸子學，遂以有成。爲（父）〔婦〕爲母，皆有稱問。男四人：長曰弇，不邇勢利，負奇自隱。曰奕，有大材智。曰异，以文學知名，皆終尚書屯田員外郎。曰戒，未仕。女適進士林孝伯。某初與奕、异爲同年進士，奕嘗謂予言：「丁謂爲宰相，私天下，士必歸我乃得進，聞公聲名，欲（得）〔屈〕一見，即推進之，公不肯往。」於是始知公之所以立身也。慶曆中，余知福州，州人言公事親，親有疾，輒不食酒肉；居親側，雖大暑中夕，必嚴衣冠。長幼内外，皆有法度，鄉人效之，又知公之所以爲家也。後爲轉運使，至邵武。邵武稱公廉平，市人持物入廨舍以就善價，屬官莫敢侵牟。治事快於決疑，靜於臨劇，初若不更意慮，及施下，皆當理要。守法不貸，而民不敢怨，又知公之所以爲政也。是三者，皆世人之所難者，故悉書以爲法。公以二子爲郎，累贈光祿卿。銘曰：劉自漢文史載陳，唐有管蕭晏其人。厥材絶特持國鈞，晏兄而下八世孫。剛嚴明允惠在民，蟠於郡治屈所伸。種施必獲後嗣振，孰從考信惟隧文。

按，叔揚，洪州、邵武二事，郝志人物門俱不載。子四人，郝志衹詳奕、异，遺其二，殆未見此碣也。

劉蒙伯墓碣 嘉祐六年

在馬鞍山，蔡襄正書。

宋故朝奉郎尚書屯田員外部通判潤州軍州兼管内堤堰橋道勸農事上騎都尉借緋劉君墓碣文

君諱奕，（名）〔字〕蒙伯。其先漢唐以來，世有顯人，至祖考，皆仕國朝。考諱若虚，尚書屯田員外郎、贈光禄卿。光禄之碑，襄嘗銘之，系次詳焉。君天聖八年進士及第，授惠州推官，疾不果行，次調南康軍判官，移知洪州武寧縣事。改大理寺丞，累遷尚書屯田員外郎，歷知鄭之滎陽、鳳翔府判官，通判漳州、潤州事。以皇祐三年五月二十三日終潤〔州〕，年五十三。明年正月二十四日，葬福州懷安縣靈山鄉越城里許。夫人陳氏封寶應縣君，子康夫、寧夫、岐夫，女（長）〔長〕適韓昌國，次明州慈溪令陳章，其季進士林回。君於文章，要以理道爲得，不苟聲律。其論性情，推明孔子之法，尤非浮屠所傳。力教於人，開曉其路，從之學者咸以吾道自（愛）〔處〕。久之，貧無以生就，舉進士，中乙科，喜曰：「吾不能時之文章，恐不復仕進。今幸中第，吾志得矣。」其在武寧，民憙訟而易刑，爲令者多嚴法以止之，猶不能勝。君雖細事，爲〔之〕盡心。有兄弟訟者，譬之親愛之理以感動之，輒泣涕自咎引去，刑省而民（格）〔犕〕。慶曆中元昊叛，陝西用兵，韓丞相琦爲經略使，辟君。鳳翔一道兵民劇事，多倚君辦集。連年（□）兵敗民窮，乃上書朝廷，言其兵所以敗，民所以窮〔之狀〕。其略曰：「陝西之要，練兵運糧，最爲首務，其策皆未爲得。都部署者，上將軍之任也，而無專制之權，其偏裨才否，不敢輒去留之。軍無行陳之法，見利輕進，畏敵遽退，所以每戰必敗。偏裨不死上將之令，士卒不知什五之制，其理豈有勝哉？邊戍益多，廪粟益廣，轉運使職其事也。今之轉運使，皆以序進，不計其能，未更年歲，屢遷易之，文書凡目，曾未能知，其暇以民爲意乎？一方之患，內靡度支，外輟兩川之賦，調及天下。關陝之民，流離窮困，而邊儲日窘。不幸天下之患，有大於此，何以支乎？蓋由轉運使不擇其才，不久其任，無所歸責也。」又言：「被邊宜募土人，給其閒田，使之自衛其境，可以省費。」言數十條，率多此類，事格不報。漳州漳浦有虔州民四百口，入縣買官所賣鹽，令捕之，民因鬬拒，遂鞫其私販而强捍，其法應死。囚多繫久，疫殍相屬。君爲直其非私販，而出其不鬬拒者，坐法數十人而已。君初仕，顧天下事若無所爲而可辨。

歷官二十年，所至施爲謀議，多不能如其意，然後知（其）不可以力爲也。於是補吏南歸，展省墳域，緬然有退耕之志，而未果也。其終之歲，予適過潤州，君病漬，以手書謂予曰：「吾止於此矣，惟穉子是託。」既終，斂無新衣，囊無餘貲，郡吏民集錢二百千以賻，夫人辭焉，歸葬於閩。屋無室廬，産無田園，勤勞其家，清節不渝，夫人之力焉。嗚呼，十年之間，康夫以學行自立，又能請文永其先烈。予既悲之，而又慶其有後也。銘曰：

文弊於詞，在天聖初。牽拘媲偶，華調剽膚。君於斯文，本末扶踈。世言性情，淪於浮屠。君爲中庸，聖悊之樞。經營萬物，於時有需。既官於陜，晝思夕圖。條兵轉餉，實（完）〔究〕民痛。上書於朝，事願之殊。漳有冤獄，十百其徒。辯處平治，脱釋不辜。最後丹陽，聲（問）〔聞〕益敷。齋終克明，歸宅海隅。父子兄弟，次序不逾。既順以安，斯其已乎。

閩縣湯院碑 嘉祐七年

嘉祐六年歲次辛丑四月十九日，樞密直學士、尚書禮部郎中莆陽蔡襄撰并書。

郡守元絳撰。

按，絳，字厚之，錢塘人，嘉祐中知福州。見圖經及郡志，本傳失載。

永福縣洑口通靈護境廟記嘉祐七年

黄彝撰。

按，彝，慶曆間知連江。見郡志。

建公使庫記嘉祐八年

郡守元絳撰。

古田縣寧境廟記嘉祐

張彦博撰。

按，彦博，嘉祐中知興化，有善政。見郝志。

龍首澗治平四年

三山志：龍首澗，許狀元將肄業之所。治平丁未，知縣陳清刻石，大書「龍首澗〔惟〕有讀書堂」。

按，將，字沖元，閩縣人，嘉祐八年進士第一，謚「文定」。陳清，治平間知閩縣。見郝志。澗在閩縣東山。

蔡公泉治平

在泉州小烏石山半，有蔡公泉，宋曾公濟記密學蔡公所濬，因名。時至和二年也。

治平間，令王克俊刻石。見泉州府志。

按，郡志職官，晉江縣嘉祐間有王克，疑即克俊，脱一「俊」字。

重修築子城記 熙寧二年

許將撰，在福州。

平遠臺題名 熙寧二年

權轉運使張徽、知軍州事程師孟、權轉運判官湛俞，熙寧二年七月遊。

按，題名在閩縣于山，正書。張徽，字伯常，熙寧初知州事兼轉運使。師孟，字公闢，熙寧元年知福州。湛俞，字仲謨，閩縣人，景祐中進士，爲福州轉運判官。

光禄吟臺石刻熙寧二年

輿地碑目：光禄（書）〔臺〕碑，在侯官法祥院。

郝志：在閩山之支，舊爲法祥寺。宋程師孟以光禄卿知福州，觴詠于此，寺僧爲刻「光禄吟臺」四大篆。今析入民居。

按，三山志：熙寧二年，程大卿師孟詩：「永日清陰喜獨來，野僧題石作吟臺。」

郝志未及引。

鳳池題名熙寧三年

提點刑獄沈紳招轉運使張徽、知州事程師孟、轉運判官湛俞，游鳳池賢沙，會于安國。熙寧三年十一月二十五日。

按，題名在侯官，正書。郝志提刑，熙寧間有「阮紳」無「沈紳」，疑「阮」是「沈」之譌。

蔣之奇等題名熙寧四年

熙寧辛亥六月晦，蔣之奇穎叔、張徽伯常登烏石絶頂。

按，之奇，字穎叔，宜興人，嘗爲福建轉運判官，以治辦稱，尤孜孜人物，嘗薦閩處士陳烈。見宋史列傳。張伯常，熙寧初爲運使，題名當在此時。辛亥，乃熙寧三年也。

呂百能等鼓山題名熙寧四年

建安呂百能然明、徐大方沖道、弟大正得之，熙寧辛亥歲仲夏二十五日同游。正書，刻喝水巖。

按，百能，慶曆六年進士，時知閩縣事。大方、大正，俱甌寧人。大方通判汀州，大正隱北山，時稱北山學士。

丁竦等鼓山詩刻熙寧四年

丁竦、沈紳、蔡烈熙寧四年同遊。作三言詩十一句，詩云：「鼓岀崱，頂峯特。窮島夷，頫封域。屏閩東，拱辰北。歲辛亥，帝司赤。竦紳烈，從陗陟。搴若華，揖瑶極。呵蜚霆，蹴鼇脊。披霄(根)〔垠〕，殫目力。高(志)〔者〕仰，深必惕。謹其至，惟古則。」

按，三山志作望州亭鼓山銘。時丁知福州，沈爲提刑，其銘刻在峯頂之盤石，初架亭於上，後爲風所壞，今字存。通志既列丁竦等詩刻，續志又列望州亭鼓山銘，分爲二，殊失攷。按，丁竦以熙寧三年十二月知福州，五年十二月再任，八年四月召赴闕，詩言「歲辛亥，帝司赤」，當爲三年六月也。

閩縣題名記 熙寧四年

邑令呂百能立。

按，百能，熙寧間知閩事。見郝志。

幸堂記 熙寧五年

提刑宋道撰，在福州。

按，道，熙寧間任提刑。見郝志。

長樂縣求誨堂記 熙寧五年

邑令蕭竑撰。

按，竑，熙寧中知長樂。見郝志。

石笋詩刻 熙寧五年

在邵武熙春山，有天然石如笋形，上刻宋二使君詩，其一張紘詩，其一張徽詩。紘詩有「雲藏雨意明還暗，水激溪聲斷復來。恨君不肯留千騎，同折溪花對酒盃」，徽詩有「飛鳥影穿紅燭去，寒蟾光落素琴來。三數幸通溪畔路，好尋僧相渡時盃」，皆佳句也。閩書作天然石詩刻。欽定續通志編入熙寧五年。

按，紘，寶祐間任邵武軍，熙寧間知福州兼轉運使。

虎頭巖記 熙寧十年

輿地碑目：在將樂，楊時撰。

縣城之東南，有虎頭巖者。昔顯德間，邑人設像於其中，冶金鏤木爲鐘鼓，以警朝昏。旁有隙地，可以種藝稼穡，僧之居此者，足以衣食焉。自熙寧以來，旁之地爲漁利者所奪，而僧之居是巖者，無以濟朝夕，遂棄而之他，其後亦莫有守者。故巖之左右前後，薪木者不禁，剪伐陵踐，竹木無有遺櫱。於是巖之醜形，如張口待哺，聳據於東南之隅，邑人不暇求葺。熙寧丁巳，封内有警，市人惶駭之，無一日安其居。縣令吳侯來，始爲之還定安集之，而民復得其所。及賊平，閭巷父老用昔者之言以謂是禍也，斯巖實召之。遂聞于公，請縣之僧可淳者，使葺是堂於巖腹，刻木爲像以鎮之，所謂均慶禪〔祖〕是也。復作亭于巖股，以待往來之游觀者。落成，而僧可淳者求予文以志之。乃爲之言曰：物之廢興無巨細，皆有數焉，非人力之所能爲也。窮山川，聚土石，頑然無關于利害，而謂能致禍福於百里之民，豈其然耶？蓋人之所欲完以葺于是者，數實然也。不然(之)〔則〕如之何，而人樂爲之也？且盜賊之興，其漸(有)故非一日矣。肆凶怙力之民，慢令侮禁，相視以成俗，其御之也，在得其術而已。使後之長是邑者皆如吳侯，則彼之肆凶怙力者，方將遁形隱跡之不暇，尚安能病民哉？使後之人無術以御之，則盜賊之興有在矣，斯巖者何與焉？以步仞之虛，而層軒疊徑、雲煙杳靄之間，幽崖寒蹬，乃若繪畫。遠至于井邑之繁、谿山之秀，環目而盡得之，則又足爲游觀之美矣。故予因書其廢興之由，以示往來者，使觀之無惑焉。

宿猿洞并詩刻。熙寧

程師孟篆書，在烏石山。

按，公闢，熙寧元年知福州，築子城，建學舍，治行最東南，民爲立生祠，宋史入循吏傳。按，徐興公續筆精載：宋寶元間，閩縣湛俞字仲（謀）〔謨〕，登進士，累官屯田郎中，志潔行廉，年五十即掛冠，歸隱于烏石山之宿猿洞，三召不起。熙寧初，運使張徽字伯常知州事，程師孟字公闢時往訪之，所倡和諸詩，勒之石壁。師孟與伯常會宿宿猿洞詩云：「雙塔和雲宿翠屏，時〔有〕神光塔、石塔。夢魂千萬到禪扃。還教畫手（新添）〔添新〕意，一簇林猿伴二星。」張徽和云：「月上高臺雲滿屏，洞門休喚夕陽扃。巍冠不整跏趺坐，秋楮斕斑數點星。」徽又倡云：「洞天虛寂翠屏攲，心跡蕭然萬物齊。無奈宿猿嫌宿客，夜深猶擁亂雲啼。」師孟和云：「更深應是枕雙攲，思得皐夔事業齊。終爲清時難退隱，出山甘被百禽啼。」師孟又倡云：「永感無心戀縉紳，十年不起卧龍身。一朝黄紙除書下，八郡衣冠盡望塵。」熙寧元年十一月也。越二年正旦又會宿猿洞詩云：「夜半春歸曉始鶯，鬱然佳氣入山亭。千門喜慶逢元日，一座光華照使星。難得同時傳壽斝，合將新句勒詩屏。漁郎莫向遊人道，洞口而今盡不扃。」徽和云：「入林休顧曉猿驚，壽酒交持石外亭。刺史尊崇山卿月，主人高隱少微星。只因避雨投松蓋，屢爲障風夾（橋）〔檜〕屏。已下缺，第八句上缺四字。〔笑語林猿能解意，往來應不〕限巖扃。」運判某和云：「曉來人（意）〔語〕缺二字。鶯，〔空〕缺一字。有三元缺二字。亭。凍酒點唇浮白蟻，穠桃迷眼落紅星。地名小酉神仙窟，天設湘陰水墨屏。（醞）〔蘊〕藉莫誇洞庭記，移文休勒北山扃。」師孟又宿猿洞餞仲謨云：「洞口車輪欲去時，江山風物動光輝。不須猿鶴相驚（恐）〔怨〕，自是君王未放歸。」又書仲謨先人功德院云：「高門餘慶本光山，不幸流離五代間。今日太平家可樂，郎君富貴錦衣還。」熙寧二年八月也。右詩十首，皆勒巖壑，字畫徑三四寸，端楷莊重。師孟又篆「宿猿洞」三字，徑三寸，效李斯體。怪石林立，仲（謀）〔謨〕括爲「二十五景」。不知何年廢爲叢塚，其詩尚存，予昔同謝在杭尋故址而錄之。噫，昔賢高隱之地，歷有名公題刻，委之藁梩朽櫬之間，不能禁復，實吾鄉先輩之不好事也。

閩清縣遷創獄舍記 熙寧

邑令徐絳撰。

按，絳，熙寧間知閩清。見郝志。

蓮花峯詩刻 熙寧

閩書：在南安縣葵山。宋熙寧中，邑人戴忱刻詩云：「此石非頑石，成因浩刧塵。一蓮花不老，過盡世間春。」今有亭曰不老，蓋取忱詩。

登科巖 熙寧

在惠安縣治登科山。熙寧間邑令鄭清子勒石。

案，清子，紹興間通判漳州軍州事。見郝志。

道山亭記元豐二年

曾鞏撰。有篆書「道山亭」三字，在烏石山蟠桃塢。

閩，故隸周者（七）〔也〕。至秦開其地，列於中國，始併爲閩中郡。自粵之大末，與吳之豫章，爲其通路。其路在閩者，陸出則阸於兩山之間，山相屬無間斷，累數驛迺一得平地，小爲縣，大爲州，然（而）〔其〕四顧亦山也。其塗或逆坂如緣絙，或垂崖如一髮，或側徑鉤出於不測之谿上，皆石芒峭發，擇然後可投步。負戴者雖〔其〕土人，猶側足（不）〔然後〕能進，非其土人，罕不躓也。其谿行，則水皆自高瀉下，石錯出其間，如林立，如（上）〔士〕騎滿野，千里下上，不見首尾。水行其隙間，或衡縮蟉糅，或逆走旁射，其狀若蚓結、若蟲鏤，其旋若輪，其激若矢。舟泝沿者，投便利、失毫分輒破溺，雖其土長川居之人，非生而習水事者，不敢以舟楫自任也。其水陸之險如此。漢嘗處其衆江淮之間而虛其地，蓋以其陿多阻，豈虛也哉？福州（府）治侯官，于閩爲土中，所謂閩中也。其地于閩爲最平以廣，四出之山皆遠，而長江在其南，大海在其東。其城之内外皆涂，旁有溝，溝通潮汐，舟載者晝夜屬於門庭。麓多傑木，而匠多良能，人以屋室鉅麗相矜，雖下貧必豐其居；而佛、老子之徒，其宮又特盛。城之中三山，西曰閩山，東曰九仙山，北曰粤王山，三山者鼎趾立。其附山，蓋佛、老子之宮，以數十百，其環詭殊絶之狀，蓋已盡人力。光祿卿、直（招）〔昭〕文館程公爲是州，得閩山嶔崟之際，爲亭於其處。其山川之勝，城邑之大，宮室之榮，不下簟席而盡于四矚。程公以謂在江海之上，爲登覽之觀，可比于道家所謂蓬萊、方丈、瀛洲之山，故名曰「道山之亭」。閩以險且遠，故仕者常憚往，程公能因其地之善，以寓其耳目之樂，非獨忘其遠且險，又將抗其思於埃壒之外，其志壯哉。程公于是州以治行聞，既新其城，又新其學，而其餘功又及於此。蓋其歲滿，就更廣州，拜諫議大夫，又〔拜〕給事中、集賢殿修撰，今爲越州。字公闢，〔名師孟云〕。

案，子固，以熙寧十年知福州，元豐元年赴召。是記爲師孟作，林希書。

莘老等鼓山題名 元豐二年

莘老、德孺、景述，元豐己未歲季秋戊子日同遊。正書，刻忘歸石傍。

案，孫覺，字莘老，高郵人，元豐元年以右司諫、直集賢院知福州。

增學額記 元豐中

范曠撰，在福州。

長樂縣福安院記 元祐二年

林□撰，闕名。

方宙等鼓山題名 元祐四年

〔莆田〕方宙子正、亡儀仲、昭武吳表深幾道、淮西潘師中及之、錢塘關景山彦瞻、郡人張勵深道，元祐己巳三月二十日同遊鼓山靈源洞，漱湧泉而歸。正書，刻將軍石前。

案，方宙，熙寧六年進士，官轉運判官。吴表深，胡安國門人，元豐二年進士。關景山，關魯子，舉進士。張勵，永福人，熙寧六年進士，以集英殿學士知福州。

錢公永等鼓山題名元祐四年

錢公永、雷子石、潘及之、管明善同游靈源洞。元祐四年七月上休，林公濟題。草書，刻靈源洞。

按，公濟，名積，尤溪人，熙寧間知福州。

社稷壇銘元祐六年

柯述撰，在福州。

或問社奚銘。予謂祭主敬，不敬如不祭。社稷歲再祭，所以爲民祈報，而政莫先焉。

予（土）〔守〕茲土，視其壇地汙且隘，不足以行禮，（迺）廣而新之，壇壝器宇，靡不周備，敢不以告于後之人？於是勒銘於壇之東南烏石山之頂，前爲亭曰致養，以其當州之坤焉。柯述仲常。銘曰：后牧民，天乃食。（惟）〔維〕社稷，作稼穡。風雨雷，贊生殖。（叶）〔協〕時日，祭有秩。歲庚午，夏率職。即坤維，眂壇域。地汙隘，制匪式。爰廣新，古是則。辛未春，工告畢。（齋）〔齊〕有廳，器有室。暘若雨，事咸飭。後之人，敬無斁。〔元祐六年三月，溫陵柯述撰，王裕民書〕。

通志：在烏石山鄰霄亭西數武。宋元祐中述知福州，建壇爲銘。今壇廢，刻石存。

按，訪碑錄作：梅述撰，王裕民正書，在侯官，元祐六年。

案，柯述，字仲常，南安人，爲蔡襄所知，以元祐五年知福州，至七年四月赴召。訪碑錄作「梅述撰」，誤。裕民，晉江人，元祐間知邵武，見郡志。庚午爲五年，辛未，六年也。

漳州登科記元祐七年

輿地碑目：元祐七年。

長樂縣元祐港碑元祐

黄裳撰。

縣之東南走三十里，地曰湖東，捍海畫塘，爲田凡十八所。熙寧中，飛沙淤港，積而成山，溢水蓋田，俄然成湖，民率力導之而弗就。三年，又開白石湖有三，沙合如故。元豐四年，周殳等又開舊港，終成復合。元豐五年，有林迪等遂乞易田爲港，意雖大而力不至。八年，節度使判官陳公毅貸官錢百萬，鑿卓嶺，借道陳塘，由斗門而注于海。方農事就功，苗且秀矣，利陳塘港者忌之，因鑰斗門水不得泄。陳公又乞因山爲捍，增水爲湖，易濱澗湖而作田，以償被患之民。故所忌者益衆，紆迴沮難，務息喧訟。自是耕者息業，散之四方，所存無幾。令尹袁公下車，詢問其故，亟請暫免二税，民畢受賜矣。一日，（注）〔往〕視相地之勢，以東南爲下、西北爲高，宜若可圖，遂語民曰：「彼雖民田，可倍價易以爲港。」或謂沙田多漬泉，難于畚鍤，請穿井試之。公曰：「不然，先導下流，泉自襲去，豈若井之積也乎？」繼有周家建議鑿王埕，由妙峯塘；又易謝欽等田，募鄭仕衡等合力以治，不淹旬而港道（平）〔成〕。民且謡曰：「果如令尹之言，非鑿井比也。」延袤三百四十五丈，深二丈，廣四丈。伐石因岸爲橋肆，甃石輒陷。議者殫計，莫知所出。將廢，公復往視，易以八竇，親督其役，不數日就緒。又於牛山下浚小港，減殺高水以助之。若夫時而暴注，川流蕩潏，行者相呼，耕者失色，曰：「吾之田且無漲溢之患者，有竇以疏之，有溝以殺之。」至若海風蕩薄，怒濤奔湍，若不可禦，曰：「吾之田且無潰決之患者，有竇足以拒之也。」港成，耕者雲集，唯恐後時。是歲乃復有秋，困者乃甦，亡者乃復，且相語曰：「非令尹之力，吾將操瓢囊爲溝壑中瘠矣，尚何至是耶？」于是港外之地邊於海，瀉滷不毛，因湖水之浸滌，悉爲膏腴。諭民隄防而就有爲，此又因其利而利之〔者〕也。嘗謂萬物之理，順之斯易，逆之斯難，求之易而不求之難，事有不然者歟？古人之所能行，〔行〕其所無事者也。夫知物而創之者，智也；知而不行，未足爲果，決物而繼之者，果也；決而不行，未足爲勇。惟知、果、勇，公能具之，故于作克濟。蓋考其意，謂書之「八政」，以食爲首；周官「九職」，以農爲先。農而後穀，理而後止，〔此〕爲政之急務也。故嘗夙夜憂勤，以共其事。今有人于此，享旦暮毫髮之利，猶將嘆祝不已，况乎收有餘積，饑有餘給，仰事俯育。既賴(旦夕)〔且久〕，宜乎一方之人，熙然相與立生祠於寺。公雖去，而民見之，聊慰乃思。公乃止之，衆皆撫然。(後)〔復〕欲以公姓名港，曰袁公港。公曰：「不可，此天子之功也，宜以元祐名之。」

案，冕仲，浦城人，元豐五年進士第一，政和中知福州。見郝志。袁正規，元祐間知長樂節度判官。陳公毅，志失攷。

重修連江縣大中玉泉寺記 元祐

陳傳記。

案，傳，皇祐五年特奏名，建安人，淳祐間任武平縣。見郝志。

元祐黨人碑 元祐

在福州府學。後詔燬。

王若愚等題名紹聖元年

王若愚、陳彦聖、文安國紹聖甲戌年季夏望日遊。

案，題名在烏石山。

胡師文等武夷山題名紹聖二年

建寧太守无畏居士胡師文敬造武夷换骨仙巖，紹聖乙亥十二月。張淨、王華國同來，幕賓王行可、邑宰王當、尉石景充後至。刻崇安雲虚洞中。

案，師文，紹聖間知建寧；王當，紹聖間知崇安。並見郝志。石景充，失攷。

閩清縣廟學記紹聖四年

鄭居中撰。

案，居中，宣和初曾充祐神觀使。見郝志。

重建龍祠記紹聖四年

訪碑錄：危真撰，曾昇正書，在龍溪。

案，危禎，字逢吉，臨川人，淳熙進士，曾知漳州，作龍江書院，避諱作「真」。曾昇，元符中任邵武縣。見郝志。

黄思道等題名紹聖四年

黄思道、溫禹弼，紹聖四年八月二十八日遊神光寺，登鄰霄臺。

增修學齋舍記紹聖中

王祖道撰，在福州。

案，祖道，紹聖間任福州提刑司。見郝志。

會應廟禱雨石刻元符元年

王應山閩都記：會應廟，舊爲靈廟，相傳閩時建。宋皇祐中，邑人以旱禱，澍雨大至。紹聖四年，郡守溫益修之，元符元年功成。冬大旱，守率僚屬于廟讀祝未畢，雨隨集。命侯官尉王壽刻石記之。

案，溫益，紹興四年任福州。王壽，元符間任侯官縣尹。見郝志。

金粟臺題名 元符三年

提舉常平江公著、轉運判官檀宗旦、通判軍州事吳亮、提點刑獄程遵彦，元符庚辰十月十八日同遊九仙萬歲寺，登金粟臺。正書，在于山。

按，公著，元符中任提舉常平茶鹽事。宗旦，元符間任轉運使。遵彦，元符間任福州提刑。見黃志。吳亮，仙遊人，曾任建寧府，見閩書。其官通判軍州，志失攷。

江公著等道山亭題名 元符三年

桐廬江公著晦叔、池陽檀宗旦之美、三衢吳亮君采、鄱陽程遵彦之邵同遊神光寺，登道山亭。元符三年十月十七日。正書，刻烏石山沖天臺。

程（遜）〔遵〕彦等鼓山題名 元符三年

〔鄱陽〕程（遜）〔遵〕彦、三衢吴〔亮〕、〔毛〕敷、葉沃、溫陵許〔轂〕、郡人朱敏元、吴（千）〔干〕、〔張勸〕，元符庚辰十月〔五日〕遊鼓山靈源洞。正書，刻靈源後。

按，葉沃，時知安溪縣事。朱敏元，字光道，治平四年進士，官朝請大夫，時知同安縣事。吴（千）〔干〕，字無求，閩縣人，熙寧六年進士，時知興化縣事。

桂籍堂進士題名記 崇寧四年

輿地紀勝：崇寧四年，郡守郭重建，勒石紀皇朝至道以來郡進士題名，置堂上，軍學教授胡份序之。後宣和七年，郡守廖剛立石續記。

按，在莆田。

葉彦成等于山金粟臺題名崇寧五年

葉彦成、喬叔彦、章叔虎、朱知叔同遊。崇寧五年人日。正書，在閩縣。

按，彦成，名棣，哲宗朝以朝請大夫知福州。見萬姓統譜。

喬世材等烏石山題名崇寧五年

崇寧五年二月癸酉，提點刑獄喬世材、提舉學事朱英、知郡事葉棣同遊烏石山諸寺，(與)會食横山閣，晚歸。行書，在侯官。

按，世材，崇寧間任福州提刑司。見郝志。

需老等鼓山題名 大觀三年

大觀己丑仲秋丁酉，需老開堂師座，邀部使者俱至，四司僚佐預者六人。公翼、全叟、君舉、子震同登大頂峯。正書，刻大頂峯石。

案，需老，即有需，莆田陳氏子，得法於乾公。部使者陳覺民延住福州鼓山，後退居石門。見宋詩紀事。此題名云「開堂師座」，正覺民延住時也。覺民，以崇寧四年知福州，大觀二年二月自泉州移任福州提刑。君舉，陳偁字，元豐五年知泉州。

王氏石銘 大觀

輿地碑目：洪邁夷堅志：邵武〔人〕危氏（在）〔者〕，大觀二年葬其親於郡西塔院〔下路〕旁。踰月雨，過視壙側，〔隱然〕有痕，（握）〔掘〕之得銀〔酒〕杯二、銅水缶及鏡銘一。又得〔埋〕銘石，其文曰：「瑯琊王氏女，江南熙載妻，丙申閏七月葬在（古）〔石〕城西。」諸器皆依古(式)，〔而〕制度精巧，非世工(所)〔可〕及。

名勝志：在邵武金鼇山。

天香臺 大觀

閩都記：在侯官洋坑。宋大觀中，有孝子焚香祝親於此，書「天香臺」三字於石，有頌四句。

太史溪石刻 政和元年

閩書：在沙縣太史溪。石刻云「馬小十一乘」五字，又倒刻云：「政和元年十二月二十八日記。」

重修忠懿王廟碑 政和元年

殿撰羅畸撰，在福州。

按，畸大觀三年以朝請大夫、集賢殿修撰知福州。政和元年，命雪峯太平主僧重修，畸自爲記云：「過忠懿王祠，嘆其陋甚，竊自怪曰：『浮屠氏好談因果以（勸）〔動〕世，而忠懿喜營塔廟，其功德在佛之徒爲多。若使反其所施以治其廟像，是使浮屠氏之説益信也。』聞雪峯太平主僧足以任事，乃諭之，〔未〕閲月而成。」見三山志。

修崇順王廟記政和二年

懷安令吴興撰，在福州。

按，輿，晉江人，大觀間知懷安。郝志作「吴興」，誤。

社稷壇記政和初

龍圖孫畸撰，在福州。

按，畸，政和間任福州都督府知州事。

金粟臺題名政和二年

提舉常平等事長沙何誼（□）直浩然、走馬承受公事大梁張珪君（兼）〔瑞〕、知（政）〔州〕事郡（□□□）人張勔深道（□）同登金粟臺，政和壬辰冬至〔後一日〕。

廓然臺政和四年

梅川陳暘命名，賜紫釋鴻份書。政和四年仲春，（任）〔住〕（國）〔園〕明、釋寶〔一〕上石。

按，在于山，正書。

黄冕仲等鼓山題名 政和四年

延平黄冕仲、鄱陽齊亨仲、武夷黄安仁，政和甲午九月二十五日同游。正書，刻將軍石左。

按，冕仲，時知福州。齊之禮，字亨仲，弋陽人，元符中進士，官監察御史。黄靜，字安仁，浦城人，元豐五年進士。

陳紹夫等鼓山題名 政和五年

陳紹夫邀韓符、曾昂、許紘遊鼓山。姪建嘉會男祖澤、姪孫森侍行。政和五年三月十一日。正書，刻鼓山。

李景武夷山詩刻 政和七年

政和丁酉，古鄮李景來貳府事，瓜期俯仰，因過武夷，遊換骨巖，瞻禮聖跡久之，漫書一絶以紀其實：「區區三載抗塵顔，（拙）〔絀〕直無由脱謗讒。今日捫蘿叩仙室，願將凡骨換雲（山）〔巖〕。」庚子六月十二日。正書，在崇安雲虚洞。

太原石刻 政和

在永福十一都，石壁有詩，僅存二字。

閩都記：唐大和中，縣令王君官滿歸，邑人留餞。夜半未抵舟，其室人題詩於石壁，曰：「何事潘郎重別筵，（君）〔離〕心未斷妾心懸。太原（山下）〔灘上〕相思處，猿叫山山月滿船。」宋政和中，縣令陳武祐刻詩于石，年久磨刻，惟「太原」二字尚存。輿地紀勝作「太原灘留題」。陳武休後序云：「永福太原灘有『太原』二字，不知何代人書」。

按，武祐，莆田人，元符三年特奏名，曾知永福。見郝志。

閩中金石志卷八

宋

樂圃記宣和二年

龍圖俞向撰，在福州。

按，向，宣和間任福州提刑司。見郡志。

平遠臺題名宣和四年

俞師直邀楊達夫、劉應叔瞻禮佛會，早饍平遠臺。宣和壬寅四月初八日。

按，在于山，正書。

設廳記宣和五年

通判黃琚撰，在福州。

按，黃琚，郝志職官失攷。

平遠臺宣和五年

在閩縣于山，正書。末有「宣和五年」四字，姓氏不可辨。

重修閩縣津渠記宣和七年

掌書記陶嶽撰。

按，乾寧間改威武軍節度爲節度使，置掌書記，景德元年有節度掌書記官。陶嶽，郝志失攷。

黄處中等題名宣和七年

黄處中會(子)〔予〕弟武子、鄧純彦、謝成彦於野意亭，劉德夫先歸。宣和己巳初春九日，鄭尚明題。

按，題名在于山廓然臺，正書。野意亭在九仙山南圓明院。

黄處中等金粟臺題名宣和七年

黄處中邀柳寬夫、謝成彦、鄧純彦、黄堯臣、鄭尚明並弟武子遊。宣和己巳臘月初澣。

按，題名在于山，正書。

并石臺紫陽舊遊 宣和中

在同安太師橋畔，中鐫字古勁，不知所始。宋宣和中，邑令危秉文識而勒之石陰旁。石鐫有「紫陽舊遊」，即朱子東橋玩月之處。

按，秉文，宣和間知同安。見郡志。

武濟廟記 宣和

俞向撰，在福州。

金粟臺題名靖康元年

永嘉吳正仲、新定陸（□□）堯夫、郡人鄭尚明（□□）靖康元年清明集於此。

按，題名正書，在侯官于山。「康」上當是「靖」字。

趙仲湜等題名建炎四年

建炎庚戌正月二日，因禮神光寶塔，遍遊鳥石精藍，乘興造西禪（寺），歷覽勝概而歸。男士衛、士術、士衎、士程、〔姝〕士賜、壻廖虞弼侍行。皇叔祖、少傅、開（看）〔府〕嗣王仲湜巨源書。正書，蟠桃塢。

按，士衛，房國公仲曉子，封忠翊郎。士程，儀王仲湜子，贈少師。士賜，北海郡王仲聘子，贈南陽侯。仲湜，字巨源。並見宋史宗室世系表。士術紹興間任福州西外宗正事。

陳忠肅公祠記 建炎四年

楊時撰。

建中之初，右司諫陳瑩中論蔡氏兄弟，忤旨竄嶺表。公之南遷，不以其罪，舉天下憤惜之，無敢言者。名隸黨籍餘二十年，轉徙道塗無寧歲，卒以窮死。初京（初）〔爲〕翰林〔學士〕承旨，以詞命爲職，潛奸隱慝，未形於事，雖未通顯，世之人蓋莫知其非也。公於〔是〕時力言京不可用，用之必爲腹心患，宗社〔安〕危未可知也。聞〔之〕者往往甚其言，以爲京之惡不至是。已而陰結嬖幸，竊國柄，矯誣先烈，怙寵妄作（而）〔爲〕宗社禍，悉如公言。於是人始服公爲蓍龜也。昔王（荆）〔文〕公安石以學行負時望，神宗皇帝（用）〔引〕參大政，士大夫相慶於朝，謂三代之治可以力致。呂公獻可獨以爲不然，抗章論之。雖文正溫公猶以爲太遽，欲獻可姑緩之。未幾，多變更祖宗故事，以興利開邊爲〔先〕務，諸公雖悉力交攻之，莫能奪，其流毒至於今未殄也。故溫公每謂人曰：「獻可之先見，余所不及。」心誠服之。余以謂公之於京，言之於未用之前；獻可（之）於（荆）〔文〕公，論之於既用之後，則公之先見於獻可有光矣。二公之言，蓋異車而同轍也。靖康（初）〔中〕，朝廷欲盡復祖宗之舊，而一時故老無在者。天子念公之忠，追贈諫議大夫，官其四子，所以寵嘉之甚厚。此非私於陳氏，蓋將以風勵臣節也。而公之邑人，乃相與即縣庠爲祠堂以奉（祀公）〔公祀〕。堂成，屬余爲記，余曰：公之德業，足以澤世垂後，雖不用於時，而其流風餘韻，猶足以立懦夫之志。蓋天下士非一鄉可得而擅也，然居今之世，流離擯斥，其施不廣，而邑之士大夫誦其（書）〔言〕、尊其道，仗節秉義，繼其風烈，時有人焉，則功施於其鄉爲多矣。古者有功於人則祀之，則公之祠當載〔之〕祀典，以遺來世。是宜書，乃爲之書。建炎四年八月四日，龍圖閣直學士、朝散大夫楊時記。

按，中立，高宗初除工部侍郎，乞外，以龍圖閣學士提舉洞霄宫。見宋史。建炎四年，正致仕時也。

李綱等鼓山題名 紹興元年

昭武李綱伯紀邀華陽王仲嶷豐甫、建溪吳（嚴）〔巖〕夫民瞻、臨川陳安節巽達、淮海周靈運元仲遊鼓山靈源洞。豐甫之子昇叔明，伯紀之弟經叔易、綸季言，甥張津，子知同來。紹興元年五月二日。

按，伯紀，邵武人，紹興初以張魏公之劾，罷爲觀文殿學士、提（學）〔舉〕洞霄宮，未幾落職。史但言其居鄂州，二年即起知潭州，中間未嘗言歸閩。中興小紀：紹興元年，韓世忠既平范汝爲，欲盡殺建州人，至福州，見李綱，勸勿殺。則題名當在是年矣。

宋太宗御製戒石銘 紹興二年

閩書：在泉州府署。銘曰：「爾俸爾祿，民膏民脂。下民易虐，上天難欺。」高宗手敕：「近得黄庭堅所書太宗皇帝御製戒石銘，恭味旨意，是使民於今不厭宋德也。因思朕異時所歷郡縣，其戒石多置欄檻，植以花草，爲守爲令（者）鮮有知戒石之所謂也。可令摹勒庭堅所書，頒降天下，非惟刻諸庭石，且令置座右，爲晨夕之念，豈曰（少）〔小〕補之哉。」敕後有一「缶」字，高宗御押也。權邦彦等題其後曰：「臣等竊惟太祖皇帝武定天下，而太宗皇帝〔文〕以撫之。是時五代之餘(□)，遺民赤子，新去湯火，哀矜優綏，寄在守令。迺發大訓，垂諸庭石，如雲漢在天，爲光昭回；其施在下，則爲露爲雨，民涵濡斯澤，豈其有極？而吏更歲久，或不知誦斯文矣。皇帝撥亂愛民，規撫祖宗，迺六月癸巳詔以黄庭堅所書刻之石，將以墨本賜天下，使目見〔而〕知戒〔焉〕。嗚呼，此盛德大業之本，豈特讀貞觀政要而太息哉？臣等材駑，不足(佐□□)〔以任〕萬分，而知贊且勵，蓋不獨郡邑之吏，洗然於兹賜也。謹昧死書於左方。紹興二年十月癸酉，端明殿學士、左朝議大夫、簽書樞密院事、權參知政事臣權邦彦，左通議大夫、參知政事、福建江南西路荆湖南北路宣撫使臣孟庾，左通奉大夫、守尚書右僕射、同中書門下平章事兼知樞密院事、都督江淮荆浙諸軍事臣□，特進、尚書(右)〔左〕僕射、同中書門下平章事兼知樞密院事臣呂頤浩等謹題。」王文忠十朋有〔修〕戒石詩：「君以民脂膏，祿爾大夫士。脂膏飽其腹，曾不念赤子。貪暴以自謀，誅求不知恥。指呼有鷹犬，嗜慾肆蛇豕。但言民至愚，孰謂天在邇？昭然甚可畏，殃必反乎爾。聖訓十有六，簡嚴具天理。大字刻山骨，朝夕臨坐起。一念苟或違，方寸寧不愧。清源庭中石，整頓自今始。何敢警同僚，兢兢惟勅己。」

顯應廟詩刻紹興二年

在汀州府寧化西三里草倉，有顯應廟爲草倉將军，姓長孫，名山。宋李綱南謫日過此，題詩云：「不愁芒屩長南謫，满願靈旗助北征。（酧）〔酹〕徹一杯揩淚眼，烟雲何处是三京。」

平遠臺題名紹興二年

齊（容）〔安〕鄭滋德象、吳興劉嶠仲高、潁川范正國子儀，同飯素於萬歲寺，烹茶金粟臺，登三山閣，觀閩王所施織經及佛。時雪初霽，江山明潤，顧望久之，遂過野意亭。紹興二年季冬朔。辛炳如晦以幹不至。篆書，在閩縣于山。

按，仲高，紹興二年任福建提刑。辛炳，侯官人，元符三年進士，紹興初累官殿中侍御，迕蔡京，謫南劍州，題名在此時。

潘正夫烏石山題名紹興二年

靖康之間，金人犯(關)〔闕〕，二聖北遷。逮建炎中興，天子受命，吴國長公主始至睢陽。明年，寇淮甸，遂浮江而南，避于錢塘。(奉)〔車〕駕幸建康，還復入覲，繼適江表。會胡騎奄至，循贛水，走湘湖，(順)〔瀕〕南海而達閩川，館于福唐之神光。因登烏石山，觀李陽冰篆，乃得古人之遺意。越五日而赴行在所。男長卿、粹卿、端卿、溫卿〔侍〕。紹興二年仲春十三日，河南潘正夫題。正書。

按，吴國公主，哲宗三女也，政和二年改韓國公主，出降潘正夫。靖康末，以先朝女留汴。題名所謂「始至睢陽」也。建炎初復公主號，改封吴國，覲上于越，避地至婺州。皆見宋史。子尚有清卿、墨卿、才卿、堯卿，而獨無溫卿，此可以補史之佚矣。三子蓋隨正夫至閩者，赴行在，時高宗在臨安也。

古田縣重建廟學於西郊記紹興三年

林好古撰，見福州府志。

按，好古，古田人，見閩中理學淵源攷。

重修忠懿王廟記紹興四年

何大圭撰，在福州。

浦城縣重建文宣王殿記紹興四年

楊時撰。

（自）周道衰（微），〔陵夷〕至于戰國，干戈日尋，帝王之跡熄，而典章文物淪喪無遺矣。

孔子於是時，窮爲旅人，無所用於世，退而刪詩書、定禮樂，而先王所以爲治之道，煥然(者)〔著〕在方册，使後世有考焉。論其功，謂賢於堯舜，豈虚語哉？故廟食百世，雖天子之尊，北面而奉之，爲道之存，非以是爲榮觀也。國家慶曆中，詔天下郡縣立學。是時，陳公先生襄以經術德義爲一時儒宗，適主縣簿，孜孜以教育人才爲務。乃與其令謀，即縣之東南隅，築宮於其上，以延後學。邑人徐翹營殿於其中，不侈不陋，故三舍行，堂廡一新。至建炎初，爲賊火所焚，而殿得以獨存，春秋無以奉祀事。紹興三年冬，縣令吳侯來，視事之始，歷告諸神祠，獨吾聖師無瞻依之所，喟然嘆曰：「今老佛之徒，猶知嚴事其師，而吾徒獨不知之耶？」於是慨然有建立之意。不數月，召邑之諸生劉壽、(英)〔吳〕元賓、吳震全，疇相與董其事。經始於四年中夏，落成於秋七月。良材堅甓增於前，用人之力與〔夫〕塑繪之工，其費無慮百餘萬，人樂輸之不爲厲。既而邑之士蕭顗，以吳侯之書走吏，詣予求文以爲記。予爲之言曰：學之廢久矣。詖淫邪遁之辭盈天下，士溺於所習，冥行而已。予嘗考之周官，司徒以知、仁、聖、義、忠、和六德教萬民。夫仁與聖，孔子不敢居，而先王以是教萬民者，蓋天地萬物一性耳，無聖賢知愚之異。故顏子曰：「舜何人也，予何人也，有爲者亦若是。」孟子(嘗)〔亦〕曰「人皆可以爲堯舜」，故學者必以聖人爲師，猶之射者棲鵠於侯以爲的，惟巧力具，然後能中。巧而不至，至而不中，蓋有之矣，然不爲之的，則莫知孰爲中否也。司徒以仁、聖教民，蓋亦棲鵠之義，與之爲的耳。然仁之爲仁，聖之爲聖，必有在矣。學者未知仁、聖之所以爲仁、聖，雖有學，猶虛器也。世之論者，以謂仁愛而已矣，蓋未嘗究觀孔子之言耳。知孔子之言仁，則聖亦從而可知矣。夫浦城之爲邑，蓋東南賢士大夫之材藪，英才異禀，出而擢高科、登膴仕、進秉鈞軸者，世有人焉。吳侯用心於此，非徒飾其詞，以誇耀之也，蓋欲邑之士肄業於其中者，(既)〔溉〕其文，茹其實，心得而身行之，以趨聖賢之域，然後爲學之成也。故并以告之。

案，述古，大觀中爲浦城主簿，攝縣事。吳侯，名美中，紹興初爲浦城令。並見郝志。

任子寧等瑞巖題名紹興六年

鄜延任子寧駐軍瑞巖，拉王巖起、阮圖〔南〕、葉嗣忠杖履遊石門，〔而〕汲泉烹茶，清賞終日，超然有物外之想，回首塵勞，良可歎也。紹興丙辰仲秋題。正書，刻觀音洞。

古田縣移廟學于景德舊址記紹興七年

林好古撰，見福州府志。

爐峯詩刻紹興十年

偃覆巖下石，歲寒傲霜雪。深根蟠茯苓，千古飽風月。紹興十年，僧天石鐫，在連江。

連江縣移廟學記紹興十年

李彌遜撰。

（晉安）〔長樂〕居海南服，視中州爲支郡，連江又居郡之隅。余之先實家焉，自三世祖出居，越百年而歸。始至，往拜於學，顧基宇庳陋，在水之湄，歲以大浸，土穿木支，鳥鼠不（敢）〔可〕遊。跪奠既降，〔懼〕趨而出，將壓焉。因喟然曰：人之窮達，命也；物之伸曲，時也。事之廢興成壞，相循於無窮，抑有數存焉。古者國有學，黨〔遂〕有庠（遂有）序，在泮之盛，頌於魯僖，而後世至有（廢）〔城〕闕之嘆，亦豈人力之所能致乎？國朝慶曆三年，始詔天下立學，繼（成）〔承〕緝熙，至於大備。爰自軍旅之興，天下靡然，賤者荷戈，貴者橫槊，俎豆之事不講。有官君子，至以學校爲諱，（雖）通都大邑，僅有名存，而況於遐方遠服（者）乎？茲縣小而地偏，政久不理，蠹弊百（結）〔孔〕，牢不可破。異時有令而才，（始）〔如〕治棼，（若）〔如〕彫朽，能起民瘼、屏吏奸，已足稱良，奚暇議此哉。是可歎也。紹興戊（子）〔午〕，余官中朝，吏人林日華以書見貽，曰：「幸矣，吾邑之得〔賢〕令尹也。不簡不苟，不溺於近，事之叢脞者剔（決）〔抉〕之，弊之盤結者芟夷之，居未三月，邑以大治。憫舊學之廢，將改（爲）〔作〕焉。（爰）〔我〕卜於衆，得東南爽塏之地，背長汀而面雲居，前案三山，符古語「蝴蝶水中」之讖，可基焉。（日華）〔又〕率諸鄉老好事者陳元禮、林芘、林錞之徒，得緡錢萬有奇，以代公家之費。告於尹，尹喜，以十一月（丁未）〔丙午〕既經營之矣。」越明年秋七月，學成，以圖來求爲記。視其基高以固，度其宇深以崇，重門修廊，巍殿中峙。駕說有堂，繙經有閣，居有齋，休有亭。繚以周墻，蔭以嘉樹，閎壯之規，煥若在目。嗚呼，事之廢興成壞，誠有數焉。以前日之陋，庸〔詎〕知今日之麗耶？雖然，非尹之力，能及是乎？（此）其所以惠此〔百里者深矣〕。百里之士，宜若之何而報尹也？（今夫）

〔余聞〕學者，所以求夫在我〔者〕而已。故孔氏舉一隅，孟子先自得，大學之道以正心誠意爲本。至見於事業，發爲文章，用則施及天下，不用則藏諸身，（由是）〔猶足〕以垂訓於後世，亦推此而已。去古既遠，聖人之道不得其傳，士知尊記問之師，而不知學其所當學。〔至〕玩歲愒日，盡心於雕篆鞶帨之習，以爲干祿計。幸而得之，則曰：「此儒者之〔效，絶〕學可矣。」豈不大惑歟？今邑（士之）〔之士〕游息（周旋）於黌宇之下，（皆）誦詩讀書，參（考）〔稽〕百家六藝之説，以求其所當學。異時躐賢科、登膴仕，見於有（得）〔行〕，以聖賢爲師，而不爲世儒之陋，則不負（於）尹矣。可不勉哉？噫，學校（者）王政之本也，視其興廢，治亂之所繫焉。余之出守也，自北而南至延平，延平之學成；至温陵，温陵之學成；至漳（浦），漳（浦）之士子有移學之請，余從而移之。（今）連〔江〕邑〔也〕，亦以學成來告。會建言者謂當脩文（章）〔事〕，請增葺天下郡邑學舍，朝廷從之。余喜斯文之未墜，〔王〕道之復行也，故因（以）爲〔之〕記而書之。令尹（者），括蒼林覺也。記之者，邑人李彌遜也。紹興十年六月一日撰。

案，彌遜，字似之，紹興初遷起居郎，和議迕秦檜，以徽猷閣學士出知端州，改漳州。記所云「出守自北而南」也。

烏石山程邁等題名 紹興十二年

紹興壬子中秋，新安程邁晉道、東萊徐宇持(老)〔志〕、東武侯懋仲勉、吳興劉嶠仲高同登烏石，徧遊諸刹，主僧磨巖以待。時貪過九仙，訪三十三奇，未暇留字。晉道還朝既迫，季秋七日約復來道山亭。是日天氣澄爽，置酒高會。下尚有二十七字，苔蝕不可辨。刻隣霄臺。訪碑錄：正書，紹興二年。

案，程邁，黟人，仕爲顯謨閣學士，以建炎四年知福州，以二年八月去，紹興十二年再知福州。訪碑錄稱「二年」，當脫「十」字。侯懋，紹興間任福建轉運使，見郝志。

廓然臺題名 紹興十二年

程晉道解帥事，將造行闕。前一日，拉徐持志、劉仲高同訪小華峯，登廓然臺，憩野意亭。超然遐矚，危岑列岫，盡落樽俎間。晉道此行若登仙，而居者無路挽留，不得從容物外之樂，殊爲大恨。紹興壬子季秋十一日。時侯仲勉以疾不至。

案，題名在于山，正書。

宗正倫等鼓山題名紹興十五年

金華宗正倫、彭城顔廷玉、濟南石嗣祖、剡溪姚令威同遊鼓山。紹興乙丑孟夏十三日。是日，觀才老入院。

南劍州重建州學記紹興十七年

張致遠撰，在南平。

延平郡治，當七(邑)〔閩〕之衝，而舊學跨西山，特踞形勝。九龍、雙旌(於)、演仙、文筆諸峯，皆秀拔摩雲，環顧如列屏障；建、劍二水，會而南(注)〔流〕。風雨晦暝，神物吼躍，潭靜天開，想紫光猶隱隱(斗牛)〔牛斗〕間。異時偉人輩出，其冠巍科、躋膴仕，術業足以師世，循良忠烈，足以動宸極而厭紳笏者相望也。建炎初，潰軍突至，一皆灰燼，遂（平）〔夷〕爲閲武之場。頃歲改卜，乃喧卑近市，故老不以爲便。遭時（古）〔右〕文，聖天〔子〕優遊翰簡，親寫經傳，（以）〔從〕師臣之請，頒石本於四方。銀鉤鳳翥，燦煥星日，所以幸多士者甚渥，爰建傑閣（珍而）〔而珍〕藏之。於是人益以學宮爲弗稱，而復故之（念）〔議〕決矣。太守宋城路公採參訂輿論，慨然有意乎此。會漕臣行郡，迺以教授陳師孟所與士子之肄業者，合詞以請，得緡錢幾二千萬，經始於紹興乙丑之秋。凡是胥占規橅罔不善，掄材選工罔不精。路公改除，（兩）〔而〕太守大梁鄭公椿年以賢相家風，治先教化，下車未幾，棠陰晝靜，熊軾戾止，趨工罙峻，故期而告成。殿閣堂廡，雄麗軒豁，十齋南向，窗几明淨，雖筦庫湢室，皆視昔爲愈侈。嚴嚴翼翼，人以溪山之勝，輪奐之美，〔炎〕州所未見也。歲在丁卯夏六月庚申，教授率生徒入新學，舍菜於先聖，升降贊拜，觀者咸説。越日，公即而落之，以書抵致遠，曰：「鄉校成，不可以無述，且聞有宿（構）〔諾〕矣。」致遠自束髮已游息於斯，固嘗惜其廢，而幸其復，〔敢〕辭不能？永惟三代而上，言治者本教養之誠，而庠序因以設；三代而下，存學校虚名，而亡教養之意。戰國並爭，處士横議，鄭欲毁鄉校，而秦遂焚詩書。漢興，諸儒自以經籍相授，素木瓠葉，行禮於私家。至公孫丞相甫爲之制，其察於二千石者，皆詣太常受業，鄉里無素養。厥後議者謂孔子布衣，養徒三千，今天子太學弟子少，即增員如其數。東漢之季，太學生至三萬人。終唐之世，六館爲盛，蓋郡國不皆立制度，而教養之法廢，徒（駭）〔眩〕衆飾時，爲目前具耳。獨文翁在蜀、韓愈在潮，以教化自任，歷千數百年，文物光明，人到於今受其賜。我聖主以經術示之好，俾郡縣職事者咸列於學宮，復賢良孝弟之科，講飲酒鄉射之禮。其有行藝中程者，三歲大比，歌鹿鳴而送之，閭閻濟濟，有三代之風。學者去澳渫，居高明，相與講習以爲説，懿文德以待用。又有如文、韓者爲之勸，其於正心修身、齊家治國之要，逮夫出處云爲俯仰而無愧。則西漢之經術，東漢之名節，猶以爲有憾，顧所成就卓絶何如哉？噫，師弟之分不嚴，朋友之道缺，（盛）〔甚〕矣。（雅）〔稚〕壯改其度，勢利敓其守，曾不（知）〔如〕巫醫、樂師、百工之人，不恥相師友，豈士大夫其皆（友）〔智反〕不能及？殆昔有而今亡也。未窮其技，意輕而詆倍者多乎？師非其所尊，友非其所畏，肆口而評古今，率意而議臧否，將誰使正之？夫惟學校修則尚師友，師友正則人倫明，人倫明則風俗美。故既敘其建次第，又緝綴所嘗習知而爲衿佩所通患者，以附於後，庶幾其益，勉旃。秋七月既望，郡人左朝請大夫、充顯謨閣待制、提舉江州太平興國（觀）〔宫〕、賜紫金魚袋張致遠記。

訪碑錄云：張致遠撰，羅薦可正書，紹興十七年七月立，在南平。

案，致遠，沙縣人，宣和三年進士，紹興六年知福州，宋史有傳。薦可，字養崇，沙縣人，政和二年進士，高宗朝歷知豐州、常州，見郝志。路採、鄭椿年，並紹興間任南劍州事，閩書有傳。陳師孟，紹興間教授，郡稱賢師。

籍田碑 紹興十七年

宋高宗御書。

閩書：在泉州府署。碑云：「朕惟兵興以來，田畝多荒，故不憚卑躬，與民休息。今疆場罷警，流徙復業，朕親耕籍田，以先黎庶。三推復進，勞賜耆老，嘉於世俗，躋於富厚。昔漢文帝頻年下詔，首推農事之本，至於上下給足，減免田租，光於史册。朕心庶幾焉，咨爾中外，當體至懷。故茲詔諭，想宜知悉。」其下有小楷書牒云：泉州，紹興十六年九月十九日，准行在（禮部）尚書〔禮部〕符，准屯田關。四月八日，准紹興十六年四月六日敕中書門下省臣寮劄子奏：欲望聖慈敕命郡邑，以近降御筆籍田手詔，模刻立石於聽事所，如戒石之銘，俾朝夕省（覲）〔覩〕，罔敢墜失。庶有以廣聖志，承天庥，蒙屢〔豐年興嗣歲之應，天下幸甚。取進止。四月六日。〔三〕省同奉聖旨，依奏牒州施行。本州今恭奉聖旨，模刻立石於聽事所者。紹興十七年三月　日立。左從政郎、司法參軍、權察推臣曾汪，右從事郎、節度推官臣余麟，右承議郎、簽（事）〔書〕節度判官廳公事、賜緋魚袋臣方周弼，右承議郎、添差通判軍州、主管（學）事兼（管）內勸農事、賜緋魚袋臣王鑄，右承議郎、通判軍州、主管學事兼管內勸農事、賜緋魚袋臣韓習，左朝散大夫、知軍州事、主管學事兼管內勸農使、賜紫金魚袋臣陳康伯。

袁復一等題名 紹興十九年

錫山袁復一太初，自富沙如溫陵，道晉安東山，登（得）〔白〕雲峯，訪臨滄亭，盡覽海山之勝。郡人張元幹仲宗、安固丘鐸文（時）〔昭〕、莆陽余祉中錫、晉陵孫軒子輿同來。太初仲子嘉猷侍。紹興己巳十月戊辰。丹陽蘇文（津）〔瓘〕（桴）〔粹〕中題。

按，題名在鼓山。復一，以紹興間提舉常平茶鹽公事。子尚有嘉瑞、嘉績，見英德碧落洞題名。丘鐸，溫州人，紹興中知興化。見郝志。紹興己巳，十九年也。

寶華山石刻 紹興十九年

紹興己巳，趙端禮、李似之、蘇粹中同玉泉曇老訪妙空禪師。在連江寶華山。

林槐老等鼓山題名 紹興二十一年

林槐老、賈藏之、方端正、顏希稷、余馮老、方（翎）〔翊〕之、劉敷言紹興辛未重九日同遊。

吳巨濟等鼓山題名 紹興二十二年

紹興壬申上元後十二日，吳巨濟、段煥之、用之、汝舟、許德廣、〔曹德廣〕同遊，翌日還城。正書，刻石門。

小華峯紹興二十四年

紹興甲戌，有耕夫於鼇鼻山得一圓石，剖其中，有「小華峯」三字。紹熙元年，創亭蓋其上。今亭廢，石尚在麗江。

光孝寺鐘款紹興二十五年

名勝志：莆田縣光孝寺内有鐘，聲聞江口，去城已四十里。其鐘上款識云：「紹興乙亥，龜洋二真身菩薩駐錫本寺重換。」

趙仲承等鼓山題名紹興二十五年

趙仲承、王則之、幼度、蔡德輝來遊。紹興乙亥仲春中休，王叔濟〔題〕。正書，刻將軍石左。

漳州教授廳壁記紹興二十六年

朱子撰。

教授之爲職，其可謂難矣。惟自任重而不苟者知之。其以爲易而無難者，則苟道也。何也？曰教授者，以天子之命，教其邦人。凡邦之士，廩食縣官而充弟子員者，多至五六百餘，少不下百十數，皆惟教授者是師。其必有以率厲化服之，使躬問學，蹈繩椝，出入不悖所聞，然後爲稱。此非反之身而何以哉？是可不謂難矣乎？不特此爾，又當嚴先聖先師之典祀，領護廟學而守其圖書服器之藏，其體至重。下至金穀出内之纖悉，亦皆獨任之。嗚呼，是亦難矣。然凡仕於今者，無大小莫不有所臨制總攝，其任無劇易，必皆具文書，使可覆視。是以雖甚弛者，亦有所難而不敢肆。獨教授官雖有統，若其任之本諸身者，則非簿書期會之所能察。至其具於有司而可考者，上之人又以〔其〕儒官優容之，雖有不合，不問，以是爲便。故今之仕者反利焉而喜爲之，而孰知所以充其任者如彼其難哉。故曰：惟自任重而不苟者知之，其以爲易而無難者，則苟道也。予嘗以事至漳，其教授陳君與予有故，館予於其寓直之舍，因得盡觀陳君所施於學者。予謂若陳君，則可謂知其難矣。時陳君方將刻前人名氏於壁，屬予記。予辭謝不能者再三，既不得命，乃退而書其所聞見如此以爲記，且以厲後之君子云爾。紹興二十六年七月甲子，新安朱熹記。

沈調等鼓山題名 紹興二十八年

知郡事沈調，知西外宗正事（趙）士衎，帥司參議陳杲，副總管廖虞弼，通判福州方暘、黃軺，帥司主管機宜文字張云、李迎，幹辦公事張元成，紹興戊寅清明前一日早飯鼓山，晚過聖泉，爲亘日之遊。正書，刻石門左。

案，沈調，歸安人，政和二年進士。趙士衎，孫宗子，紹興間任宗正。陳杲，字亨明，侯官人，重和元年進士。廖虞弼，建炎時任福州兵馬鈐轄。黃軺，邵武人，見後。陳杲、張云、李迎、張元成，黃志、郝志秩官俱失載。方暘，紹興間知漳州，其通判福州，志失載。

黄軺等鼓山詩刻紹興二十八年

紹興戊寅，郡丞邵武黄軺從安撫待制沈公遊。有詩，俱正書，刻靈源洞。

案，沈公，即調也。黄軺，紹興間任福州轉運判官，又任建州軍州事，見郝志。此稱「郡丞」，當爲通判時，與上題名同。

汪若容等鼓山題名紹興二十八年

新安汪若容正夫，昭武李集之子（實）翔、秀之子〔實〕，縉雲林鉞伯仁，吳越錢徽之君猷，〔以〕紹興戊寅夏四月晦日來遊。

案，汪若容，歙縣人，紹興五年進士，官將作監丞。集之、秀之，皆綱子。徽之，俶六世孫，端禮弟。

魏之幹等鼓山題名 紹興三十一年

壽春魏之幹紹興辛巳清明前三日，拉開封趙繼之、鄭圃孫昌言、武林莫琮、仙都葉駒、會稽姚嗣祖、莆陽希與同遊鼓山靈源洞。魏信侍叔、趙公（異）〔昇〕侍其親以行。

正書。

案，繼之，官朝請大夫，太祖弟魏王廷美子四世孫。莫琮，字叔方，仁和人，任福建幕官。

甌粤銘 紹興初

輿地碑目：李綱撰，在建寧府。按，在建安縣。又一刻，在福州。

建炎四年秋，甌賊范汝爲嘯聚回源，統制官李捧帥師輕進而歿。朝廷遣官招撫，乃請留屯萬人，賊勢益張，凌轢郡縣，莫敢誰何。（郡）〔群〕盜歆艷，環視蜂起。紹興改元之冬，遂據建城以叛，部勒黨與，焚掠諸邑，破邵武，犯南劍，氣燄熾甚。福帥程邁以聞，上命左中大夫、參知政事孟庾爲宣撫使，檢校少師、武成威德軍節度使韓世忠副之，〔使〕總神武步騎兵三萬，水陸並進。既次近境，賊猶抗拒，屢戰屢捷，徑薄城下，猶負固不服。攻圍累日，乃始克之。仰體仁聖好生之德，寬釋脅從，老稚士女，安堵如故。剿殄賊黨，以巨萬計，分遣偏師，掃蕩巢穴，餘盜以次討定，一方敉寧。惟甌粵爲天下至險，其民尚氣而好鬭，脅以盜威，失其常產，相挺爲亂，自相屠〔戮刦〕掠，不可勝數。及王師削平，其徒盡殲。誅殺之慘，必有所致，非偶然也。議者謂愚民不知逆順之勢，因循至此。而釋氏之流則謂甌俗生子僅留一二，餘悉溺之，二百年間所殺幾何，因果報應，理所宜然。二說雖殊，實相表裏。原其不明君臣之義，蓋緣不篤父子之恩。孝慈忠義，本由一心，更無別法。平居於父子之間無虎狼之仁，則臨變故之際，責其守節而不爲亂，豈可得哉？樂羊食子以爲羹，而文侯疑之；易牙殺子以適君，而管仲非之。所厚者薄，則無所不薄，因果報應（所）〔又〕不論也。避地閩中，具見始末，欲以藥石之言，（願）〔明〕著勸戒，稍革其風。乃作銘曰：人之大倫，惟君與臣，尊卑既定，其誰敢（爭）〔干〕？閨門之內，父子天屬，德惟怙恃，恩在鞠育。爲父戕子，爲臣叛君，逆道悖理，何以爲人？鬼神所誅，天地不祐，刀兵剪（殲）〔屠〕，其孰能救？相彼甌粵，民俗剽悍，負氣尚勇，輕生喜亂。巨盜挺之，蜂附蟻從，曾未期年，同惡内訌。王師之來，如雷如霆，討叛舍服，千里震驚。蜂蝟斧螳，猶敢（强）〔旅〕拒，轉戰逐北，嬰城之固。□其轂靡，以抗喬嶽，翦其萌芽，以激霜雹。肥牛僨豚，一舉碎之，宥彼脅從，（戮）〔翦〕其鯨鯢。兇徒逆儔，尸相枕藉，天威所臨，敢有違者？君臣以義，父子以恩，克篤父子，乃明君臣。咨爾甌民，自今以往，愛育子孫，尊君親上。焚爾甲胄，折爾戈兵，服勤耒耜，以保爾生。孝慈以忠，砥礪名節，勒名山阿，敢告耆耋。

案，資治通鑑後編：建炎四年八月，命福建安撫使程邁，會兵討范汝爲。九月，李捧擊汝爲於建州，官軍皆潰散，捧遁去。宋史同。十二月，汝爲降，補民兵統領。紹興元年十月，范汝爲復叛，入建州，守臣王浚明棄城走，盜益熾。十一月，辛企討汝爲，不克，乃以孟庾爲福建、江西、湖南宣撫使，韓世忠副之，發大軍由溫台路入閩。汝爲聞大軍至，亟據建州。據碑銘，李捧以輕進而歿，非遁去也。程邁帥師在建炎四年。辛企之敗，碑略而不書，與史稍異。又中興小紀：紹興元年，詔略曰：「聞汝爲嘯聚日久，今再遣師剪除，其從有能執汝爲請命者，當受賞，自餘咸赦。」上因諭宰執曰：「若不許其自新，何以示好生之德？」銘所謂「仰體仁聖好生之德，寬釋脅從」也。世忠既平汝爲，意建州人皆附賊，欲盡殺之。至福州，見李綱，綱因曰：「建城百姓多無辜。」世忠受教，民得全活。及師還，父老請爲立生祠，世忠曰：「活爾曹者，李相公也。」銘所謂「老稚士女，安堵如故」，則實忠定公之力也。時忠定公官觀文殿學士。又通鑑載：慶元元年，余端禮、鄭僑言：「福建地窄人稠，無以贍養，生子多不舉。福建提舉宋之瑞乞免鬻建、劍、汀郡没官田，收其租，助民舉子之費。」從之。據銘則甌俗溺女之風，建炎、紹興間已如是矣。

重建建寧府儒學記 紹興

胡寅撰。

建州〔守〕張侯銖伻來，以書繪示頖宫新成之狀，曰：「天子偃武修文，留神教化，凡庠序之〔且〕〔事〕已廢缺頽靡者，咸振舉之。仰惟明倫善俗，德意宣渥。銖也既幸於欽承詔旨，而前後三漕使〔馬〕徐〔公、馬公〕、范公請於朝，給錢二千萬，聽郡司委吏屬，敦匠董役，告成蕆事，如圖所寫。此侯藩大典也，當書。而君建人也，能爲建人書之否乎？」寅曰：是則不敢辭，其如僕學不文，請改屬能者。既再三，不獲命，乃次比所見聞而言曰：

吾鄉山川奇秀，土狹人貧，讀且耕者十家而五六。三歲大比於春官，奏名(讀)〔射〕策，視諸方取數爲多。蓋自唐常衮觀察本道，以文藝興勸，而昌黎先生表著歐陽詹之行義，警動後進，至於今而益盛，風移俗易，其來遠矣。本朝學法，無慮數變。元豐中，賜建州學田十頃，增其序宇。崇寧舍選之制隆洽，則又斥大而華侈之。歲在丁未，蕩於内訌。紹興二年，秘閣劉侯子翼來作守，掃土創立，累政相因，亦皆就緒。甲子五月，巨浸冒城，推擊漂散，其獲存者，獨大成殿耳。自是徐公經其始，馬、范二公圖厥中，而張侯成厥終，起乙丑之春，盡冬(十)〔十〕月，爲一堂十二齋，(門)〔閎〕廡庖庫(咸)〔成〕備。最後建教官寓舍，而峙閣其北，以貯御書、經籍。雲漢之章，與洙泗之風，昭回薰播，作新多士。摳衣負笈來遊來處者，蒙幸至厚。一時盛觀，震耀甌粤，是可記也。古之學者必有師，師弟子莫嚴於顔氏子之於仲尼。故始入學，必釋菜用幣；(若春)〔春若〕秋仲月上丁日，必釋奠大合樂。今學者往往呰病後世，以爲無〔足〕師也，顧乃大言曰：「吾知師孔子而已。」茫乎泛然涉波而窺藩，問其潛心請事，就有道而正焉者(何謂)〔謂何〕？則瞠莫置對。豈不(怍)〔怍〕於事師之名，而歉乎爲弟子之實也乎？昔者顔〔氏〕子不遷怒，不貳過，不遠復，不違仁，見稱於聖人，以爲無能繼之者。而回之自述，則知堅高之難及，而致鑽仰之功，見卓爾之難親，而興瞻(仰)〔忽〕之歎。師弟子之相期如此，彼於功蓋天下，名載終古，未數數然也。况下此者，寧足道耶？一日問爲邦，聖人遂舉四代之美治、兼一王之成法而告之，是所以宰制大物，弛張質文，陶動植於中和，措烝民於禮樂，其事偉矣。自世俗觀之，瓢飲簞食，蕭然陋巷，孜孜克己之人而能與此，豈不大有逕庭乎？曾不知(禮)〔理〕義悦心則(閲)〔關〕百聖，俟千載而無疑。權度在我，則稱輕重，揆短長而靡忒。其舍藏之泊爾，用行之粲然，亦直寄焉耳。然則學而成是德，用而見是效，辟夫藝黍稷稻粱者，不生荏菽麻麥之實，决也。河出崑崙，則必經營中國而入於大海矣。寅嘗即是以求學者之失，蓋不尚志而親師，一也；膠陋護舊，憚於擇善，一也；指記誦詞藻爲事業，一也；用於覓舉干祿而已矣，一〔也〕；不得之，或歎儒冠誤身，棄而他從，一也；既得之，視故習猶兔蹄蟬蜕焉，一也；效官(充)〔尨〕職，以柱後惠文支吾一切，謂政才、學術本自異科，一也；進乎此者，知有上達之理矣，乃不探索於語孟之微、易之幾、詩之深、書之要、春秋之奥，則取遁辭小道，兀焉而宅心，一也。嗚呼，豈無抗志大慮，淩高(邁)〔厲〕遠，希顔若孔之徒與？誠得其門，造其堂，嚌其胾，雖謂後世咸無足師，而吾直以仲尼爲師，何不可之有？寅既爲侯記學之廢興，又申言此，〔以〕告子佩之同志者。〔侯〕不以爲言之贅也，則請鑱之石。

案，張銖、劉子翼並紹興間知建州。見郡志。漕使，志失攷。

建臨河務記紹興

曾師建撰，在福州。

建軍資庫記紹興

曾師建撰，在福州。

增養士學田記紹興

教授張洙撰，在福州。

按，洙，紹興間任福府教授。見郡志。

閩縣丞題名記紹興

縣丞林亮功撰，在福州。

按，亮功，紹興間任閩縣丞。見郡志。

重修王回祠記紹興後

樊泰之撰。

閩書：在仙游縣鷄山。有宋侍御王回墓，邑令樊泰之重修祠記曰：「先正御史王公，字景深。而嘉祐中有與公同姓名者，字深父，亦閩人。深父舉進士，主衛真縣簿，未一歲棄去。治平二年，朝廷以南頓縣事起之，而深父已没矣。後八年，御史公始舉進士，以端方亮直聞天下，爲元祐諸公所知，而紹聖、元符用事者深嫉之。會鄒道（鄉）〔卿〕以言事譴，公坐黨人，遂削官歸里。徽宗即位，復召公入臺，故名在元祐黨籍者，御史公也。

恭惟國家自祖宗涵養士氣，至於嘉祐之末、元祐之初，號爲君子道長、朝廷極盛之時，而吾閩人物益顯於世。矧有如二君子相先後，同姓名，出於其間？嗚呼，盛哉。泰之昔嘗敬誦陳後山文集，因見御史公輓詩，頗以未及訪公出處之詳爲愧。及來試邑於此，則公之丘墓在焉，始獲拜公之祠於鷄山精舍。暇日，從其家得司諫吴公所述誌文，且訪其家世遺事，乃知公平生交友，皆一時剛正之士，如鄒道(鄉)〔卿〕、陳了翁、田承君爲尤厚善者。泰陵謀立劉□后，道(鄉)〔卿〕以諫稿屬公潤色，其間剴切之詞，皆公發也。迨公捐館(舍)，内相王明叟、舍人曾子開偕諸公力請于上，官其一子。既而崇寧鈎黨之禍作，則復奪其官。雖紹興舉褒贈之典，録黨人之後，而家貧力弱，吏扼不行，士論至今冤之。泰之於是肅然起敬而言曰：士窮乃見節義，不容然後見君子。所居議論，孰不以名義自任？及一旦迫之以威，誘之以利，鮮不隳所守者。當紹聖黨與氣熖薰灼之時，公之鄉人方與政使撓節，從之則富貴立致，公乃挺然如此，蓋可立懦夫於百世之下，其關世教，豈不大哉。祠宇蕪陋，不足揭虔妥靈，前人哀輓揭於楹柱間者，往往漫滅。舊有萍齋先生所書祠堂記，歲月寖久，又失其傳。是用即其故祠，重加葺治，仍取公墓誌與鄒道(鄉)〔卿〕墨跡、名公詩文，刻爲二碑，寘諸祠側，具敘其顛末而刊之碑陰，雖未足發揚潛德之萬一，姑使後來有攷焉。」

祠立於紹興十六年，自靖康黨禁除，至是蓋二十一年。邑宰提舉陳君貫道實創爲之，真可爲(尚)〔向〕賢貴德君子也。陳君諱致一，長樂人。陳讜跋：御史王公高風直節，山斗爭峻，歷年浸遠，或靡聞其詳。紹興間，邑大夫陳侯貫道爲立祠保福院，並作文奠之，今六十餘年矣。復得令尹樊侯重葺祠宇，訪求墓誌銘及諸賢哀挽，與鄒道(鄉)〔卿〕、傅、陳二(侍御)〔待制〕手簡，鋟木傳布，將使公之名節，愈久愈彰，百世之下，聞風立懦。二侯皆三山人，好尚相同，尤爲可書。

按，泰之，建安人，嘉定中知仙遊，見閩書。其墓誌與道(鄉)〔卿〕墨刻，不可攷矣。

禮義廉恥 紹興

在邵武石岐山，宋張栻正書。

按，南軒，以紹興九年知福州，十一年奉祠，此書當在是時。

閩中金石志卷九

宋

游先生祠堂記 隆興元年

輿地碑目：朱子撰，在建寧。

故監察御史游公先生，諱酢，字定夫，此邦之建陽人，而河南程氏之高第弟子也。徽廟初爲御史，未幾去爲郡江淮間，又退而閒居以卒。隆興初元歲在癸未，先生之歿於是，四十有一年矣。今敷文閣待制延平陳公寔爲此邦，謂德學之盛有如先生者，而無祠於其鄉之學，非獨鄉人子弟之過，長民者亦有罪焉。乃爲堂於府學之東偏，立像致祠，而以書屬熹，使記其意。熹辭謝弗堪，屢返而公不聽，於是退考舊聞。按，龜山楊文靖公所爲先生墓誌之辭曰：「予元豐中受學明道先生兄弟之門，有友二人焉，曰上蔡謝顯道，公其一也。初伊川先生以事至京師，一見公，謂其資可與適道。是時，明道知扶溝縣事，先生兄弟方以昌明道學爲己任，設庠序，聚邑人子弟教之，召公來職學事。公欣然往從之，得其微言，於是盡棄其學而學焉。其後得邑河清，予往見之。伊川謂予曰：『游(公)〔君〕德器粹然，問學日進，政事亦絶人遠甚。』於師門見稱如此，其所造可知矣。公自幼不群，讀書一過目輒成誦，比壯益自力，心傳目到，不爲世儒之習。誠於中，形於外，儀容辭令，粲然有文，望之知其爲成德君子也。其事親無違，交朋友有信，涖官遇僚吏有恩意，雖人樂於自盡而無敢慢其令者。惠政在民，戴之如父母，故去則見思，愈久而不忘。若其道學足以覺斯人，餘潤足以澤天下，遭時清明，不及用而死。此士論共惜之，非予之私言也。所著書有中庸義、易説、詩二南義、論孟雜解各一卷，又文集十卷，藏於家。」蓋楊公所記如此。熹惟知先生之深，而言足以命其德，且信於後宜莫踰於楊公者。然則先生之道學德行，於此可以觀其詳矣。又念每獲侍坐於陳公，而聞其語先正忠肅公之與先生遊也，笑談論議，書疏辭章，昔所親見而聞之者，至今尚能誦之。其雍容俯仰之間，又能併得其深微之意，使聞者怳然若將復見其人焉。此其於先生之道如何哉？然則公之所以命祀先生，蓋將推其所得於己者，以幸教此邦之人，非徒致欽慕之意，以修故事而已也。熹既不獲終辭，乃悉論著楊公本語，而不敢輒贊一辭於其間，且復撰公指意所出者如是而並書之，以承公命，庶乎其可幸無罪云耳。嗚呼，先生遠矣。學者登是堂而拜其像，於是記也，考其師友之淵源，退訪其書而讀之，以求先生之所以學者果惡乎在，幸而有以自得之，則亦無以異乎親而炙之矣。詩曰：「人之好我，視我周行。」又曰：「高山仰止，景行行止。」熹雖不敏，願與承學之士勉焉，以無忘陳公之德也。八月甲子，具位朱熹記。

南劍州魯國諸圖記 隆興二年

訪碑錄：鮑喬撰，趙彥价正書，在南平。

按，鮑喬，紹興間任南劍州教授。見郝志。

王十朋雙巖詩刻 乾道二年

在福安縣雙巖寺。宋乾道二年，王十朋題詩：「崎嶇九嶺更雙巖，遥望閩山未見三。

來訪神鐘隱現處，翠微青鎖古精藍。」

按，龜齡，乾道間知泉州。見郝志。

天寶狀元讖碑 乾道三年

輿地碑目引夷堅志：福州福清〔縣〕石竹山，乾道三年，居民夜半聞山上有聲如雷震，明旦山頂有大石，方九丈，飛落半腰間。縣士李槐云：「山下舊有碑，曰：『天寶石移，〔狀元〕來期，龍爪花紅，狀元西東。』」邑境有石坡曰「天寶」。是歲，永福人蕭國梁魁天下。永福，在福清西。又三年，興化鄭僑繼之，正福清之東。

按，閩書：蕭國梁，乾道二年擢進士第一。鄭僑，乾道五年廷試第一。碑目謂「三年國梁魁天下」，誤。

環峯亭　越山吉祥 乾道三年

宋光宗御書，在越山上。

按，三山志：乾道丁亥，太上皇帝賜名「環峯」，灑宸翰以賁之，並「越山（吉祥）」(四)〔二〕字刻石。郝志未及引。

崇安縣學二公祠記 乾道四年

訪碑錄：朱子撰，隸書，在崇安。

崇安，建之巖邑，故宫師趙清獻公嘗爲之宰，故侍讀胡文定公又其邑里人也。兩公之德，後學仰之舊矣。然數十年之間，爲是邑者不知其幾何人，無能表而出之，以化於邑者。乾道三年，今知縣事漚陵諸葛侯始至，則將葺新學校，以教其人，而深以兩公之祠未立爲己病，於是訪求遺像，因新學而立祠焉。明年五月甲子訖功，命諸生皆入於學，躬率丞掾，與之釋菜於先聖先師，而奠於兩公之室。三獻成禮，揖諸生而進之，曰：「學則孔、孟尚矣，然居是邦，語其風聲氣俗之近，則鄉大夫、鄉先生之賢者，豈可以不知其人哉？惟趙公孝弟慈祥，履繩蹈矩，爲政有循良之蹟，立朝著蹇諤之風，清節至行，爲世標表，固諸公之所逮聞也。至於胡公，聞道伊、洛，志在春秋，著書立言，格君垂後，所以明天理、正人心、扶三綱、敘九法者，深切著明，體用該貫。而其正色危言，據經論事，剛大正直之氣，亦無所愧於古人，則諸君豈盡知之乎？吾承乏於此，過不自料，常欲與諸君相勵以聖賢之事。今幸因吾民之餘力，校室以修，方將日與諸君者從容俯仰乎其間。顧念古昔聖賢遠矣，則欲諸君自其近者而達之，是以象兩公於此堂也。諸君自今以來，蓋亦望其容貌而起肅敬之心，考其言行以激貪懦之志，然後精思熟講，反之於心，以求至理之所在而折衷焉。庶幾學明行尊，德久業大，果能達于聖賢之事。是則兩公私淑後來之本意，而亦區區平日所望於諸君也。諸君豈有意乎？」諸生皆拜曰：「諸生不敏，敢不敬蚤夜以思，無辱先生之誨。」於是既退，而諸葛侯使人以是說走山間，屬熹爲之記。熹惟今之爲政者，固已不遑於學校之事，其或及之，而不知所以教，則徒以祿利誘人，而納之卑汚淺陋之域，是乃賊之，而於教何有？今諸葛侯於兹邑，既新其學，而語之以聖賢之事，又能尊事兩公，俾學者由是而達焉，則可謂知所以教矣。此其志豈特賢於今之爲政者而已哉？既不得辭，乃具書其本末，以視同志，願相與勉焉，以無負諸葛侯之教也。是月癸未，新安朱熹記。

轉運司蠲免鹽錢記代乾道四年

朱子撰，在福州。

皇帝陛下臨御之（四）〔五〕年，朝廷清明，衆職修理，乃眷南顧，閔茲遠黎。某月詔以太常少卿臣某爲福建轉運副使，而付以鹽筴，使訪其利病以聞。臣某既承詔，奔走即事，則與判官臣某爰暨屬僚博詢審訂，具以條奏。越明年春，遂有旨免本道屬州縣逋負鹽課之緡錢九十七萬，又詔歲入鈔鹽緡錢二十二萬者其罷之，而使漕司歲以緡錢七萬補經費之闕。臣某承命懽喜，北向頓首言：福建鹽法之弊久矣，臣等問諸故府，竊見祖宗盛時，本道鹽息歲入緡錢十萬而三分之，以其一予漕司，佐州縣用度，且市貢金；其二爲鈔法，則商人歲輸京師者，爲錢六萬六千有奇而已。其後鈔法中弛，浮議交煽，因盡以委漕司而增其額。於是綱運猥並，鹽洩不時，而民始受弊。中間蓋嘗減損，然什不能去其三，又他用之取具於鹽者，亦且數倍舊制。顧以歲出有常，因不敢議。至州縣或不能供，又不得以時蠲除，新故相仍，轉相督趣，重爲民病，歷年滋多。今乃幸遇陛下仁聖儉慈，不遺遐遠，既幸聽愚臣言，而又推之以及其所未言者。蓋德音再下，而鈔額復祖宗之舊，逋負捐累歲之積，使州縣之吏無所旁緣以漁獵其民，民得休息。恩澤隆厚，不可勝量。臣等駑鈍不材，奉使無狀，乃幸得奉承聖詔，以布于下，誠歡誠喜，敢不悉力究宣？謹察所部，無或不虔，以廢明命。猶懼不稱，無以昭示永久，則取尚書所下詔旨，刻石臺門，以諗來者，而竊敬識其下方如此。又惟陛下躬德神聖，天運日新，其約己厚民之心，終日乾乾，有進無已。竊計經制大定，上下與足，蓋可以日月期矣。然則臣等前日所不敢議者，且將復有望焉。敢昧萬死，并記其說，而俯伏以俟。乾道四年三月。

按，乾道間轉運副使，見於郝志凡七人，四年未知何人。是年崇安飢，朱子貸粟於府賑之。四年蠲免浮錢事，亦不見於宋史及文獻通攷諸書。按，淳熙十三年，臣僚奏汀州科鹽之害，漕臣趙彥操奏云：「今欲將舊欠鹽錢盡與蠲放，及減鹽價，其所蠲舊欠與所減鹽價，本司多方措置那移，應補其數。如此則州縣之力可紓，立價既平，買鹽者衆，價雖裁減，用無所虧。」是汀州與六邑歲減於民者三萬九千緡有奇，減於官者一萬緡有奇，所補州縣與所放舊放又在此外，並從之。見續文獻通攷。是乾道、淳熙間屢有蠲免之舉矣。

利澤廟記乾道九年

訪碑録：陳知柔撰，王仁孝隸書，在尤溪。

盧珧廟碑乾道九年

訪碑録：石嶅撰，正書，在尤溪。

按，十國春秋：珧，閩人，王氏建國，避地尤溪。保大四年，禦山寇，以珧爲守將。李仁達亂閩，使其將陳匡弼襲尤溪，珧拒之，戰甚力，邑人得奔竄不死。珧爲劉掉刀所殺，邑人葬珧於杉嶺。珧五子從戰俱歿，元宗下詔褒恤，此邑人所以立廟也。石嶅，字子重，會稽人，乾道間知尤溪，有惠政。見郝志。

南劍州尤溪縣學記 乾道九年

輿地碑目：朱子撰。

乾道九年九月，尤溪縣修廟學成，知縣事會稽石君𡼖以書來，語其友新安朱熹曰：「縣之學，故在縣東南隅，其地隆然以高，面山臨流，背囂塵而挹清曠，於處士肄業爲宜。中徙縣北源上，後又毀而復初。然其復也，士子用陰陽家説，爲門斜指寅卯之間以出，而自門之内，因短就狹，遂無一物不失其正者。𡼖始至而病焉，顧以敎學之初，未遑外事。歲之正月，乃始撤而新之。既使夫門堂齋序、庫庾庖湢無一不得其正，而又度作重屋於堂之東，以奉先賢，以尊古訓。唯殿爲因其舊，然亦繚以重欄，嚴其陛楯。而凡像設之不稽於古者，則使視諸太學而取正焉。糜金錢蓋四十萬，用人力三萬工，不資諸士，不取諸民，而事以時就。意者吾子亦樂聞之，儻辱記焉，以幸教其學者於無窮，是則𡼖之幸也。」熹惟石君之爲是役也，則固已可書矣。抑熹嘗得遊於石君，而知其所以學者，〔蓋〕皆古人爲己之學；又嘗以事至於其邑，而知其所以教者，又皆深造自得之餘。是則其爲可書，蓋有大於此役者。熹雖不敏，誠竊樂得推本而備論之，是以承命而不辭焉。蓋熹聞之：天生斯人，而予之以仁、義、禮、智之性，而使之有君臣、父子、兄弟、夫婦、朋友之倫，所謂民彝者也。惟其氣質之禀，不能一於純秀之會，是以欲動情勝，則或以陷溺而不自知焉。古先聖王爲是之故，立學校以教其民。而其爲教，必始於洒掃、應對、進退之間，禮、樂、射、御、書、數之際，使之敬恭，朝夕修其孝弟忠信而無違也。然後從而教之格物致知，以盡其道，使知所以自身及家，自家及國，而達之天下者，蓋無二理。其正直輔翼、優柔漸漬，必使天下之人皆有以不失其性，不亂其倫而後已焉。此二帝三王之盛，所以化行俗美、黎民醇厚，而非後世之所能及也。自漢以來千有餘歲，學校之政與時盛衰，而其所以爲教者，類皆不知出此。至於所以勸勉懲督之者，又多不得其方。甚者至或使之重失其性，益亂其倫而不悟，是不亦可悲也哉？至于我宋，文治應期，學校之官遍於郡縣，其制度詳密，規摹宏遠，蓋已超軼漢唐而娓娓乎唐虞、三代之隆矣。而有司無仲山甫將明之材，不能祇承德意，若稽治古，使學校之所以爲教者，卓然有以遠過於近代，儒先君子或遺恨焉。今石君乃獨能學乎古之學，而推之以行於今，使其學者惟知脩身窮理以成其性、厚其倫之爲事，而視世俗之學所以干時取寵者，有不屑焉。是則石君所以敷教作人，可書之大者。其視葺新廟學一時之功爲如何哉？然是役也，石君之意，亦將以尊嚴國家教化之官，而變其學者之耳目，使之有以養於外而齊其内，非徒以誇壯觀、飾游聲而已也。蓋其敷教作人之功於是爲備，惜乎所試者小，而所及之不遐也，故特序其本末而悉書之。蓋非特明石君之志以厲其學者，且將以風天下之凡爲郡縣者，使其皆以石君之心爲心焉，則聖人之道、聖人之化，將不憂其不明於天下矣。是歲冬十月庚申朔記。

清源洞碑刻 乾道九年

在晉江清源山。宋乾道九年，郡守韓仲通禱雨於清源洞，雨隨至。因洞口遺趾重建喜雨亭，有碑曰「海月潮光」，有石刻曰「君恩山重」、曰「紫澤洞天」。唐蔡如金、譚紫霄修煉於此。

按，仲通，乾道間知泉州。見郝志。

長樂縣不欺堂記 乾道初

邑令楊汝舟撰。

按，黄志、郝志「長樂縣令」，乾道無攷。

增田廣士頟記 乾道中

教授馮攄撰，在福州。

按，黄志、郝志「福州教授」，乾道無攷。

何叔京等武夷山題名 淳熙二年

何叔京、朱仲晦、連嵩卿、蔡季通、徐宋臣、呂伯共、潘叔昌、范伯崇、張元善。淳熙乙未五月廿一月，晦翁。

崇安縣志：在武夷響聲巖。

按，是年五月，呂伯共自東陽來訪，朱子留寒泉精舍旬日，編次近思錄成。見年譜。季通，元定字。范念德，字伯崇，建陽人，從文公學，仕宜黄令。何鎬，字叔京，邵武人，官善化令。連崧，字嵩卿。

平遠臺題名 淳熙三年

陳休齋曾來。淳熙丙申中秋。隸書。按，在于山平遠臺。

按，休齋即知柔號。

陳休齋鼓山題名 淳熙四年

陳休齋曾來。淳熙丁酉仲秋。隸書，刻靈源洞。

大乾祠香爐銘淳熙五年

閩書：在邵武西乾山，一名大乾山，屹立乾位，故名。隋泉州守歐陽祐墓祠在焉。祐守泉州，官滿西歸，舟次大乾，聞隋鼎既遷，恥事二姓，遲留溪間，挈家水死。土人高計、李定斂而葬此，邵人〔設祠〕祀之。祠有祈夢堂，有守趙師龍所鑄香爐，黄焕爲銘，有序：「淳熙五禩，郡侯趙師龍來守之。明年，爰飭有司，輯所藏凶器，鑄爲爐鼎，敬致大乾祠下，重神貺也。維邵武俗尚剽僄，睚眦之隙，憑怒恃狠，動必申剸。先是，爲政者徒事剛擊，威僨力弛，猶罔克禁。侯獨濟以平恕，俗用浸殄。而刃不可(皮)〔處〕，以爲錢鎛，則農必憎悍；以爲矛槊，則時無弄兵。惟夫銷鑠其鷙忍，熏熨其螟螯，杜釁絶牙，以垂於永久者。」銘曰：「漢賣劍刀，良二千石。剛不從革，害何由息？吴氏之風，犀渠鶴膝。因俗勿禁，如兒而翼。偉哉此鼎，一成不易。坐召和氣，潛銷陰慝。朝熏暮靄，有感有格。太守之仁，明神之德。其千萬年，永永無斁。」

按，歐陽祐，洛陽人，爲泉州守。義寧二年，任滿西歸，至邵武，聞隋亡，挈家自沉死。土人殮葬之，立祠以祀。見郝志名宦。師龍，淳熙間知邵武府。

劉彦集等武夷山題名淳熙五年

淳熙戊戌八月乙未，劉彦集、嶽卿、純叟、廖子晦、朱仲晦來。晦翁。

崇安縣志：在武夷響聲巖。

按，是年八月，朱子年四十九歲，差知南（唐）〔康〕軍，辭不允，降旨速之任。見年譜。子晦，名德明，順昌人。

蔡抗等武夷山題名淳熙六年

蔡抗自江（右）〔左〕移憲浙東，便道過家，泛舟九曲。積雨新霽，山川呈秀，哦吟而歸。同遊者謝元龍、藍簡子、蔡勳、吳載、詹復，子公亮侍。時淳熙己亥仲春望。

按，在武夷礬聲巖。抗，字仲節，沆子，崇安人，紹定初進士，官至參政知事，謚「文肅」。詹復，字仁仲，崇安人，景定中登第，爲金華令，未幾以養母辭歸。公亮，字子明。

泉州韓忠獻公祠記 淳熙六年

訪碑錄：梁克家撰，韓彥直正書，在晉江。

按，文靖，以淳熙六年知福州，撰三山志，是記正在此時。忠獻，建炎四年平建寇，故爲立祠。彥直，世忠子，曾知臨安府，以龍圖閣學士提舉萬壽觀，著水心集。按，輿地紀勝：韓中令韓忠獻祠，即忠獻所生之地。乾道中王十朋立于泉州治，是立祠在前，作記在後也。

黃德光等武夷山題名 淳熙七年

黃德光、劉嶽卿、彥集、幾叔、章國望同來遊。淳熙庚子孟冬三日。在武夷水簾洞。

按，嶽卿，名甫，崇安人，隱居武夷水簾洞，常與朱子遊。

劉嶽卿等武夷山題名 淳熙八年

劉嶽卿、幾叔招胡希聖、朱仲晦、梁文叔、吴茂實、蔡季通、馮作肅、陳君謨、饒廷老、任伯起來遊。淳熙辛丑七月廿三日，仲晦書。

按，茂實，名英，紹興進士，曾任泉州路教授。作肅，名允中；廷老，名幹；伯起，名希夷，皆邵武人，並從朱子學。

連江縣改文廟南向碑記 淳熙八年

邑人林忭撰。連江縣志作「淳熙十年」。

劉袠等武夷山題名 淳熙九年

梅山劉袠，道士鄭德建、詹德成、張道臻，淳熙壬寅三月五日來。道過詹元鼎父子，俱遊。捧硯吳元泰。在武夷樓閣巖。

按，袠，字伯寵，淳熙五年進士，官至朝請郎，知西全州，自號梅山老人，有梅山集。元鼎，閩縣人，紹興廿七年進士，曾任秀州教授。

趙子直等題名 淳熙十年

趙子直、朱仲晦，淳熙癸卯仲冬丙子同登。

通志：在鄰霄臺側，熹避僞學禁，入福州。汝愚適守郡，常同登烏石山，鐫年月、姓名於石。

按，子直，淳熙九年知福州，紹熙九年再任，二年十月被召。考亭僞學之禁在慶元二年，至嘉泰初禁稍弛。郝志言朱子「避僞學禁，入福州」。考朱子年譜，是年正月，差主管台州崇道觀，杜門不出。四月武夷精舍落成，四方士友來者甚衆。

新會應廟記 淳熙十年

教授許衍撰，在福州。

按，黄志、郝志「福州教授」，淳熙失考。衍，字平子，同安人，隆興二年以太學生伏闕上書。明年上舍登第，後授通判建寧，未赴卒。見郝志。

東埔小山石刻 淳熙十年

朱仲晦登。在莆田。

俞壽翁等題名淳熙十一年

臨川俞壽翁同温陵陳謙之視旱，因登瑞巖之巔，俯滄海，窮幽趣，雖俄頃，已有瀟灑出塵之想。巖僧酌泉烹茶，使人徘徊勝概，頗動煙霞泉石之念。淳熙十一年重陽後二日。正書，刻瑞巖過來橋旁。

西山先生李公墓表淳熙十二年

朱子撰。

西山先生李公者，龜山先生楊文靖公之門人也。龜山既受學於河南程氏，歸以其説教授東南，一時學者翕然趨之。而龜山每(教)〔告〕之曰：「唐虞以前，載籍未具，而當是之時，聖賢若彼其多也。晚周以來，下歷秦漢，以迄於今，文字之多，至不可以數計，然曠千百年，欲求一人如顔曾者而不可得，則是道之所以傳，固不在於文字，而古之聖賢所以爲聖賢者，其用心必有在矣。」及李公請見於餘杭，其告之亦曰：「學者當知古人之學何所用心，學之將以何用。若曰『孔門之學，仁而已』，則何爲而謂之仁？若曰『仁，人心也』，則何者而謂之人心耶？」李公受言，退求其説以進，愈投而愈不合，於是獨取論語、孟子之書（伏而）〔而伏〕讀之，蚤夜不懈十有八年，然後涣然若有得也。龜山蓋深許之。而公之語學者亦曰：「學者於經，讀之又讀，而於其無味之處，益致思焉。至於群疑並興，寢食不置，然後始當驟進耳。」龜山既殁，後進多從之遊，後舉遺逸召對，卒官福建路安撫司主管機宜文字，而葬於其鄉邵武軍光澤縣東黄嶺之原。學者共追號爲西山先生云。公諱郁，字光祖，元祐黨人朝散郎深之子。母安仁縣君陳氏，贈諫議大夫陳忠肅公之女兄也。公幼不好弄，坐立必莊，少長學於舅氏，陳公器之。踰冠，乃見龜山而請（益）〔業〕焉。龜山一見，奇之，即妻以女，既而以朝散公遺命，出爲叔父將仕郎廷之後。中間游太學，被鄉薦，皆不第。紹興初，天子慨然有志中興大業，思得山林遺逸魁傑非常之材而用之，會遣御史朱異行郡國，詔俾搜訪以聞。異聞公名，使還以對。召對便殿，所陳皆當世大務，上爲改容傾聽，請退而留者再。詔以爲右迪功郎，尋除詳定（三）〔一〕司敕令所删定官，未久以憂去。用進書恩，特改授承務郎。及免喪，會秦丞相檜已用事，公自度不能俯仰禄仕，遂築室邑之西山，往來讀書其間。家益窮空，人有不堪其憂者，公獨曠然不以爲（異）〔意。然〕當時賢士大夫益高仰之，遷官者多引以自代。久之，起家佐閩帥幕府。人謂非公所宜處，而公不辭。既至，人謂公且不屑爲，而公治文書惟謹，日訪民情(休戚)〔戚休〕利病，以告其長而罷行之。一日，帥用小人言，欲毁民居數十爲列肆，酤酒以牟利。公白其非便，帥不樂，頗見(詞色)〔色詞〕。公即移病告老，帥悟慚謝，公爲强起。二十年七月壬辰，竟以疾卒，年六十五矣。公天資粹美，而涵養有方，其事上恭而有禮，其御下嚴而有恩，平居未嘗有惰容，誨人終日無倦色。自奉甚約，而事親極其厚，於所後尤兢兢致孝，服喪毁瘠如禮，治喪必誠信，至竭其貲不吝。兄階官杭州，罵賊死，公事寡嫂如母，教孤侄、遣遺女，皆如己子。其於世務人情、官政文法，下至行陣、農圃之事，靡不究知。然竟不及用於世以殁，識者恨之。所著書有易傳、參同契、論孟遺(書)〔秉〕及生平遺文，合數十卷，藏於家。夫人楊氏，龜山先生第三女，有賢行，通經史大意，平居誨飭子孫，整齊内外，皆中禮法，後公十六年卒。子揆，承務郎，陳公誌於將仕之墓所謂「延孫」者也，晚以德壽慶恩補官而卒。女適同郡上官墨卿。孫男：閑、闡、閲、閬。女適某〔人〕。閑於是以迪功郎爲全州州學教授，始將伐石以銘其墓，而來請文以識。嗚呼，聖賢遠矣。然其所以立言垂訓，開示後學，其亦可謂至哉。顧自秦漢以來，道學不傳，儒者不知反己潛心，而一以記覽誦説爲事，是以有道君子深以爲憂。然亦未嘗遂以束書不讀、坐談空妙(爲)可以徼幸於有聞也。若龜山之所以教與西山之所以學，其亦足以觀矣。余是以著之而并記其行事，後之君子尚有考也。

愚齋鼓山詩刻 淳熙十三年

淳熙十三年正月四日。愚齋詩。行書，刻臨滄亭石筍上。

李公祠記 淳熙十三年

輿地碑目：朱子撰，在邵武軍學。

建炎丞相隴西李公，邵武人也。少有大志，自爲小官，即切切然以天下事爲己憂。宣和初，一日大水猝至，幾冒都城，人莫〔能〕究其所自來，相與震懼，而無有敢以爲言者。公時適爲左史，以爲此夷狄兵戎之象〔也〕，不可以不戒，亟上疏言之，遂以謫去。數歲乃得召還，則虜騎已入塞而長驅向闕矣。公復慨然，圖上内禪之策，誠意感通，言未及發，而大計已決。（寇）〔虜〕圍（隱）〔既〕迫，群小方謀挾至尊、犯不測爲幸免計，公又獨扣殿陛，力陳大義，得復城守以退虜兵。然自是以來，割地講和之議遂起，公又再謫，而大事日，光堯太上皇帝受命中興，疇咨人望，首召公爲宰相。公亦痛念國家非常之變，日夜圖回，所以脩政事、攘夷狄者，本末甚備。蓋方誅僭逆，以正人心，而建遣張所撫河北，傅亮收河東，宗澤守京城，遂將益據形便，大明紀律，以示必守中原、必還兩宮之勢。而小人有害公者，遂三謫以去，而不復還矣。淳熙丙午，距公去相適六十年，而永嘉徐（公）〔君〕元德命教此邦，謂公之忠義籌略，海內有志之士莫不誦而傳之，顧其鄉人子弟乃無有能道其萬一而興起焉者，於是闢講堂之東，肖公之象而立祠焉。四月吉日，（令）〔合〕郡吏率諸生進拜跪奠，妥侑如法。已事而以書來，屬熹記之。熹惟天下之義，莫大於君臣，其所以纏綿固結而不可解者，是皆生於人心之本然，而非有所待於外也。然而世衰俗薄，學廢不講，則雖其中心之所〔以〕固有，亦且淪胥陷溺，而爲全軀保妻子之計，以後其君者，往往接迹於當世。有能奮然拔起於其間，如李公之爲人，知有君父而不知有其身，知天下之有安危而不知其身之有禍福，雖以讒間竄斥、屢瀕九死，而其愛君憂國之志，終有不可得而奪者，是亦可謂一世之偉人矣。徐君之祠之也，非其志之所好、學之所講有在於是，則亦孰能及之哉？故熹喜聞其事而樂推其說，以告郡之學者，雖病且衰而不自知，其感慨發憤，猶復誤有平日之壯心也。十二月癸巳，宣教郎、直徽猷閣、主管華州雲臺觀朱熹記。

皇華館記淳熙十四年

侯官縣丞歐陽光祖撰，在福州。

按，見福州府志。攷光祖，字慶嗣，崇安人，從劉子翬、朱子學。乾道八年，再舉登第，趙汝愚、張栻列薦之，未召用。後爲江西運官，致仕。未嘗爲侯官縣丞。郝志職官於侯官亦無之，疑府志之誤。惜碑亡，不可攷矣。

朱晦翁等鼓山題名淳熙十四年

〔淳熙丁未〕，晦翁来謁鼓山嗣公，遊靈源洞，遂登水雲亭，有懷四川子直侍郎。同遊者清漳王子合，郡人陳膚仲、潘謙之、黄子方，僧端友。

按，嗣公，元嗣長老也，曾遊胡安定之門。王遇，字子合，時稱東淵先生。陳孔碩，字膚仲，淳熙二年進士，官秘閣修撰。潘柄，字謙之，懷安人，時稱瓜山先生。皆朱子門人。黄琮，字子方，莆田人，元符三年進士，官知閩縣事。晦翁是年五十八歲，小學書成，見年譜。

黄中美墓碑 淳熙十五年

在邵武銅青山下，朱子正書。

宋故朝議大夫致仕贈光禄大夫黄公神道碑銘

宣和之末，國家承平百有餘年，中外無事，乃有二三弄臣竊國大柄，建取燕雲以召非常之變。有識之士已私憂之，而衆莫之覺也。捷書日聞，官吏相慶，獨信德府司録事邵武黄公有憂色。人問其故，公蹙然曰：「太平日久，軍旅遽興，廩無兼歲之儲，不取於民，將何以濟？顧今歲荐饑，民死無數，况河北天下根本，又可重困之耶？」聞者莫不笑之。俄而河北盗賊果蠭起，信德城守屢危。金虜乘之，遂不能支。官吏相與匍匐拜降，唯恐居後，而公獨奮然，誓死不屈。虜既入城，放兵四出，有挺刃脅公以降者。公顧左右，踣之而逸，變姓名匿里巷中，虜退乃出。則先降者皆已抵罪，而宣撫使獨奇公節，俾行府事。公亦摩撫瘡痍，期復按堵。未幾，以内禪恩轉朝議大夫，則以資高，不當復屈佐郡，而省罷以歸矣。靖康元年，還次京師，遭圍城之變。而明年，欽宗出幸虜營，虜遂以兵威脅城中，擁張邦昌而立之。一時公卿，鷄千百數，相顧俛首，唯唯聽命。公獨感憤，義不辱身，即日投檄，致其事以去。蓋當是時，不約而去此者亦四十人。然不數日，而公竟以病卒矣。二年二月丙子也。嗚呼，祖宗百年禮義廉恥之化，其所以涵養斯人者，可謂至深遠矣。夫以熙寧以來，群小相師，滅理窮欲，以逮于兹，適〔已〕六十年矣。士大夫酣豢之餘，心志潰爛，不可收拾，宜其禍變危迫而皆不知以爲憂，敗衄迎降而皆不知以爲恥，棄君叛父、奉賊稱臣而皆不知以爲辱也。而猶復有如公等者，出於其間，是雖人之秉彛，不容泯滅。然而祖宗所以涵養斯人至深且遠者，亦豈不於此而少見其遺餘哉？公卒時，年〔始〕六十有三。夫人林氏携挈諸孤，奉公之柩，崎嶇兵火亂離之中，川陸五年，乃能達於故里。紹興乙丑之歲，然後始克葬焉。而公之子永存寖以材能有聞於世，上聞其名，召以爲尚書郎、軍器監，出爲淮南轉運副使，俾修農戰之業，以爲北向之漸。前後贈公至光禄大夫，而夫人自公時已封宜人，又以子貴，屢逢慶恩，得賜冠帔，累封至始興郡太夫人。淳熙乙未八月五（廿）〔日〕，年九十七而薨。又以郊恩，贈蘄春郡夫人。而副使歸自淮南，則使人以同郡徐君復之狀來，謂新安朱熹曰：「吾先君之德如是，而葬久未銘。且先夫人率履持家，克享上壽，世鮮及之，亦當得附先君遺事，以垂後世。子其圖之。」熹受書考之，具得光祿大夫、蘄春夫人行事本末，歎息久之。因論其大者如此，并記其州里世次、閥閱梗概及子孫次第，請具刻於螭首之石如左方：蓋公諱中美，字文昭，其先光州固始人，從王潮入閩，居建之浦城，後徙邵武。國初邵武始別于建，遂爲郡人焉。曾大父夢臣，大父扃，皆有隱行。至公父蒙，始舉進士，後贈中奉大夫。中奉娶施氏，生公，七年而卒，後贈令人。中奉没時，公年甫冠，勵志爲學，而貧不能得書，常假於人以讀。率一再過而歸之，則已成誦不忘矣。中元祐九年進士第，調真定府左司理參軍，知邢州平鄉縣，皆善其職。以守正不阿忤上官，罷退久之，貧甚，不以爲意。親友强起之，乃更調鎮西軍節度推官。鄰極邊，守武將視法令、僚屬（蔑）〔無〕如也。公不爲撓，事有不可，必庭辯之，守愧屈焉。改宣德郎，知濬州衛縣令，縣民有被誣殺人者，公察其冤，縱之。同列有害公者，謂公故出死罪，守疑之，公不恤也。會河决，敗數郡，詔諸令長各護丁夫疏鑿隄障，縣獨不擾而集。以功轉奉議郎，除河北都轉運司屬官，北京留守辟以爲真定府司錄事。是時，河北連歲不登，民多相聚爲盜，而郡守歡燕敖逸如平時。公獨憂之，每當集輒辭不與。守問其故，公對以實，守默然不悦。於是乃移信德而遂去，以卒焉。其爲人坦易，不事邊幅，而與人交必以誠。當官不爲赫赫之名，而於事細微無不謹。

旁郡有疑獄，部刺史多奏以屬公，往往得其情。樂施予，不問識否，人雖負之不悔，有求輒復周之。在鎮時，府丞陳紹夫死，公以俸錢遣其喪。女兄寡居，迎養三十年，始終如一日。故人有通貴者招致之，謝不往。都轉運使呂公頤浩及它使者，多知其才，欲薦之，未果而没，論者惜之。公初娶宛勾劉氏，贈和義郡夫人。蘄春，其繼室也，延平人，贈少師積之女。夫人渾厚靜專，歸黄公時甚貧，處之自若。晚雖豐泰，亦未嘗改其度也。事公之女兄如姑，公没而歸其喪，教其子務以忠言直節立其志，使卒爲聞人，以大其家。歲幾滿百，而神明不耗，起居不衰，又似有道者。家人百口，撫之一以慈愛，而教告勉飭隨之，未嘗見其嚴厲之色，而中外整齊，莫敢越軌度，鄉黨傳以爲法。公葬邵武縣仁澤鄉寶隆山之原，夫人葬永城鄉黄溪保銅青山下，相距蓋十里。子男五人，曰端愿、端平，皆有俊才，丱角已與薦送，而皆早卒；次端方，亦卒；次永存，今爲朝請大夫、主管武夷山冲祐觀；次永年，右儒林郎、知靜江府理定縣，亦先卒。女五人，其婿宣德郎朱康年、保義郎周郁、修職郎趙舜臣、通直郎杜鐸、進士李先之也。孫男十人，黽朋，儒林郎；格、鉞、南卿、範、櫄、勛、夏、欽、鈞，皆未仕，而格、鉞、欽亡矣。孫女六人，其婿周敦書、李庞、李徽、將仕郎吴時萬、上官珪、上官揚。曾孫十七人，大正、大時、大椿、大全、大猷、大學、大昌、大淵、大聲、大韶、大受、大嚴、大任、大用，餘未名。女十四人，其婿任斗南、林杞、李价，餘尚幼。玄孫男六人，公振、公升、公顯、公回、公煥、公章。嗚呼，是亦盛矣。黄氏之昌阜於世也，其可量哉。銘曰：

暨暨黄公，逢時之危，跡隨衆兆，思屬眇微。之死弗污，以全其歸，温温夫人，克相其夫。又詔其子，以成厥家，壽考尊榮，百歲而徂。寶隆之阿，黄溪之里，東西相望，兩闕對起。子孫盈前，曾玄滿後。尚有寵靈，不遠來(久)〔又〕。

〔宣教郎、直徽猷閣〕、新權發遣江南西路提點刑獄公事朱熹撰并書。

進士方士繇題蓋。淳熙戊申正月甲子立。

按，士繇，字伯謨，莆田人，豊之三子，從朱子遊。見宋詩紀事。

連江縣學校記紹熙元年

邑人陳舜申撰。

按，舜申，字宋謨，連江人，淳熙十一年進士，官至參議。

趙子直等鼓山題名 紹熙二年

紹熙辛亥九月二十日，趙子直同林擇之、姚宏甫來遊。崇憲、崇範、崇度侍。（待）王子克、林（并）〔井〕伯不至。

按，子直，紹熙元年以敷文閣學士再知福州，題名鼓山當在此時。擇之，古田人，從朱子學，慶元間特奏名。辛亥为光宗三年也。

小山叢竹 紹熙

在泉州府治資壽寺内。宋紹熙間，朱熹爲同安簿，講學於此，因書此四字刻石。元至正中，僧澤潤建。

泉州府志：有宋邱葵石刻詩，云：「牀頭枕是溪中石，井底泉通竹下池。宿客不懷過鳥語，獨聞山雨對花時。」

按，葵，字吉甫，號釣磯，同安人，從辛介叔、吕大圭、洪天錫學，卒祀先賢祠。見郝志。

府學經史閣記慶元元年

朱子撰，在福州府學，今閣圮。

福州(府)〔之〕學，在東南爲最盛，弟子員常數百人。比年以來，教養無法，師生相視，漠然如路人。以故風俗日衰，士氣不作，長老憂之而不能有以救也。紹熙四年，今教授臨邛常君濬孫始至，既日進諸生而告之以古昔聖賢敎學之意，又爲飭厨饌、葺齋館，以寧其居，然後謹其出入之防，嚴其課試之法，朝夕其間，訓誘不倦。於是學者競勸，始知常君之爲吾師，而常君之視諸生亦閔閔焉，唯恐其不能自勉以進於學也。故常慮其無書可讀，而業將病於不廣，則又爲之益置書史，(新)〔合〕舊爲若干卷，度故御書閣之後，更爲重屋以藏之。而以書來，請記其事，且致其諸生之意曰：「願有以教之也。」余惟古之學者無他，明德新民、求各止於至善而已。夫其所明之德，所止之善，豈有待於外求哉？

識其在我，而敬以存之，其亦可矣。其所以必曰讀書云者，則以天地陰陽、事物之理，修身事親、齊家及國，以至於平治天下之道，與凡聖賢之言行、古今之得失、禮樂之名數，下而至於食貨之源流、兵刑之法制，是亦莫非吾之度内，有不可得而精粗者。若非考諸載籍之文，沉潛參伍，以求其故，則亦無以明夫明德體用之全，而止其至善精微之極也。然自聖學不傳，世之爲士者，不知學之有本而唯書之讀，則其所以求於書，不越乎記誦、訓詁、文詞之間，以釣聲名、干禄利而已。是以天下之書愈多而理愈昧，學者之事愈勤而心愈放，詞章愈麗、（議論）〔論議〕愈高，而其德業、事功之實愈無以逮乎古人。然非書之罪也，讀者不知學之有本而無以爲之地也。今觀常君之爲教，既開之以古人斅學之意，而後爲之儲書，以博其問辨之趣，建閣以致其奉守之嚴，則亦庶乎本末之有序矣。余雖有言，又何以加於此哉？然無已，而有一焉，則亦曰姑使二三子〔者〕知夫爲學之本，有無待於外求者，而因以致其操存持守之力，使吾方寸之間清明純一，真有以爲讀書之地。而後宏其規、密其度，循其本末先後之序，以大玩乎閣中之藏。則夫天下之理，其必有以盡其纖悉而一以貫之，異時所以措諸事業者，亦將有本而無窮矣。因序其事而并書以遺之，二三子其勉之哉。凡閣之役，始於慶元初元五月辛丑，而成於七月戊戌。材甓傭食之費，爲錢四百萬有奇。〔則常君既率其屬輸俸入以首事，而帥守詹侯體仁、使者趙侯像之、許侯知新咸有以資之。至於旁郡之守趙侯伯瓚、十二邑之長陳君玨等，亦以其力來助。而董其役者，學之選士楊誠中、張安仁、蕭孔昭也。是歲九月丁亥，朝奉大夫、提舉南京鴻慶宮新安朱熹記」。

觀妙堂李彌遜詩刻慶元元年

人間何地寄衰翁，偶到神仙一葦中。可是仙居謝逋客，船頭無處避剛風。溪口回舟未忍移，淨坊聽雨坐題詩。餘齡倘有尋真路，試與披雲問鳳兒。

朱子跋：觀妙東楹李公侍郎遺墨，語意清婉，字畫(古)〔端〕勁。每至其下，輒諷玩不能去。然歲久剝裂，又適當施供帳處，後十數年當不復可讀矣。别爲摹刻，授道士，使陷置壁間，庶幾來者得以想見前輩風度。李公諱彌遜，時以力抵和議，出守臨漳云。慶元乙卯正月甲寅，朱熹書。

陳叔綸等題名慶元二年

慶元丙辰九月既望，龍江陳叔綸約邑佐王喋居易、晉安連元龍登巖，東嘉何禹錫、三衢周少清偕焉。正書，刻瑞巖過來橋。

按，叔綸，名經，龍溪人，淳熙進士。

范機等鼓山題名 慶元

延平范機、武（陵）〔林〕錢衢、建安劉學古，以慶元初禩中秋日來遊。正書，刻石門左。

按，范機，字純之，延平人，乾道初任甌寧簿，歷福州懷安丞。錢衢，時知建寧縣事。劉學古，官儒林郎、臨桂令，朱子婿。

趙晉臣等鼓山題名 慶元

古汴趙晉臣將男鄚、孫濤、（灝）〔灦〕、濾，拉徐錫之、江會之來遊，〔賦〕以是（時）〔詩〕。慶元三禩中伏休務日。正書，刻靈源洞。

清源山瑞泉石刻慶元

閩書：在清源山瑞香泉。慶元間刻石，曰：「巨靈擘石，石乳湧出，鑑者神清，飲之無疾。」宋志謂陳公讜銘，或是刻也。

閩中金石志卷十

宋

何澹等鼓山題名嘉泰二年

嘉泰壬戌重陽，括蒼何澹約浚儀趙公迥、金華楊潛修登高故事。上天風海濤，酌酒賦詩，咸謂一時之勝，恨未誌諸石也。越明年，復以是日偕靜海施康年、古汴趙公介來遊，陰雲解剝，風日和美，極海山之壯觀，撫泉石而忘歸。

按，何澹，嘉泰二年二月知福州，三年十月除觀文殿學士，四年四月再任，故曰「越明年」。壬戌，寧宗二年也。楊潛，慶元間提舉福州常平茶鹽。公迥，淳熙間任西外宗正事。見郝志。

昇真元化之洞 開禧元年

宋開禧元年，建陽游九言書。在武夷本洞。

按，九言，字誠之，建陽人，受學于張南軒，知光化軍，謚「文靖」。

吴渙等鼓山題名 開禧元年

開禧改元乙丑孟秋中澣十日，閩尉延平吴渙奉父吴元肅，同拉晉江石應孫來遊。子振侍行。石應孫書。正書，刻靈源洞右。

按，吴渙，慶元五年進士，曾爲閩尉，郡志失玫。石應孫，淳熙十一年進士。

陳景仁等鼓山題名開禧二年

開禧丙寅莫春，陳景仁、姪子愚、子盈，林該、弟樸、調，男絢、紀、綽，陳擇善、李起渭、潘昌孺挈家來遊。隸書，刻靈源洞。

按，景仁，字春卿，長樂人，嘉定元年進士，官朝請大夫。子愚，字若愚，嘉定四年進士，官營道縣。李起渭，字少望，閩縣人，慶元五年進士。

陳宓等鼓山題名開禧二年

莆陽陳宓師復，建安謝汲古深道、黃應酉（統）〔説〕之、真德秀景元，清源留元剛茂潛，以開禧五月三日同遊鼓山，〔歷〕靈源（洞），〔摩挲蒼崖，縱覽奇觀〕。誦浚儀相國之詩，（觀）〔載瞻〕晦菴先生遺墨，慨然（感興）〔興感〕，一酹而歸。正書，刻靈源洞。

按，陳宓，俊卿子，時知安溪縣事。謝汲古、黄應酉，俱嘉泰二年進士。真德秀，浦城人，時知福州。留元剛，晉江人，官秘閣學士。

曾槃武夷山題名 開禧二年

開禧丙寅孟冬六日，章貢曾槃樂道之官臨汀，泛舟來遊，黯侍行。

訪碑録：正書，在崇安。

福字 開禧三年

在烏石山觀音巖，字大盈丈，朱子書。今名福字坪。

福州府志：傍有「開禧丁卯正月，郡人張元簡」十一字。

按，元簡，閩縣人，嘉定七年進士，官制置副使。見郝志。

九曲溪開禧三年

開禧丁卯，浚儀趙師巖書。刻水光石，在武夷。

東臺廟碑嘉定二年

閩都記：東臺廟，在（侯官）鳳凰山之巔，〔五代〕閩立廟，以神有捍賊禦灾功。嘉定二年，漕使李浹、帥臣黄度疏請廟額，敕賜「忠惠」。郡人都官員外郎林岊爲碑文，今立廟前。

按，岊，字仲山，古田人，紹熙元年特奏名。漕使李浹、帥臣黄度，俱郝志所未攷。浹，嘉定間曾任建寧府，見郝志。

困峯石刻嘉定四年

嘉定庚午良月六日，朝奉郎、前秘省著作郎兼國史院編修官、實録院檢討官兼權右侍郎官陳舜申，爲考贈奉議郎焚黄，偕子弟孫侄輩修慶禮，宴客於囷峯。因道旁有天然二石，刻而誌之。長孫從事郎、充南外睦宗院宗學教授德一謹書。在連江遇溪囷山。

按，宗學教授，三山志謂紹興元年始。德一，舜申子，郝志有傳，連江人。

放生池碑嘉定五年

在漳浦東〔門外〕。嘉定辛未，邑令歐賡鑿池放生。〔左〕丞相趙忠定書「放生池」三大字刻石。後趙師縉闢西湖，欲遷其碑，屹然不動，遂止。

按，賡，嘉定間知漳浦。

蟠桃塢題名嘉定八年

東嘉蔡〔荃〕〔筌〕簡策、沈因、謝有大、郡人林能千，嘉定甲戌十月望前一日來遊。正書，在道山。

鄒應傅等武夷山題名嘉定八年

泰寧鄒應傅景仁、浦城周伯圭玉城、弋陽陳棐忱父，嘉定甲戌二月己未同遊。刻崇安武夷響聲巖。

按，應傅，疑「應博」之誤，泰寧人，寶慶中監行在都進奏院，知婺州。見萬姓統譜。

吴中等鼓山題名嘉定八年

盱江吴中克明、鄮峯蔣峴伯見來遊鼓山，訪靈源，憩湧泉，遂登石門，覽天風海濤，殊快心目。嘉定甲戌七月二十八日。隸書，在鼓山將軍石。

按，蔣峴，奉化人，慶元二年進士，官殿中侍御史。

留元綱等武夷山題名嘉定十年

留元綱嘉定丙子二月望日，同蔣應衡、周光缺。泛舟，溯九曲，謁精舍，憩天遊，賡文公之棹歌，訪武夷之舊事。晚歸沖（祐）〔佑〕，過觀化堂，同宿渡口。厥明再至試劍石下，磨崖紀勝，緬懷玉虛三洞。一時諸友，惜不共此遊。子瀟侍行。在崇安試劍石。

周燦等鼓山題名嘉定十年

嘉定丙子，郡丞霅川周燦偶攝府事。仲春既望，偕（包寧）〔邑宰〕東陽李大有、永嘉國。下缺。正書，刻石門左。

按，李大有，字謙仲，慶元二年進士，官朝請郎。郡丞周燦，郝志失載。

蔡真人誥碑嘉定十二年

真德秀撰，在晉江清源山。

嘉定十一年十月三日，有詔：泉山清源洞沖應善利靈濟真人加「昭博」之號，爲八字真人。先是，十年夏五月不雨。臣始至官，問仙祠靈（宮）〔官〕之著驗章灼者，咸以真人對。臣亟禱焉，未幾遂雨。是年冬旱，臣往禱焉，又雨。越明年，春洎秋膏澤〔時〕至，田高下磽腴皆告稔，米斗百錢。黄馘稿項之叟讙曰：「昔未嘗有也，非真人之靈實大芘吾土，顧安獲此哉？」於是相帥以其事白於州，州諗於部使者，下其書旁郡審覆之，如本州言，乃以聞。天子嘉焉，命有司撫其名之顯且大者，以旌真人之功。嗚呼，美哉。謹按，真人蔡氏，世傳其系出晉司徒文穆公謨。文穆八世孫夔節度嶺南，歸至泉以殁，子孫因家焉。真人事唐，爲金部員外郎、太原守，晚棄簪紱，隱於州之北山，修辟穀鍊氣之術，以方技濟人。既仙去歲久，而其靈愈章。皇朝崇寧中，始封「虚應先生」；紹興九年，封「沖應真人」；二十三年，加封「善利」；乾道三年，又加「靈濟」，至是遂加「昭博」焉。臣竊觀前世人主崇尚道家神仙之説者，大抵以希長年、蘄福應，往往受媒方士，爲百代嗤。惟我聖朝，受天眷命，以（神作）〔作神〕主，凡老氏、浮屠氏與山川祠廟之靈，惟能時雨暘、弭菑沴，有功於人者，迺始錫號，（多）〔名〕秩祀典。否則雖奇怪詭特，不與焉。蓋志在斯民而不自爲，此其所以跨絶前代也。又惟真人之清虚（淡）〔澹〕泊，未嘗震耀威福，以警動世俗耳目。而民之歸仰，自不能忘；朝廷褒封之典，自不能已，亦猶有道君子爲善於幽隱闃寂之地，不求人知而卒不可掩，豈不尤可貴也哉？臣既以所下制書刻之梓，而又敍其本末，使後世知聖朝所以寵命真人，而真人之所以膺受寵命者，其大指蓋如此，以備清源故事云。十二（月）（年）八（日）（月）甲子朔，具位臣真某記。

劉無競等題名 嘉定十二年

嘉定己卯良月既望前三日。（莆陽）劉無競題，劉公著書。時方儒和、方瑞叔、陳君玉同遊。正書，刻瑞巖過來橋。

按，無競，名克遜。（真）（戴）復古有（訪）古田劉無競詩，云：「前説建陽宰，古田今似之。難兄與難弟，能政更能詩。」「難兄」謂後村。郝志職官：克遜，嘉定中知古田。克莊，知建陽年失攷。

任惟明等鼓山題名 嘉定十（七）（六）年

嘉定癸未，同年任惟明章卿、一鳴登卿、張如愚亦發、趙希豐寶卿、涌夫滕叔、陳應龍景雲、趙汝偲聲叔、游繼榮(華)〔葉〕甫、曾公益誠叔、卓杰舜咨、彭寢牛耕道、趙必偲友卿會遊。時甲申秋九月也。正書，刻喝水巖。

按，任惟明、一鳴，張如愚，俱閩縣人。趙希豊，太祖長子燕王德(貽)〔昭〕八世孫；涌夫，魏王廷美七世孫。陳應龍，侯官人。趙汝偲，漢王元佐七世孫。游繼榮、曾公益，俱閩縣人。卓杰、彭寢牛，以字行，俱懷安人。趙必偲，太宗九世孫。已上十二人皆嘉定十六年進士。

箋經臺題名 嘉定十(七)〔六〕年

陳孔碩膚中、馮多福季求、趙師夏致道，嘉定癸未清明日同遊。篆書，在箋經臺。

按，多福，紹熙四年進士。

胡槼等鼓山題名 嘉定十（八）〔七〕年

嘉定甲申春，郡守胡槼仲方勸（農）〔耕〕東郊，竣事，（同）〔因〕至鼓山。與西宗趙師夏至道〔會〕盟，飯於妙峯閣，訪靈源洞，度甃鰲橋，瞻喝水巖，探湧泉（寺）〔亭〕，歷（山）〔石〕門，登天風海濤之榭，臨觀久之。別駕沈柔孫明夫、茂宰許之選叔仁、陳宗道原仲、鄭宻謙仲與俱。長老自鏡瀹茗於半山亭，（中）〔申〕漏下二刻乃還。正書，刻石門。

按，胡槼，廬陵人，銓之孫，以工部尚書知福州。趙師夏，燕王德（貽）〔昭〕七世孫，官知南康軍。許之選，臨川人，開禧元年進士，知懷安縣。陳宗道，晉江人。鄭宻，寧德縣人。

鄭昭先鼓山詩刻 嘉定十（八）〔七〕年

嘉定甲申閏八月望日。題鼓山靈源洞東鏡公堂頭老禪。日湖鄭昭先詩。正書，刻石門右。

按，昭先，字景紹，閩縣人，淳熙十四年進士，官參知政事，謚「文靖」，有日湖遺稿。

泉南佛國 嘉定

在晉江石佛巖。宋嘉定中，僧守淨所刻。守淨有道術，安平朝天門樓、興化軍安利橋、延平可渡橋、武榮金鷄橋，皆其所建。見閩書。

王居安等鼓山題名 寶慶三年

王居安、趙崇度、徐澄，寶慶丁亥仲春中澣遊靈源洞。正書，刻石門左。

按，王居安，字資道，黃巖人，時知福州。趙崇度，汝愚子，時任市舶司提舉。徐澄，金華人。

箋經臺題名 寶慶三年

王開卿、趙履節、徐清伯約陳膚仲會於臥龍山。時寶慶丁亥季春甲戌日。

按，題名在侯官箋經臺，正書。

潘渡橋石刻 寶慶（三）〔二〕年

閩都記：連江安利橋，即今潘渡。宋紹興十四年，知縣阮珪所（建）〔創〕。乾道三年嘗新，於水中得斷石，刻「安利」二字。寶慶（三）〔二〕年，（師）〔帥〕王居安改（潘渡）〔今名〕，里人陳漳刻石紀之，莆田陳宓增刻碑陰。今廢。

按，阮珪，紹興間知連江。

拱極樓碑

閩都記：拱極樓，在侯官宫巷之南。宋丞相鄭性之建，理宗御書「拱極樓」三字。有碑豎樓下。今樓圮，猶巍然。今在南園鄭氏宗祠之右。

葉于之等鼓山題名 紹定二年

紹定己丑季秋，括蒼葉于之、姜行之同遊。正書，刻龍頭泉。

汪彥等烏石山題名 紹定四年

四明汪彥領客浚儀趙（宗）〔崇〕賓，四明夏（典）〔興〕邦、范炳，金華趙希（共）〔䢼〕，永嘉朱景彝，豫章（方）〔黃〕伯（英）〔荄〕，莆田顧孺傑，仝遊（烏石）〔道〕山。兒之道侍行。旹紹定辛卯仲冬朔日。正書，刻蟠桃塢。

鄰霄臺胡伯量等題名紹定四年

訪碑錄：正書，在侯官。

社稷壇記紹定四年

〔□□□□〕巖邑，風物阜盛，惟社稷壇並民廬歲□侵削，鞠下闕。[一]〔取〕具臨。時紹定四年秋，永嘉陳侯昉來宰斯邑，喟然□□□□足下闕。壝各四東社(四)〔西〕稷□□雷□附焉。壇三成，壝四門，其方崇之度，各有敍下闕。畢備，繚以垣，甃以甓，植以松栢。合其地縱二十有五丈，衡十有五丈，吳下闕。卜揖閎偉嚴邃，大都所無也。侯去之六年，忽以書屬埜曰：「始余之築斯壇下闕。西山先生真公登而喜焉，曰：「吾爲子記之。」」及先生守泉，貽昉書曰：「記將成矣下闕。今邑令屢請□□□無以應。同門之士莫若子，子

[一] 本篇據殘碑錄文，闕处甚多。「下闕」據光緒二十六年修浦城縣志卷三十建寧太守王埜碑條所載碑版補。

其爲我述。先生之下闕。與社稷者多矣，未易措語，必得一大議論以發之。所謂大議論者，非下闕。埜聞命，懮然曰：悲夫，先生之言大矣。侯之志勤矣。埜愚陋，何足以知之？雖然下闕。原隰之祇也，而□□□配焉，稷則專爲原隰之祇，能生五穀者。而周卒下闕。唐典，其制甚備，孟子曰：「民爲貴，社稷次之，君爲輕。」又曰：「犧牲既成，粢下闕。稷。蓋國以民爲本，社稷則丁□□□□人非土不□非穀不下闕。流行於覆載之間，以育丁□而□□□□□此也下闕。責也，然必先盡其在我之責，然後可以望乎下闕。丷土之制，國家之典，所以治人而事神者爲何如？门下闕。則皇皇於妖淫之祠，僕僕於緇黄之宫，風俗日下闕。丬先生之所謂大議乀白，雖不可得而聞，而侯：下闕。巴也，尚禮教，明政刑，深得聖門學道愛人之下闕。也。壇之建，治材役人，悉償所直，不傷於經下闕。省視有制，皆書以諗後人，俾勿壞下闕。閣。建寧軍府兼管内勸下闕。煥。下闕。

右正書，完善者四百二十二字。

祖之望寶宋亭記記：城西烏石巷，即古官社巷也，宋嘗於此建社稷壇。明成化間築城，改卜於德星門外，則此碑之巍然獨存者，今且面墻而立矣，年遠悠謬，世但見爲石也。祈賽磨厲，驚動禍福，修城之日，役者以告，洗剔搜搨，得四百二十二字，乃宋紹定四年陳侯昉（等）〔與〕真西山定議築壇。壇成後六年爲嘉熙二年，屬知建寧〔軍〕府事王公埜爲記，而邑志失載。昔米元章獲晉人書，作寶晉齋，今祝太守昌泰亦作石亭以寶此碑，名曰寶宋。此五百七十餘年，物之絕無而僅有也。

浦城縣志：按，舊志職官有陳侯昉題名，嘉定間任。今以碑考之，則係紹定四年。此碑作於侯去之六年，距先生之歿已二年，蓋陳侯追述先生之初許爲記，繼以守泉，不及爲，而屬王埜爲之也。先生初於寧宗嘉定十年守泉，乃理宗紹定五年有再守泉州謝表及諭文可據，而年譜無之。其稱同門者，則以先生曾保陳昉堪任監司。又跋：王埜，平寇錄有云「予友王子文」是也。又年譜：紹定六年四月，權戶部尚書。而是年十一月有先生安撫福建諭俗文，亦可見於時事多不合矣。

方遇鼓山題名紹定四年

性山方遇時父，紹定辛卯重陽日酌泉靈源。正書，刻石門左。

番陽李公題名紹定五年

紹定壬辰夏六月不雨，至於秋七月，徧走群祀未效。大帥番陽李公以石鼓（銘）〔闔〕

重鎮，其下衆水所匯，必出雲爲風雨，乃命屬吏南昌徐鹿卿致禱。丙申詣寺齋宿，丁酉黎明〔登〕岁崱，禮畢而雨。是夕大雨，〔戊戌又大雨〕，己亥雨止，槁者穫，涸者流。刻而識之，侈神之庥。

按，題名在鼓山。徐鹿卿，字德夫，豐城人，嘗辟福建安撫司幹辦公事，改知尤溪縣丞，真德秀守泉，辟宰南安。此稱屬吏，當爲幹辦時也。紹定五年旱不成災，史不書。

真德秀金雞橋募緣疏石碣 紹定

在南安橋傍。

按，景元，以紹定五年進徽猷閣，知泉州，石碣當刻於此時。郡志但載宣和建浮橋、嘉定創石墩事，景元募修事失攷。按，輿地紀勝金鷄渡云：建炎丁未有跨溪爲橋者，見尤袤梁文靖行狀。則始造在建炎矣。

安利橋碑記紹定

郝志：宋绍定間徐澄撰，碑陰有興化陳宓書。在連江。

趙汝訓等鼓山題名端平三年

浚儀趙汝训領客邵武吳信古、傅東、吳天民、黄旂、鄧應炳，端平丙申四月上澣同遊。次男崇璪侍。正書，刻靈源洞。

按，趙汝訓，時知連江。黄旂，寧化人，寶祐元年進士。

黄登等鼓山題名端平三年

無量壽佛。篆書。黄登、方遇、李田、游明復端平丙申四月既望來遊，摩（巖）〔崖〕紀勝，期與此山俱傳。正書，刻靈源洞桥外。

按，黄登，字君陟，侯官人，嘉定四年進士，官南劍倅。游明復，閩縣人，淳祐十年進士。

金龍玉簡嘉熙元年

閩書：武夷大王峯。宋理宗嘉熙元年詣投，用以祈嗣過虜。其文云：「伏以元儲虚位，未開熊夢之祥；邊閫分屯，尚調虎符之(戍)〔戍〕。内欲隆於國本，外思静於兵氛。仰維祖宗積累之艱，深切朝夕繼承之懼。是用肆類上帝，徧禱名山，願垂覆幬之仁，宏賜扶持之力。得男而應震索，茂延百世之期；偃武而致泰平，坐底四方之治。保基圖於鞏固，措民物於敉寧。祇迓靈休，永依大造。」簡長尺許，書刻並精。

周圭等鼓山題名嘉熙三年

周圭、趙希譙、林勉翁、王叔安、叔泰、樊淇、倪龍輔、潘自得、陳守謙、周從龍、王洧、彭樵、黄子俊、林驥、史自勉、道士謝顯道期而不至。王允恭、郭愿、方涓孫、王公煒、陳容、鄭碩、楊士勛、潘公泳、鄭怡公、潘枋、李根祖、陳澗同登岃崱，游靈源，分韻賦詩。嘉熙三年六月十一日。正書，在石門。

按，趙希譙，燕王德昭八世孫。王允恭，任邵武軍通判。方涓孫，莆田人，大狀子，與弟澄孫同拔漕解。陳容，字公儲，福清人，端平二年進士，官至朝散大夫。鄭碩，字膚叟，閩縣人，慶元五年進士，任汀州軍事通判。潘枋，字廷堅，懷安人，第進士弟三人。

周自介等烏山題名淳祐元年

周自介、趙崇壕、詹攀鱗、陳淳祖、黄鎮周，淳祐改元九日登道山。正書，在神光寺後。

魏國表等武夷山題名淳祐元年

淳祐元年季秋月圓後二日，清源魏國表、會稽吕秉南偕山東彭永年雨中來。刻崇安伏虎巖。

王稼等鼓山題名 淳祐元年

清源王稼、吳穩，郡人陳無競、方遇、林圓、游明復、董正、李振祖遊鼓山。淳祐初元九日。正書，刻龍頭泉左。

按，王稼，晉江人，端平二年進士，時知仙遊縣事。李振祖，字起翁，閩縣人，寶祐四年進士。

張正子等鼓山題名 淳祐二年

張正子、趙崇㢘、陳灼、諸葛寅、鄭(輔)〔黼〕、周自介、陳淳祖，淳祐壬寅九日同遊鼓山靈源洞。正書，刻鼓山。

按，正子，閩縣人，嘉定七年進士，知靖州。

張正子等鼓山題名（淳祐三年）

郡人張正子、東川姚希得、金華潘晞夔、（萬）〔建〕安鄭（新）〔黼〕、鄮峯高指、泉山連端慤，淳祐三年閏八月癸未遊靈源。隸書，刻靈源橋。

按，希得，字逢源，潼州人，嘉定十七年進士，時通判軍州事。連端慤，時任汀州軍判。

王瞻叔等鼓山題名淳祐三年

乾道丁亥暮春二十三日，余出郊觀稼，勞田夫野老而訪其疾苦，遂至鼓山，燒香供茶，登臨滄亭而返。男銖、錞、鑑、鉛，孫悰侍行。襄陽王瞻叔書。淳祐癸卯，曾孫亞夫來此拂石。正書，刻靈源洞。

按，王之望，字瞻叔，時以端明殿學士知福州。

趙成己等鳥石山題名淳祐四年

趙成己、克一、唯伯、穎叔，淳祐甲辰日南至之九日同來。正書，刻霹靂巖。

石中題歲月，聊紀（歲）〔此〕時遊。寄語嵒頭老，能無不朽不？呈和尚禪師，汴趙希道唯伯書。行書。

謝奕正等鼓山題名淳祐四年

淳祐甲辰暮春上澣，天台謝奕正、九華章時發、清江張一鳴、長沙王睿同遊鼓山，〔觀〕靈源（洞）。正書，刻靈源橋前，從左讀。

按，章時發，曾知惠州軍州事。

謝安之鼓山題名 淳祐四年

昭武謝安之體仁，淳祐甲辰九月六日重遊靈源洞。正書，刻洞中。

楊選等鼓山題名 淳祐四年

淳祐甲辰重陽日，郡别駕臨邛楊選約長樂黄師愨、鄉僧德靜來遊鼓山之靈源洞。男猷童、孫嘉老侍行。住山（得）〔德〕融，汲泉酌茗於此。正書，刻靈源菴前。

按，别駕楊選，郝志失攷。

趙與鐼等鼓山題名 淳祐四年

會稽趙與鐼齊賢偕弟與鍩德載，淳祐甲辰臘月二十四日重遊鼓山靈源洞。正書，刻靈源洞橋前。

按，與鐍、與鐠，皆燕王德昭九世孫。

重修武夷山精舍記淳祐四年

訪碑錄：王遂撰，王鑑正書，在福安。

按，遂，淳祐中以寶章閣學士知建寧。

李鏞鼓山題名淳祐五年

眉山李鏞因祖考文簡公諱日，挈二子淇、樞過鼓山，飯僧，遊靈源洞，徜徉一日而歸。时淳祐五年二月庚午日題。正書，刻靈源菴前。

按，李燾，眉州人，官敷文閣學士，謚「文簡」。

趙彦湄等鼓山題名淳祐五年

稽陰趙彦湄濟川、莆田蘸薦與遜夫、延平謝華維岳，淳祐乙巳後重陽一日遊於此。正書，刻靈源菴前。

按，趙彦湄，魏王廷美第五子勛國公六世孫。

王子壽等鼓山題名淳祐五年

建安王子壽、莆僧汴氏子安行之永人缺。廖孫伯安缺。以淳祐乙巳重九後一日，同宏中、守中、□中、□中遊。正書，原刻喝水巖上，後墜澗底。

應垕等鼓山題名淳祐六年

天台應垕茂博、建安劉煥文子、莆陽林彬之元質，以淳祐丙午寒食来遊。正書，刻龍頭泉右。

按，劉煥，時任寧化縣事。林彬之，端平二年進士，官福建常平司幹官。

嚴陵〔喻齋〕等鼓山題名淳祐六年

嚴陵喻齋攜子慶孫，（遇）〔寓〕通守真候館，以淳祐丙午清明前三日，偕道（山）〔士〕徐泰叔来遊，因偏覽奇勝，恭讀西山先生文忠公詩，倚暮而歸。正書，刻喝水巖。

重金山題名淳祐七年

重金題名石，在福寧城内學宫後重金山。上有馬鞍石，鐫云：「淳祐丁未臘月（十）〔廿〕九日，北山鄭寀偕邑令鄭黼仝登。」

閩書：按，宋制惟两府得賜金带、佩魚，〔謂之重金〕。淳祐五年乙巳，寀同簽樞密，賜重金。故名山以〔爲〕榮。

按，寀，福安人。黼，淳祐间知福安。郝志有傳。

蘇溥等鼓山題名淳祐七年

龍江蘇溥景淵、天水趙希性成己、九華葉信厚季有、委羽趙必奕叔弼、古栝蔡登元龍，以淳祐丁未季春望前一日，公餘同遊。正書，刻靈源洞左。

按，趙希性，燕王德昭八世孫。趙必奕，太宗第一子漢王元佐九世孫。

劉霑等鼓山诗刻淳祐七年

歲在淳祐丁未之秋，建州劉霆侍兄□□山二表，同諸丈登石鼓，酌湧泉，追憶舊遊，恍如一日。再獲拜觀文公先生外太祖書趙公「天風海濤」之句，感慨久之，敬識小詩。拂塵併簡住山信和尚。正書，刻龍頭泉右。

按，劉霑，學古之孫，朱子外曾孫也。

趙師耕鼓山題名淳祐七年

趙師耕畔缺。淳祐丁未冬十有七日來遊。正書，刻石門。

按，趙師耕，燕王德昭七世孫，任西外宗正司，又提舉常平茶鹽公事。

趙希衮等鼓山題名淳祐七年

淳祐丁未孟冬朔，止泓趙希衮偕客王復、陳士挺來遊。子與諫、與（譁）〔譁〕侍。住山宗信、僧顯輝、智燈。正書，刻靈源洞左。

按，希衮，燕王德昭八世孫，知南外宗正司事。王復，福寧人，嘉熙二年進士。

鄭思問等鼓山題名淳祐七年

淳祐丁未良月二十有六日，古栝鄭思問與同幕番陽徐憲、洪藏，臨安郎伋，客秦溪李光清来遊。申孫、滁孫侍。正書，刻靈源洞。

按，洪藏，時任汀州司法參軍。鄭滁孫，景定間進士，後仕元，官集賢閣學士。徐憲，曾任古田縣。見郝志。

趙希衰等烏石山題名淳祐七年

淳祐丁未良月望後九日，止泓趙希衰偕客楊焕、鄭果之、陳士挺、趙（宗伯）〔孟伯〕來遊，子與諫、與（詳）〔譁〕侍。住山紹潾。分書，刻道山亭。

鄭玠等鼓山題名 淳祐八年

戊申之春二月既望，莆田鄭玠與郡人潘昱伯、林圓、黄循父、林文子、余應發、唐大章、劉應得飲別于此。正書，刻靈源洞。

按，林圓，既見淳祐初元九日刻，此戊申當是淳祐八年。鄭玠，時任福州教授。

方克昌等鼓山題名 淳祐八年

時淳祐戊申上巳之明日，莆陽方克昌世蕃來遊，姪覺翁、子義行、〔義和〕、義明侍。正書，刻靈源洞橋前。

按，方克昌，嘉熙二年進士，官泉州永春縣丞。

鄭寀等鼓山題名淳祐八年

郡人鄭寀同周圭、王璞、鄭自牧、張(潛)〔彊〕、方應澤、劉自、黄士賡(同)游靈源洞。弟宦、甥上官晟、子(游)〔斿〕侍。淳祐戊申四月既望。正書，刻洞前。

按，寀，字伯亮，福安人，紹定二年進士，官端明殿學士。王璞，字器之，長樂人，紹定五年進士，官知潮州。

鄭仁鼓山詩刻淳祐八年

携檄來遊石鼓山，島洲凝望有無間。天根潮落海門出，洞口雲深月户關。名揭君謨椽筆健，詩留子直翠珉斑。古靈更有碑三字，旁剫須登莫倦還。淳祐戊申重陽前一日，新安鄭仁題。住山宗信刻。正書，刻靈源洞橋前。

按，鄭仁，歙县人，端平二年進士。

鄭得之等鼓山題名淳祐九年

清溪鄭得之偕林華卿、黄毅伯、陸士貴、李常伯、弟相伯、張天麟、朱擬、上官子歇，淳祐己酉菊節前三日（題）〔遊〕。正書，刻鼓山。

徐錫之鼓山詩刻淳祐九年

淳祐己酉年，徐錫之題喝水巖。正書，刻靈源洞。

趙蔗境鼓山詩刻淳祐九年

古磚出唐井，豫（識）〔讖〕國師名。於此坐禪處，喝回流水聲。如何神晏塔，移作李綱塋。見説山中石，不平空自鳴。

淳祐己酉閏二月清明，閩安鎮官四明趙蔗境與滂題於白雲亭石。正書，刻靈源洞橋前。

按，與滂，字肖范，太祖第四子秦王德芳九世孫。

連江縣通濟橋記 淳祐九年

鄭應大撰，在連江。

樓治等鼓山題名 淳祐九年

淳祐九年歲在己酉七月庚辰日，秋房樓治與客張棪、何光大、弟濡偕遊盡日，湧泉亭上月明，同(咏)〔載〕而(歸)〔去〕。正書，刻石門左。

按，樓治，時任茶鹽提舉。

趙與遺等鼓山題名淳祐九年

赵與遺德遠、與駒致遠、與駿稱德、與俶君茂、黄邁節甫、林仍祖貫道、王有鳳德説七人同登是山。時淳祐己酉重陽前六日。稱德篆識之。

按，與遺、與駒、與駿、與俶，俱秦王德芳十世孫，與駿時知連江縣事。黄邁，知永春縣事。篆書，在石門右。

趙汝珣鼓山詩刻淳祐九年

淳祐己酉九月下澣，郡丞古汴趙汝珣遊鼓山靈源洞詩。正書，刻靈源洞橋前。

按，汝珣，太宗第八世孫。

鄭仲路等鼓山題名淳祐十年

郡人鄭仲路、吴起巖、吴秀發、葉亮祖、吴季發、鄭窘老來訪喝水巖，同遊靈源洞。時淳祐庚戌季春望。正書，刻靈源菴。

按，仲路，字文載，閩縣人，嘉定元年進士，官知州連州。起巖，閩縣人，一云長樂人，淳熙十六年鄉薦。秀發，字宗魯，寶祐元年進士；季發，字崇勤，淳熙十六年鄉薦，官天章閣待制，皆起巖弟。窘老，字邦壽，長溪人，咸淳四年進士。

釋癡絶鼓山詩刻淳祐十一年

淳祐辛亥立春後日，釋癡絶詩。正書，刻大頂峯。

史季溫鼓山詩刻淳祐十一年

上到瑶峯第幾間，御風騎氣渺人寰。天高陡覺星辰近，地迥偏饒日月閒。去海茫茫疑十里，望州隱隱見三山。武𡰪榜墨千年在，任使重厓蘚字斑。淳祐辛亥立春後一日，移漕建水，挈家遊鼓山，登小頂峯，俯瞰山川城郭如畫。晚飲天風海濤，蓋武夷翁舊題也。留詩石間，以記歲月。眉山史季溫子威父書。正書，刻龍頭泉左。

按，季溫，時任福建轉運判官。

韩準鼓山書偈淳祐

宋淳祐木龍春仲望後一日，待鶴山韓準登屴崱偈。正書，刻靈源菴後。

按，木龍疑甲辰歲。

鄭應開等鼓山詩刻 寶祐元年

兩峯峻上半天開，一水爭奔急雪來。眺遠直(疑)〔凝〕滄海近，洞靈曲拗湧泉迴。慨思南北江山異，更陟嵯峨宇宙恢。眇眇愁余歌石鼓，(漫)〔爛〕磨枯墨灑蒼苔。栝山鄭應開偕同舍郎靳盈之遊。二子桂、梅侍。寶祐第一春二月五日。正書，刻石門。

按，靳盈之，字仲謙，閩縣人，紹定五年進士，官朝議大夫。

蔡公亮武夷山題名 寶祐二年

宋五甲寅夏閏乙未，后山翁泳、蔡公亮、瑶田詹復同遊九曲，邂逅(園)〔圃〕田詹然於大隱屏下，相拉觀一字天之勝。然之弟照載酒來會，引觴命釂，誦紫陽夫子神斧之章，慨然有感，援筆賦詩〔題名〕而歸。公亮書，然鐫石。在武夷樓閣巖。

按，泳，字永叔，號思齋，建陽人，受業於蔡節齋。公亮，字子明，號仁齋，抗子，寶祐元年進士。復，字仁仲，崇安人，景定間登第，知金華令。然，字三峯，崇安人。以甲寅夏閏攷之，「五甲寅」蓋寶祐二年也。

饒虎臣等武夷山題名 寶祐二年

寶祐二年閏六月（二十）〔廿〕三日，宛陵饒虎臣歸自閩漕，携友來游。是日也，溪風吹雨，山雲漏晴，朝往暮回，揔有奇趣。從余者，豫章虞希伯，廣信鄭會，建安蔡公亮、李演，道士江沖一，僧至惠。子（鉢）〔鉌〕自淮右沿檄來侍。

崇安縣志：在武夷大藏峯。

按，虎臣，字宗召，寧國人，嘉定七年進士，淳祐末知建寧府兼轉運使，其官漕臣，舊志皆失攷。武夷志云：宋史，淳祐十二年夏六月間，大水傷人甚多，閩漕饒虎臣發□五十萬、米五千石以賑之，帝允徐靖叟奏，悉與除豁。此事省、郡志俱失載。

連江縣鑿泮池記寶祐三年

邑人常挺撰。

連江縣志作「寶慶三年」。挺，字方叔，連江人，嘉熙二年進士，嘗知泉州。

西山寶祐三年

閩書：在建陽縣。與雲谷對峙，周圍百里。蔡元定少結廬山麓，忍飢讀書。時文公寓雲谷，每欲質疑，輒揭燈爲望。及至，淹留數日，通夕晤語。理宗寶祐乙卯，敕建西山書院，〔繪〕塑二賢對榻講道像。御書「西山」二大字，刻于西南崖山麓。

黄宜任等武夷山題名寶祐四年

三山黄宜任、林澤孺，建安楊以發來遊，兩士顔永年、徐祖安預。寶祐辰正（二十）

〔廿〕日。

按，辰爲丙辰，寶祐四年也。在崇安大藏峯。

趙與檳鼓山題詩寶祐四年

大宗與檳覩蔡、李、朱、趙書詩。寶祐四年四月十三日。正書，刻靈源橋前。

按，與檳，宗室，太祖十世孫。

黄洪同等鼓山題名寶祐四年

芳洲黄洪同遊天風海濤之勝，任沖老偕家人缺。至烏石留詩缺。寶祐丙辰九日。正書，刻靈源洞門口。詩蝕不可辨。

胡玹（及）等鼓山題名 寶祐五年

寶祐五年秋八月壬寅，胡玹及張元孫、張經、陳無咎、楊叔濟、趙汝與、時（涌）〔鏞〕、黄大任、高慶之、張介然、丘聞之、王維新會於靈源洞。正書，刻石門右。

按，張經，蘇州人，端平二年進士，知侯官縣，又提舉常平茶司。陳無咎，郡人，淳祐十年進士。楊叔濟，字濟叔，閩縣人，寶祐四年進士。趙汝與，太宗次子許王元僖七世孫，寶慶二年進士。趙時涌，字君招，魏王廷美八世孫，嘉定十年正奏。丘聞之，郡人，淳祐十年進士。王維新，郡人，寶祐元年進士。

竹房井 寶祐四年

在仙遊坑頭村，石篆「宋寶祐丙辰造」。

葉從龍鼓山題名 開慶元年

開慶改元仲春望日，道菴葉從龍來遊。正書，刻靈源洞前。

湯漢等鼓山題名 開慶元年

鄱陽湯漢以使事過鼓山，觀天風海濤之壯，遂登大頂峯，盡得奇觀。同遊者，眉山宋輝，上饒鄭日新，長樂陳堅、潘夕卿。開慶己未四月十三日，住山普門立。正書，刻靈源洞磴。

按，湯漢，字伯紀，安仁人，曾知福州。

風洞 景定元年

景定元年春，建安省齋翁徐自强書。在武夷靈巖。

趙清獻梅碑景定二年

名勝志：清獻公手植梅數本，在崇安縣後堂。景定二年，邑令邱應申刻石頌，云：「召有棠，萊有柏，獻之梅，刻以石。」

按，應申，福清人，景定三年進士。

道山亭題名景定四年

景定癸亥秋望，天台陳傳□、陳□□，郡人林元□剛中、陳□□□正、王居安，住山師燁同遊。正書，在侯官烏石山。

王鎔等鼓山題名景定四年

景定癸亥仲夏，王鎔景範、陳仁玉惪公同遊靈源洞。正書，刻靈源橋。

按，王鎔，時知福州。

景定磚文

閩書：長泰縣石岡山。掘地得古磚，方二尺許，中有墨書，宋景定元年埋。識其文云：「石岡平，（西）〔四〕山明。文星現，賢才生。」

常挺等鼓山題名 咸淳元年

咸淳改元後中秋四日，東軒常挺解溫陵印，來遊此山，男清子侍。自城來會者，陳斗應、林文（重）〔仲〕、徐武叔、至叔、賓叔、國生、林椿、張以富、林壯、孫時、趙希𢲫，王榮偕焉。正書，刻靈源洞橋前。

按，陳（應斗）〔斗應〕，字上建，侯官人，寶慶二年進士，官朝奉大夫。林椿，福州人，寶祐四年進士。王榮，建安人，淳祐元年進士，官清流主簿。常挺，咸淳間知泉州，時初解印也。

杜廡等鼓山題名 咸淳元年

咸淳乙丑中秋前五日，杜廡、黃公立、高拱辰來遊。正書，刻靈源洞。

按，黃公立，字子卓，邵武人，寶祐四年進士。

豪山碑記 咸淳二年

閩書：在同安豪山。宋王明叟（撰文）〔碑〕記曰：「祭法：山林、川谷、丘陵能出雲，爲風雨，見怪物，皆曰神。又曰：能禦大灾則祀之，能捍大患則祀之。縣東南三十餘里，曰豪嶺；又南一里，曰豪山。山巔有龍潭，天將雨，龍擊水，聲如鐘磬，時有蟹五色出潭傍。山麓故有祠，雨禱輒應。崇寧三年，（謂）〔詔〕天下名山大川有功於民者，聽所在州縣立廟。攝令趙〔公〕〔君〕文仲奉詔書，度材鳩工，廟成，扁「豪山」焉。初朱文公主邑簿，嘗詣祠禱雨，雨立至。淳熙十一年春夏旱，令鄭侯公顯禜於潭，是夕雷電交作，俄雨大霔。紹定癸巳四月不雨，西山真公遣吏謁祠，爲文告龍神，越二日雨。明年，端平甲午六月不雨，守竹湖李公修真公故事，未幾大雨，遣吏謁謝。所謂「能出雲爲風雨」者歟？豪嶺苎溪間，林薄陰翳，虎豹所穴，民有王姓者父子號訴於神，募善射者，一射中之。先是秋疫熾盛，病者十室六七。夏蝗蔽天，食苗幾赭，獨近廟〔數〕十里，人無札瘥，蝗不害稼。(曰)〔白〕桐嶺與漳接，鼪鼯出没不常。紹興盜起，統制陳敏出兵剿賊，神發蜂導之。紹興庚寅，陳三搶掠永春，擻德化縣，掀長泰，距境才二十里，居民賴神以安。所謂「能禦灾捍患」者歟？廟建於崇寧癸未，淳熙戊申新之，脩於嘉定甲申，咸淳丙寅重修之。董役鄭遂應等請書其事，遂書。

〔印〕真洞記 咸淳二年

在仙遊麥斜巖陳公池左。記云：「真聖筆，結衆緣，伊郭地，捨十方，架佛宇，功未就。予助金，圓勝事，成二殿，暨諸處。屋宇全，齋糧缺，捐己田，穀五石。號上朱，永布施，作偈焉，勸來者。周真官，僧道欽，董斯役，請鏤石，傳不朽。予嘉此，泉石勝，可肥遯，因銘之：石所磊磊，麥斜灣灣。武當道窟，彌陀禪關。名公才子，笑咏遊觀。梵遊真侶，住止盤桓。清吾心境，定我性湍。竹溪遺逸，不羡金鑾。太歲咸淳丙寅，陳京瑜少高筆。」

劉震孫等鼓山題名咸淳二年

劉震孫行部過此，與客徐汝孔、鍾文珍、林起予、郭玗來遊。住山法琪，咸淳二年二月八日。正書，刻靈源洞。

按，劉震孫，時任福建轉運使。

林希逸等鼓山題名咸淳二年

林希逸、徐汝乙、林拱辰、趙必岊，咸淳二年十月三日同遊。正書，刻靈源洞石磴。

按，希逸，字肅翁，號膚齋，福清人，紹定中進士，任簽書判官。林拱辰，莆田人，端平二年進士，官朝奉郎。趙必岊，太宗第四子簡王元份九世孫。

陳淳祖等烏石山題名咸淳三年

咸淳三年春正月十有二日，〔繡衣〕使者永嘉陳淳祖唯道（全）〔會〕淛東之仕於福唐者序拜道山。永嘉陳懋欽堯俞，金華唐爍潛父，四明趙若惠君錫，永嘉黄禹錫元功，三衢徐汝（二）〔乙〕伯東，留夢發彦和，金華呂守之悦善，永嘉林（鑑）〔鎧〕夫聲遠，方標良材，天台徐柏悦之，永嘉丁一鳳景陽，朱士可起予，陳子崇廣，張公輔良弼，林潭叔源，括蒼劉夢龍夔反，會稽董回孫景淵，永嘉蔡申顯伯□□□連帥九江吴公以饋至。正書。

張鎮初等鼓山詩刻咸淳三年

咸淳丁卯八月十一日，張鎮初遊鼓山，同遊王剛仲，子濱、泳侍。籠翎圈裹著禪關，頂有奇峯磴可攀。上下乾坤大千界，東西陸海兩三山。臨滄霧向風前解，喝水泉因雨後潺。一宿迷歸山莫哂，小窗經日對孱顔。草書，刻靈源菴對巖。

晏午鳳建武夷書院題記 咸淳四年

咸淳戊辰，三司奉朝旨鼎建武夷書院，開山職教者蓮蕩晏氏之孫午鳳。在崇安題詩巖。

按，武夷書院，舊志但言朱子所建。此晏午鳳奉朝旨鼎建，是始創，可補志缺。

福清縣祥符陂記 咸淳四年

林希逸撰，見郝志。

陂之名何始乎？其在夏書，已有所謂「九澤既陂」者。求之水經，則自楚人期思而後，天下不知其幾，無非賢守令〔爲民〕爲之。〔然廢興不常作，其始者固難，而復其舊者尤不易〕。汝南鴻隙，大陂也，翟子威廢之。濯龍之夢、黄鵠之謠，皆怨者託其言以（來）

〔求〕復，卒至鄧晨而後作，用力凡數年，其難可知（已）〔矣〕。〔況令人乎〕？玉融石塘〔陂〕，昔縣宰郎公簡所作，碑亡矣，誌有之。水之源始於閩長邑，南下五十餘里，至邑之西湖，迤行及藍尾，則由小橋而東注矣。濱江爲隄，直抵古放生湖，其匯始大。又行七八里，則湖之尾焉。溉田五十餘畝，爲邑上腴。以其作於祥符也，（故）以「祥符」名之。中嘗湮圮，嘉泰甲子，張侯大任實興之，〔既而時敝時葺，至〕景定癸亥，嚙於洪流，始大壞。故邑東諸洋皆無所仰，雨至莫（苗）〔留〕，旱則立槁，民甚病之。役大費夥，莫（措）〔適爲謀〕。戊辰，賢令尹〔實〕來，諗於衆而知之，曰：「邑雖貧，是烏可已？」作意復之。寓公大姓，亦樂爲之。相有草曰薈，湖昔所無，是歲忽生，售鏹六萬，令捐以助役。〔堤之〕基非沈以巨艦不可，適有禦人没舟者，令即給之。富者役者，輸財竭力，惟恐後令，〔又時出而諭勞之〕。孟秋始事，良月訖工，糜金錢六十萬、工六千。中役雨幾敗，後中秋三日洪（水）〔發〕，前重陽八日海漲，諸堤岸多（湮）〔漂〕没，而此獨存，人以爲令尹一念所格，聞者皆加額焉。是（陂）〔隄〕也，〔南臺廟東舊逼江，移而改築，以丈計之六十五，基尺三十，其上半之；湖尾爲丈二十，基尺八十，高半之，其上損四之〕一。邑人始疑其難，既成而喜，來請記。余亦喜，爲之書曰：祥符古陂，於邑之東。既廢而久，湖與江通。昔壤之腴，今廢而涸。賢哉令尹，爲民更作。堤成未半，潮怒溪淫。屹如有相，神監其心。緊令之心，惟民是福。天亦應之，嘉禾瑞粟。我歌屢矣，况此役乎。令尹之德，與長江俱。波流泱泱，禾黍旆旆。昔誰之如，賈渠召棣。令尹薛氏，名某字某，永嘉人。是歲實爲咸淳四年十有一月，〔林某記〕。

按，郝志咸淳間福清令，無薛姓，記亦没其名，當攷。張大任，嘉泰中知福清，見志。

陳穆等鼓山題名 咸淳五年

咸淳己巳季秋，于麓陳穆領親朋七人，登屴崱，（趨）〔遊〕靈源。越歲，庚午仲秋社後三日，侍親爲壽，表林侶曾、吳、章、孫、魏，崇節重來遊。子唐驥、文（麗）〔鹿〕、周熊，姪禹、黿（百）〔夏〕、鰲世、宣中、寧中，甥（連）〔建〕人劉（裴）〔棐〕侍。不期而復會者，林明善。正書，刻石門左。

廖邦傑等鼓山題名 咸淳九年

咸淳癸酉季春望日，延平廖邦傑以度節行鄉部，艤舟鼓山，詣祝聖所，(申)〔伸〕虎拜之恭，因登大頂峯。三山趙時洄、莆田鄭希點、莆田葉渙、合沙曾琮從，住山正凝、東山慧昌、北山明鑑。正書，刻龍頭泉右。

按，邦傑，字懷英，順昌人，時以帥參攝軍事。趙時洄，魏王廷美八世孫。鄭希點，咸淳元年進士，官太學博士。葉渙，嘉定十三年進士。

文丞相龍門石刻 景炎

郝志：在同安縣五通嶺。自下輦鋪過五都龍窟，有三巨石。傳爲宋幼主避兵至此登舟，今謂之「御踏石」。傍有二石，高〔四〕五丈，如門。(石上有跡，若牛頭上向者數十)。文天祥大書「龍門」二字刻石。

按，文山，以德祐二年奉旨詣北軍議和，爲伯顏所拘脅之，北行至京口，遁入真州，歷泰、通、台、溫。五月，益王登位福安，以觀文殿學士侍讀召至福，拜右丞相。七月，同都督出江西，遂行，收兵入汀州。是刻當在景炎初。又按，閩書：「余嘗至其處，嶺路岞峈，非通道也。幼主又自龍窟登舟入海，亦不叶取途。惟嘉禾嶼有五通嶺，幼主所過，迺此嶺也。」又文丞相未嘗奉幼主南行，「龍門」二字大似米元章筆，亦非丞相筆樣。想當時取象名石，而所云丞相，或陸丞相歟？

閩中金石志卷十一

宋無年月可攷，以地分系。

謝泌祠記

陳烈撰，在福州。

按，泌，字宗源，歙人，以景德元年四月刑部郎中，自兩浙運使移知福州，民爲立祠，陸如筠書碑，舊存甲仗庫。見三山志。陳烈，字季慈，侯官人，仁宗屢詔不起，宋史入隱逸傳，曾爲福州教授。

戒山頭齋會碑

蔡襄撰并書，在福州。

使州體問自來風俗，被喪之家，言有靡用破賣産業，置辨酒食齋筵，名爲孝行。至有亡歿之人，（本）〔舉〕家不敢哭臨，先將田屋出帳典賣得人，就頭商量，打了定錢，方敢舉殮。外（殉）〔拘〕人情，中抑哀毁，是不孝之人也。出殯之夕，鄰里識與不識，盡來（即）〔弔〕問，恣食酒肉，包攜歸家，至使喪家費用無極。其於人情，鄰里當有贈遺以資喪家，慰弔之際，豈可恣食酒肉以爲宴樂？是無禮之人也。山頭齋筵，僧俗之中，本非知識，齋食不足，每人散錢二百文，如有少缺，便即忿怒。送葬之禮，雖出於古，豈有本無哀情，只趁齋食，喪家竭力不給〔所求〕，此與乞丐何異？是無恥之人也。若不斷絶，民間轉見不易禮義之〔欲安之〕日遠。右仰喪葬之家，喪夜宴客，不得置酒讌樂；山頭不得廣置齋筵聚會，并分散錢物，以充齋價。如有輒敢，罪在家長。并城外僧院不得與人辨置山頭齋，及坊虞候耆長常切覺察。

教民十六事碑

蔡襄撰并書，在福州虎節門下。

一、應有無（□）徒輩〔欺〕誑，是知州親知，於州縣打索關節，乞取財物，許人告。二、市（賈）買〔賣〕物，虧減價例，及不晝時還錢，仰行人陳告。三、行人於諸官廳、幹當、廚庫、公人及市買等處，每月若有行用錢物，罪在行人。四、巡攔告稅，不得擅入人家搜檢稅物，須申州取候指揮。五、市行見行銅錢，如有夾雜砂鑞新錢，許人告。六、銀行輒造（吹）〔次〕銀出賣，許人告捉。七、人户居停賭錢，本罪科斷外，必定拆屋納官。八、僧人不得止宿俗家，婦女不得聽講及非時入僧院。九、諸官除依條本廳并轉轄處科決外，不得擅行決罰。十、巡檢使臣非承使州指揮，不得帶甲領兵搜圍人家，撿索違禁（服）〔物〕色；若窩藏强劫并殺人賊，明有踪跡，許收（提）〔捉〕。十一、諸縣擅行科取修造，及諸色鄉人斂掠人户錢物入己，許人陳理。十二、在州坊虞候所由，并外縣公人所受情弊，放散公事，不送州縣，許人告。十三、推司、當直司并外縣公人，因勘公事，（廉）〔廣〕有所受，許人因事報覆。十四、諸坊只許管本地內爭鬬、火燭、姦盜、賭錢、殺牛公事。十五、在城裏外喪葬之家，喪夜不得置酒肉宴樂，以虧孝道；山頭不得廣置齋筵，違者罪在家長。十六、士庶家不肖子弟盜賣家産，并轉肩出利，買客人貨，貴買賤賣，如本人無錢，勒牙保人賣業填還。

羅漢院記

祭酒鄭穆撰，在福州。

按，穆，字閎中，侯官人，舉進士，元祐元年爲國子祭酒，五年除寶文閣待制，後爲祭酒。見范祖禹所撰墓志。

剛顯廟記

郡人鄭昂撰，在福州。

按，昂，侯官人，政和五年進士。

修提刑公宇東西兩廳記

武提刑葉南仲撰，在福州。

按，南仲，侯官人，宣和三年釋褐，淳熙二年任福州武臣提刑。見三山志。

修廟學記

林希撰，在福州。

按，希，字子中，嘉祐二年制科，官至金紫光祿大夫，謚「文節」。

幽幽境

竹窗雜錄：鳥石山，蔡端明題「幽幽境」三字於石。嘉靖辛酉秋，建州楊應詔遊，記云：「落落埋没荒榛中，雖欲探之，而無所攷。」今歷五十餘載，愈不可問矣。

修龍興院記

楊胐撰，在福州。

按，胐，閩縣人，元祐六年進士，官至建寧節度推官。

吉祥院記

撰人缺，在福州。

月峯院碑

撰人缺，在福州。

蘇舜卿題記

在長樂石人峯傍石上。

鶴林鳳丘

在福州郡東門外鳳丘山，朱熹書「鳳丘」二字。又「鶴林」二字，亦熹所書。

第一山石刻

在福州麟次臺之下，米芾書。傳爲「美女簪花」之體，今析入民居。晉江妙覺寺亦同。

蟄仙

陳孔碩篆書，刻鳳丘山。

囷山碑

三山志：囷山碑，廣福院舊記云：「在釣螺江側，詩僧有朋嘗居之。」又有碑云：「王氏延僧弘韜於安國寺，(始)〔迨〕終，以禮葬之。」今囷山，其地也。

平山福地

在福州濂浦，宋少帝航海至此。有平山堂，丞相陳宜中書「平山福地」四大字。又有薰風隴、南華峯、蓬萊(闕)〔閣〕、錦繡谷、逍遥臺，俱篆隸大字。

按，宜中，字與權，永嘉人，擁二王由海道趨閩、廣，復遁占城以終。見宋史。

御茶亭碑

宋邱荷撰。

按，荷，建安人，天聖八年進士。見郝志。

御泉園詩刻

宋危輒孫撰文。古今碑刻記：在建寧。

按，輒孫，邵武人，咸淳二年上舍選科。見郝志。

無字碑

三山志：雪峯崇聖禪寺有無字碑。古頌云：「一片如屏紫翠間，風吹日炙蘚花斑。莫言個裏無文字，要在高人著眼看。」

湯泉詩刻

三山志：僧可遵常作偈：「直待衆生塵垢盡，我方清冷混常流。」〔蘇〕東坡賞之，有曾鞏、程师孟、蔣之奇諸公留題。

龜山

三山志：蔡公襄嘗至，親筆勒於石，有運判蔣之奇詩。

白雲石筧石刻

白雲石筧，自率金創於隆興，至咸淳再葺。捐財守中。正書，刻鼓山湧泉後。

古南臺

在鼓山釣龍臺，趙汝愚隸書。

鄭尚明等烏石山題名

鄭尚明同羽人佳妙□□向老〔試〕茶于三（覺）〔笑〕巖。

光風霽月

格古要論：「光風霽月」四大字，朱子書于江西白鹿洞，福州模刻。

畊雲釣月

格古要論：「畊雲釣月」四大字，朱子書，在福州。

天光雲影

格古要論：「天光雲影」，朱子書于雲谷。

趙勝非沖天臺題名

開封趙勝非奉使閩漕，癸巳季春二十九日，登鄰霄，遊沖天，回憩于道山。會稽石安素同来。

林艾軒神道碑

少傳、觀文殿大學士致仕、益國公周必大撰并書。

子貢問「鄉人皆好之何如」，孔子答以「不如鄉人之善者好之」。孟子告齊宣王以「諸大夫曰賢爲未可，必國人皆曰賢，然後察而用〔之〕」。是二者，古今觀人之要術，於吾艾軒猶信。初予與著作佐郎劉夙賓之爲同年進士，後識故相陳正獻公，皆莆人也。賓之博洽剛介，正獻道德隆重，其不輕許可則均。每論其鄉之人物，賓之曰：「艾軒，吾師也。」正獻曰：「艾軒，吾友也。」後予官太學，會諸生，則亦人人推林艾軒。蓋其博學篤志，手不釋卷，出入起居，必中規矩，事親〔孝〕，御下仁，行己恭，執事敬，勇於義，審於思，善并美(且)〔具〕，宜爲當世所宗。然未嘗著書，唯口授學者，使之心通理解，常曰：「道之全體，存乎太虛，六經既發明之，後世注解(既)〔固〕已支離，若復增加，道愈遠矣。」文辭古雅，不事雕鎪，如清廟朱絃，可一唱而三歎也。五十方奏名，則有命焉。於時朋游若門弟子宦達已多，交賀於朝，區區一第，何足爲公重？欲其因仕行道耳。夫未仕而鄉人之善者以爲師友，通國之人皆謂之賢，既仕則又爲之喜，由是天子察而用焉。兹豈聲音笑貌所能致哉?誠之不可掩也如此。艾軒,公自號也。隆興元年調袁州司户參軍,未上(調)〔召〕對,改左承奉郎、知永福縣。大臣論薦不已,(調)〔召〕試館職。乾道五年七月,〔遂〕入爲秘書省正字兼國(子)史編修、實録檢討官。六年,佐著作兼司勳,司(知)〔封〕郎(中)〔官〕。七年,遷著作郎兼郎禮部。八年,進國子司業(勳)兼太子侍讀,史職如故。九年,請外,以直顯(謨)閣提點廣西刑獄。淳熙改元,易使東路。二年,茶寇自荆湖剽江西,薄嶺南,其鋒鋭甚。公自將郡兵,檄摧鋒統制路海、本路鈐轄黄進各以其軍分控要害。會有詔徙公轉運副使,公謂賊勢方張,留屯不去,督二將遮擊,俘獲相繼,賊驚懼宵遁。上聞之,喜曰:「林光朝,儒生,乃知兵邪?」加直寶文閣。明年,(調)〔召〕拜國子祭酒兼太子左諭德。四年二月乙亥,駕幸國子監,命講中庸,上大稱善,(而)〔面〕賜金紫。己丑,除中書舍人,爲誥有古風。坐繳奏新御史除目,改權工部侍郎。請外,以朝請郎充集英殿修撰、知婺州,引疾,提舉江州太平興國宫。五年五月六日,卒。此其出處大略也。公諱光朝,字謙之,世爲興化軍莆田人。曾祖南一,祖繁,父勉,累贈奉議郎。母恭人曾氏。享年六十有五。是歲十月二十日,葬本縣麥堆原之北。娶徐氏,封恭人。六子,今存者宜季、能季。宜季,迪功郎,福州府福清縣主簿。一女,適太學内舍生南若礪。猶子成季力學而賢,爲公作家傳,正獻公又作祠堂記,凡公行誼閥閲已詳,而其子姪復以先志來求銘隧道之碑。予念昔在兩省，公適登第；典貳秘書，公來著庭；佐春官，公爲郎；掌史事，公爲僚；晚忝宫端，同事壽康皇帝。前後五聯官曹，大而性命道德之理無不講，内而闑門寢食之私無不及。讀書未達，賴公析疑；屬文未工，咨公指瑕；平居相愛，殆同天倫。公之本末，皆親見熟察，非但傳聞而已，是宜爲銘。其辭曰：

尚賢好修，志誰不勤。汲古纂言，業誰不精。孰如林公，好學而醇。所持者(約)〔正〕，所勉者誠。身猶布衣，人曰公卿。年未强仕，人曰老成。時雨之教，其化也深。水上之風，渙然有文。瞻彼莆中，冠蓋如雲。祭公之社，過者必欽。

六藝之一録曰：後村集：周必大書艾軒神道碑：「平園晚作，益自磨礪，〔然〕散(文)〔語〕終是洗滌詞科氣習(未)〔不〕盡，惟艾軒志〔銘〕極簡嚴，有古意。今祠堂本乃復(登)齋陳公所書，而平園真蹟藏外孙方之泰巖仲家。巖仲他日有佳石，當并平園小楷刻之祠中。」

按，碑「宜季福清縣主簿」，郝志失攷。

忘歸石

蔡襄正書，在鼓山。

金粟臺

在閩縣于山，元絳書。

按，三山志：「程師孟以塔中王氏時所埭金粟像名石上〔『金粟臺』〕三字，元少卿篆書。」按，元絳，字厚之，嘉祐七年嘗知福州，贈少師。

葺善溪沖濟廣應靈顯孚佑王廟記

閩邑令江文秉撰，在福州。

按，文秉，建炎間知閩縣。見郝志。

善溪廟記

閩邑令師輿撰，郡人馬戴書，在福州。

按，郝志：胡輿，淳祐間知閩縣。府志作「師輿」，當誤。

昭利王廟記

知西外宗正嗣濮王仲湜撰，在福州。

按，仲湜，字巨源，楚榮王宗輔子，安懿王孫，熙寧十年知西外宗正事。見宋史濮王列傳。

朱熹壽字

在鼓山喝水巖洞壑中石壁上，字大丈餘。

天風海濤

在鼓山屴崱峯上，朱熹取趙汝愚「江月不隨流水去，天風直送海濤來」句刻於大頂峯坪。

釣龍臺石刻

宋米芾書「全閩第一江山」六字。

福州府志：按，名勝志（并各志俱）作米芾書。玩其字體，圓整與米書迥別，（字）旁列名作「陸某書」（猶）依稀可辨，足正其訛。

蘇才翁題名

在鼓山喝水巖，篆書「才翁」二字，徑二尺餘。

平遠峯

三山志：在平遠臺東小橋旁有巨石，刻此三字。

箋經臺題名

河南陳紘公度、開封李茂直景弼，壬戌仲秋壬申遊安國院箋經臺。

國師巖

正書，在鼓山喝水巖澗底右壁，相傳郡人陳襄書。

按，鄭仁詩「古靈更有碑三字」，指此也。

青天白日

正書，刻鼓山大頂峯「天風海濤」旁。

蔗境

正書，刻鼓山龍頭泉左。

蔗境趙與滂題詩

湧泉亭柱有蔗境詩，石有「蔗境」字，皆不題名氏。四明趙與滂肖范見此有感，題曰：「詩題蔗境不題名，墨蹟懸巖碧蘚平。遊宦來看心忽悟，前身應是趙先生。」正書，刻鼓山龍頭泉。

曹繼本等鼓山題名

開封曹繼本侍兄公弼，同三山李澤卿，陳塘洪魯卿、柯梁，釋守如，丙辰季冬十七日遊眺，命子慈書。正書，刻石門。

周濱等鼓山題名

周濱、曹中缺。〔長〕老潛洞，丙戌九月二十日同至大頂峯。正書，刻大頂峯盤石。

柳元禮等鼓山題名

柳元禮邀孫居易、柯季忱、李志遠、張應和、潘廓如同游，辛丑上元前七日。正書，刻喝水巖。

按，柳約，字元禮，華亭人，大觀三年進士，官殿中侍御史。柯棐，字季忱，閩縣人，崇寧五年殿試第二人，官朝請大夫。李邁，字志遠，侯官人，崇寧五年進士，官朝議大夫。潘闢，字廓如，長樂人，崇寧五年進士，官朝散大夫。

師季題名

師季、仲碬、藏之、邵光、蒙伯，庚寅仲春七日遊烏石山。

福州府志：正書，徑一尺，刻烏石山。

趙希忛鼓山詩刻

古汴趙希忛題喝水巖詩。正書，刻靈源洞。

按，希忛，太祖第四子秦王德芳八世孫。

陳珏重來

正書，刻鼓山靈源庵石壁。

按，珏，字君寶，長樂人，嘉泰十年特奏名。

飛來

三山志：在懷安縣飛來山。石刻「飛來」二字，提刑劉嶠書。

苔泉

郝志：蔡襄守福州日，試茶必於北郊龍腰取水烹茗，無沙石氣，手書「苔泉」二字，立泉側。又「義井」二字，在社稷壇東里許，〔字大盈尺〕，相傳亦襄所書。

懷安縣建敕書樓記

吳延平撰，在福州。

懷安縣大門設漏鼓記

陳塏撰，在福州。

按，塏，字子奭，襄曾孫，端平二年進士，官至端明殿學士，謚「清毅」。見郝志。

懷安縣太平寺碑

撰人缺，在福州。

懷安縣移廟學記

周希孟撰，在福州。

長樂臺

三山志：侯官千福院有長樂臺。程師孟以臺名刻石。見通判馬益詩。

去華才翁

鐫芝山石屏，在長樂，朱子書。

按，三山志：觀音寺，慶曆中監司蘇、邵二公刻此四字。

溪(居)〔山〕第一

在長樂屏山下三溪，朱子書。

朝陽

在長樂五峯山，朱子書。

龍翔巖石刻

閩都記：在長樂龍翔巖。宋寺簿周芹遊此。又有豹變巖，與龍翔並峙，至今二石刻猶存。

魁龍

在長樂龍泉山，朱子書。

德成

在長樂籌峯石室，朱子書。

讀書處

閩書：在長樂籌峯山。山中巖爲宋劉砥、劉礪讀書之所。晦翁手題「讀書處」，鐫於石〔門之上〕。有祠祀晦翁，以二劉配（之）。

按，砥字履之，礪字用之，乾道間俱中童子科，並學於朱子之門。蔡元定、黄榦嘗往來其齋，顔其室曰「龍峯巖」。

龍首

張鎮書，鐫於長樂冠嶼峯。

雲梯

鄭性之書，鐫長樂五峯山。

按，性之，字自誠，閩清人，乾道間進士，官建州司户，改知同安縣。見郡志。

聚星

張翀書，鐫長樂福州裏山。

按，翀，長樂人，嘉定四年進士，官左司郎中。

元臺

在長樂縣爐峯山。宋狀元陳文龍勒碑，題曰「元臺」。

按，文龍，字君賁，莆田人，咸淳四年廷對第一。

龍泉

閩書：在長樂仙山萬壽道院之西。有七星井，其一井，宋鄭尚書丙書「龍泉」二字刻石。

按，丙，長樂人，紹興五年進士，紹興間任泉州節度推官。見閩書。

魁山顯應廟碑

閩書：在長樂魁山，真文忠撰文。其詞曰：「魁山兮崇崇，（大淵）〔奫〕淪亡極兮魚之宮。皇皇后帝兮睠南土，俾神宅茲兮衆爾主。嘘吸雨暘兮指嘨風雨，盪滌乖沴兮攘除妖蠱。有蛟婪婪兮血人以自飽，是震是悼兮奮厥天討。有兕額額兮猶蠭之群，恍瞻靈旗兮悸若獸奔。民恃神兮我父母，神不言兮信寒暑。明明我后兮子萬方，曰民爾恩兮我豈忘？既賁之以鴻名兮，又申之以顯號，中（真）〔興〕百年兮三焜煌其紫誥。民事神兮何窮，（報神）〔神報〕上兮焉從？異材出兮棟王國，泯安居兮稼茲植。公衮兮王圭，將便藩兮神錫。」

鰲嶺

閩書：在長樂縣。宋林岊書「鰲嶺」二字。

靈石俱胝院記

三山志：在福清縣清元里。大中元年置。唐武（后）〔宗〕時，僧元修始菴於此，誦七俱胝咒，治疾祟。荼毗於此。許難記曰：「自香城北（緣）〔沿〕嶺十里，西渡小橋，入長道，又西入蟠桃塢十步，有石屏，因爲榭。榭之西有漱玉亭，次有溪源、素波二臺。數十步有松偃蓋，西有散花（臺）〔堂〕，（次）〔又西〕有放鶴、待月二樓，高視亭、白蓮社乃至塔院。中有胡僧像，僧自西域來，有神術，至今鳥雀不棲。」

按，許難，崇寧五年特奏名。

聞讀　**香山洞**　**蟠桃塢**

在福清縣，朱子書。

�溪釣臺

閩都記：連江�溪釣臺，李彌遜所築，號「筠溪釣臺」，刻石志之。

〔張寶民等題名〕

張寶民、王晉卿，己丑孟夏遊石門。在連江石門。

〔陶問之等題名〕

陶問之、吳次，壬子仲冬庚戌同遊。在連江石門。

才翁所賞梅石福州府志作「樹石」。

在羅源縣白塔道旁石壁，有此六字，字徑尺餘，正書。

古田縣記

邑令李堪撰。

磨劍石讖

閩書：在古田東溪。讖云：「劍石平，出公卿。」宋令留元亮〔平之〕刻〔字〕曰：「劍石已平，公卿出焉。」

按，元亮，字平之，泉州人，淳祐間知縣事，有仁政。見郡志。

梅溪

在閩清海坪先農壇下，朱子書。

觀雲岫

在閩清珠峯，朱子書。

八閩嶽祖

在閩清白巖，朱子書。

龍門石刻

宋林羽講學於此，朱考亭鐫「龍門」二字於石，黄榦爲之記。在永福。

龍溪協濟廟斷碑

閩書：在永福十八溪，有龍溪協濟廟。宋黄定記曰：「定髫齔時，與群兒戲廟下，視東壁塵土間有斷碑，載二神事。長神張氏，名大郎；次神秀氏，名大敷。唐末來自固始，卜居焉。輕貲急義，時振人乏。歿，人廟祀之，乞靈報貺，赴者如歸。予稍長，夢抵神宫，二神爲余起立，顧曰：『子後必爲聞人，族亦衍大，今未也。』比壯，遊場屋，歷落久屯，意神戲我。年二十八，始補太學生。捷書未至旬月前，有異禽綵質紫章，來集予舍，旦旦（悲）〔蜚〕鳴，夜則棲止梁間。辛卯預薦，如之；壬辰奏春官，亦如之。已而對彤庭，叨首唱，是禽之至，又率如前。暇日訊諸耆老，或言曩有廟像，時有禽來，如雀，馴集神位。合境異之，羅而寘諸像中，品色與今所見同。定東歸，拜廟下，訪斷碑，已碎裂。深惟靈迹，懼後湮没，姑言梗概，以貽來者。」

按，定，永福人，乾道八年進士第一。見郝志。

陳暘高蓋山詩刻

名勝志：宋侍郎陳暘遊高蓋山，詩云：「巖頂風雲常不散，洞門日日吐煙霞。濟時偏（鮮）〔解〕爲霖雨，信是神仙第一家。」此詩刻於洞門石壁。

按，暘，字晉之，紹聖制科，授順昌軍節度推官，累官禮部侍郎，著樂書。宋史有傳。

蔡襄書陳伯孫詩

在興化囊山上，有石坦平，長八尺，蔡襄書陳詩刻其上，云：「六合萬籟息，秋林月正(歸)〔暉〕。琴中彈不盡，石上坐忘歸。」

按，伯孫，大中祥符間曾任長樂縣尉。見郝志。

有美堂記　牡丹記

並蔡襄書，刻於興化蔡氏，君謨後也。

董史皇宋書錄：張文靖公云：「君謨碑板照四裔，而尺牘尤遒媚可愛。有法帖五卷，合牡丹記、荔枝譜、茶錄、有美堂記、清暑堂記刻於興化蔡氏，最爲精好。蔡氏，君謨後也。廬陵刻法帖一卷，豫章刻法帖一卷，其中多有與廬陵同者。觀風堂刻雜書一卷。學宮刻晝錦堂記，相州元刻云『書丹』，而此本聞諸老先生云『以墨蹟橅於石』。廬山陳氏甲秀堂刻飛草一卷。萬安石橋記，大字刻石最佳，字徑一尺，氣壓中興摩崖。湖州學記四碑，大字與放生池碑相上下。」

中峯院記

輿地碑目：在莆田。曾開天台菴記云：「南山廣化寺，有菴百餘區，簷楹相摩，軒檻層出。如中峯、瑞泉、天宮，號爲絶景。」憑高遠（眺）〔覽〕於蒼茫杳藹之外。

義井

莆田縣志：在永福寺左。按，莆有五泉，一曰「仁泉」，在壺山蛌井〔之〕左數武，石壁上刻「仁泉」二〔大〕字，岳正書。二〔曰〕「義泉」，即此。三〔曰〕「禮泉」，即醴泉里。

四〔曰〕「智泉」，縣令何南金搆亭處。五〔曰〕「信泉」，在闊口溪海會（泉）〔源〕處，〔有井泉〕半甜半鹹，故謂之「信」。後人〔訛〕指路傍之井曰「聖井」，謂〔其〕能愈疾，誤矣。

留公井

莆田縣志：舊有石刻云：「知縣留居道重新。」

按，留居道，建隆二年以泉州招討使知縣事。井今在郡治東。

東坡書金紫公墓碣

在莆田縣靈隱山。唐末有金紫長官，自固始避巢寇來莆，卒葬此山。東坡爲書墓碣。

與造物遊

在莆田聖壽寺，朱子書。

鄭樵采藥詩

在莆田縣東石厓上。

演嶼

在奉谷里。宋少帝舟泊大峽江滸，爲元兵所迫，有白馬神忽演一嶼，以蔽帝舟，遂免。石刻「演嶼聖蹟」四字，尚存。

東坡山石刻

在莆田縣治南傍溪，矗石如積。宋淳熙間朱文公來遊，勒石。

蒼野

訪碑錄：朱子分書，在莆田。

何嶺

續志：在仙遊，宋陳讜書，知縣陳嘉勒石。

按，讜，字正仲，隆興初進士，豊之子，官至敷文閣待制，奉祠。工書法，大字尤精。郝志職官「仙遊知縣」，陳嘉失攷。嘉定間曾任龍溪縣。

天子萬年

在仙遊九鯉湖。石〔字〕，字縱橫八尺有奇，陳讜書。

僊泉井

在何嶺之側，宋主簿林正夫篆「僊泉井」三字。郝志「仙遊主簿」，正夫失載。

溪海會流

閩書：在仙遊楓亭溪太平港，有「溪海會流」石刻，蔡君謨（筆）〔書〕也。

淳化閣帖

在泉郡庠。相傳宋季南狩，遺於泉州。石刻久湮池中，時出光怪，櫪馬驚怖，發之得是帖，故泉人名其帖爲「馬蹄真跡」。又宋少師莊夏家摹刻一卷。今俱不傳。

按，鄭杰曰：宋沈源釋文序云：「是帖納郡庠，歲遠剝蝕。其後莊少師復摹以傳。」則今帖非「馬蹄真跡」，乃莊氏摹刻也。其石先屬張氏，後以其半質錢於族，秘匿不返。今所傳者，既非宋遺，而莊摹者亦皆割裂，遞更遞失矣。惟沙塘蔡少參家所藏七塊，完好不剝，蔡甚寶之。欲得莊刻之全，必求數家而合之，然不易也。莊少師，名夏，登淳熙八年進士，有文名。又按，法帖譜系：三山林伯鳳重刻長沙別本於家，指爲古潭帖。

陳鑑集名碑藪：淳化帖有二刻行世。又云有七十二刻。

蓮花臺銘

在泉州蓮花峯。閩書：宋僧真覺隱處。黄庭堅銘曰：「自古在昔，雷雨（雹）〔雹〕擊。天開八石，青蓮趺鄂。中有巖壁，〔狀〕敷（坐）宴息。大士密蹟，置鉢倚錫。蛇虺避宅，虎豹伏役。行人護戒，如龜藏六。以戒爲甲，如蓮生泥。不染香色，維〔巖〕居無斁。

庭堅銘。」

金粟之洞

在晉江縣紫帽山，有宋寧宗御書「金粟之洞」四字。閩書無「之」字。

泉南佛國

在晉江石佛巖傍，王十朋書，字高六尺許。

泉州府志：一刻南安九日山無等巖，鐫「泉南佛國」，唐僧無等建菴其側。

按，此龜齡知泉州時所書，當在乾道間。

天風海濤

在晉江安平鎮石佛寺，朱子書。

二朱先生祠碑

輿地（碑目）〔紀勝〕：傅伯成記，石井鎮。绍興初，朱松爲鎮，士向慕之。後二十年，文公官同安，間至鎮，與父老訪時事。嘉定中，鎮官游絳於鎮西爲书院，繪二先生像祀之，立碑祠傍。

豐山詩刻

在晉江縣豐山。閩書：五代齊有人搆此山。今石上刻有無名氏詩，曰：「齊朝誰（任）〔住〕古巖阿，絶頂雲霄手可磨。一掬白泉何處得，源來定自出天河。」

虎乳

在晉江清源山。寰宇記：呂道人書此二字。

清源福地

在晉江清源山。閩書：奇石倚天，室居石址，或曰裴道人嘗居（此）〔之〕，以吸日月精華。峽石刻字曰「清源福地」。

清源山虎巖石刻

閩書：虎巖在五臺峯右。宋元豐间，僧法超〔亦〕嘗閲大藏經於此。石刻有「大休歇場」四字，亦名「大休巖」。（宋）〔皇朝郡人都闔〕歐陽深即巖搆室，以祀歐陽詹。今直名此爲「歐陽室」矣。

碧霄巖石刻

在清源山南。閩書：石罅刻字曰「透碧霄」。左側宋三山林奭刻大「壽」字，高二丈，以祝親。又有石刻曰「少留冷飲」。

按，奭，泉州人，淳熙十一年特奏名，寶祐間任晉江。

梅巖石刻

在清源山。閩書：唐人陳（蝦）〔錫之〕讀書於此。谷口刻「梅關」二字、「梅巖山界」四字。五代時留從效别墅在焉。

高士峯

輿地碑目：（泉州）（安國）〔延福〕寺中有西峯，即唐徵君居處，有石篆題曰「高士峯」。

按，西峯，秦系故居，有石硯、石盂等並存，其居曰「秦君亭」。山之巔爲高士峯，相傳才翁書。

西華九峯

在南安九峯山頂西華巖，宋守謝埴勒此四字于石。又有「真一泉」三字。

按，謝埴，寶祐間知泉州事。見郡志。

九日山石刻

在南安縣西。府志：（至）自晉以來，縉紳方外多登憩焉。唐秦系隱居於此，姜公輔、韓偓後先寄跡。熙（定）〔寧〕間，守陳偁監郡日，子瓘來構山房。紹興丙子，朱文公尉同安，秩滿與傅伯成載酒過此。後淳熙乙巳，復與陳知柔賦詩懷古。上有朱子書「九日山」三字。

按，陳偁，熙寧間知泉州。見郡志。

泉州墨妙堂

陳知柔墨妙堂記：泉州九日山有墨妙堂。自晉以來，士大夫避世氛，多遊息賦詠於此，至唐益盛。筆墨與兹山並傳，今訪求無幾也。獨歐陽詹書屋在焉，蔡君謨之刻巍然並存。君謨人物風流，不居王顔下，其行書亦今日第一，此所以獨存。

太白峯

在惠安蓮花峯上，蔡襄正書。

伏虎石

蔡襄書。蔡嘗讀書於此。在惠安。

泉州府志作：伏虎巖，在惠安縣崑崙〔山〕。宋僧道養隱此，能伏虎。元泰定中，連應元刻其事於石。其下蔡忠惠襄母盧氏家焉，蔡嘗讀書於此。

錦溪

錦溪草堂，在惠安邑鎮安鋪，宋張巽子文讀書處也，鐫「錦溪」二字於碑。今草堂無攷，石碑巋然。

按，巽，惠安人，學者稱錦溪先生。

春臺

字大盈丈，正書遒健。宋盧瞻聖讀書登科山，書刻石上。

按，泉州府志作：盧瞻，惠安人。

登龍峯

在惠安縣螺江。宋崔拱及二子正則、麗則讀書於此，相繼登第。石刻「登龍峯」三字。

按，拱，惠安人，端拱二年進士，官太常寺丞。正則，登天祐三年科，官陽山令。麗則，舉天聖二年第，官秘書丞。並見郝志。

閩中金石志卷十二

宋無年月可攷，以地分系。

祈雨道場鄭公顯碑記

秋成在望，(霖)〔靈〕雨未零，遍伸蓂瘞之文，未協滂沱之應。昔聞禱雨，遺跡猶存，比乎唐令踵行，甘霖立沛。仍偕營屬，(用)〔共〕和神民，步行而去，戴雨而歸，遂使大(有)〔雨〕興歌，豐年誌慶。洵山靈之蘇兆(慶)〔姓〕，爰勒石以銘千秋。

按，在同安。公顯，字隱之，龍溪人，乾道進士，調建州司户，改知同安。見郝志。案，乾道四年六月建州旱。

銅魚金車石刻

銅魚亭，在同安南門外溪滸雙溪匯處，有銅魚、金車二石，雄鎮水中，朱子爲之題字刻石。後金車如故，〔而〕銅魚没沙泥中。後復出，以卜盛衰。見同安縣志。

瞻亭

在同安輪山北龍門下，有大石，朱子〔手〕書「瞻亭」二字。賈似道過此，欲描取其字，是夜石即倒翻，後人(刻)〔鐫〕其旁曰「墜星石」。見同安縣志。

按，閩書言石陷二字倒掛，當得其實。

戰龍松

在同安輪山梵天寺東，舊有二松攫拏，勢若龍戰，朱子刻「戰龍松」三字於石。見同安縣志。

靈源

在同安蓮花山。泉隨汐盈虛，朱子鐫字其上。

中流砥柱

在同安縣治銅魚亭，朱子書。

大同

在同安同山上，朱子書。

埸老　迎仙

在同安金榜山上，朱子書。

梵天寺石刻

在同安縣大輪山嶺，峯嵐四望，海色蒼冥，朱熹書「極目」二字。

御踏石

在同安龍窟村之上，有巨石三片，連接水中。宋幼主自此登舟，往莊坂尾，由五道嶺過海入粵。後人鐫其石曰「御踏石」。見同安縣志。

棋局石

在同安小嶝石虎砦仙人井，有天然方石，周二尺許，鐫爲棋局，中分一道，鐫「萬幾分子路，一局笑顔回」十字，已遭琢没，惟萬、幾、分、回四字尚完善可摹，蓋宋邱釣磯手筆也。踰局稍西，釣石在焉。見同安縣志。

官榮石

在同安塔期社，里有大石壁立，勒「官榮」二字，筆勢蒼老，可二尺餘，相傳爲宋陸秀夫書。

按，君實嘗從二主走温州，益王立於福州，進端明殿學士；衛王立，以君實爲左丞相。後殉崖山之難。見宋史。

談元石

在同安金榜山，朱子書。

浴龍橋

在同安夕陽山，山澗有橋，鐫「浴龍橋」三字，相傳宋寧宗浴此。

同山

在同安縣梅山寺，石上鐫「同山」二字，朱文公筆也。

太華巖

朱子書，在同安蓮花山。

應城山

在同安，朱子築隄山上，刻「應城山」三字。

溪山第一

在龍溪雲洞石壁上，宋朱子書「溪山第一」四字。

按，長樂亦有此四字，殆後人摹勒，猶「天風海濤」之屢見也。

石室清隱

在龍溪洞中，刻此四字，朱子正書。

駐蹕處

在漳州太姥山，相傳宋少帝駐輦於此。布衣張士楷詩云：「景炎遺跡杳閩關，駐蹕猶傳太姥山。」又壽山寺有石鐫「行在」二大字，亦少帝遺跡。

好景山石刻

閩書：在漳浦好景山。石壁刻「呂令峯、傅公河」六大字，餘不可識。呂名璹，惠卿父也。

名勝志：在印石山。璹，字季玉，景祐初進士，歷漳浦令，守潮、懷二州。見郝志。

丞相巖詩刻

閩書：在（漳浦）〔龍巖〕胡村山。山有丞相巖，宋丞相文天祥經此，有詩懸書石壁。

考文山集，景炎二年正月，移屯龍崖，三月至梅州，則題詩在此時矣。

劍歸閣碑

在延平府治後，宋丞相李綱書。

李侗墓碑

在延平府城南，宋汪應辰撰文。

按，聖錫，紹聖中爲秘書省正字，以言事忤秦檜，通判建州。紹聖三十二年，以集賢殿修撰知福州。見郝志。

浮玉石

在順昌。秋水澄空，則字見焉。相傳爲朱子書。

溪山一覽

朱子書，在延平府城内。又有「汲古井」扁，在建陽考亭，亦朱子書。

北苑五咏碑

宋龐籍撰，在延平府東吉苑里。

按，籍，景祐間爲福建轉運使。

釣臺

在延平府城南，宋隱士吴儀嘗漁釣於此，石刻「釣臺」二字。楊時有詩。

按，儀，字國華，南平人，隱居橘溪上，羅從彦師之。元祐間，陳瓘薦之，辭不就。見郝志隱逸。

南劍州湯漢謝雨碑記

三山陳漢刻石，在南平萬福龍神廟。

百花巖

在南平劍溪之東，石壁峭立，鎸隸書「百花巖」三字，下有碧雲洞。

吟室

在延平湛盧山，朱子書。建寧府志：在松溪湛虚山。

集公山石刻

輿地碑目：在建（寧）〔陽〕縣北。江先生側嘗聚徒讀書，側與群弟（子）相繼登第，如葉祖洽、游酢乃其尤顯者。有山齋題名。

按，側，字處仲，建陽人，熙寧中學究出身，葉祖洽等師之，後爲將作監簿，與族子汝舟號「二先生」。見萬姓統譜。

匙澗泉

古今碑刻考：朱晦翁書「匙澗泉」三字，在建寧縣資壽寺。

甘棠碑

閩書：在沙縣洛溪。〔宋〕宋南强爲令，有善政，其去也，道出此溪〔之上〕，邑人名路曰「甘棠」，勒碑曰「甘棠碑」。

按，南强，字子居，山東人，紹聖、咸淳間知沙縣，治專德化，不事刑罰。解職去，民立「甘棠碑」以表去思。見郝志。

責沈文碑

在尤溪縣學，陳瓘撰。

適越而北轅，越不可至。徙越人而置於齊里，則越語可易而爲齊。然則氣質一定，而不能自易其習者，非以其不學與？氣質之用狹，道學之力淺，習其所自習者，未嘗察也。天氣而地質，無物不然，人邈乎其間，亦一物耳，物與物奚以相遠？或哲或愚，不繫其習乎？思誠之道，莫先於學；務學之要，在於求師。顏子之不遷不貳，得於孔子，希顏之人，將孰師焉？葉公問孔子於子路，子路不對。夫葉公有知人之明，有謀國之忠，愛賢而得民，慎微而憂遠。其事皆有可指，其遺語之見於緇衣者，亦可觀焉。楚國之賢，無出其右，子路非慢賢者也。魯有仲尼，而彼不知焉，則於其問也，何足對哉？陳良，楚産也，而能使北方之學者莫(之)或先〔之〕，故孟子以良爲豪傑之士，爲其能悅周公、孔子之道而已。不知仲尼，則雖賢如子高，亦孔門之所不對(者)也。爲士而稽古者，可不鑒哉？予元豐乙丑夏爲禮部貢院(點檢)〔檢點〕官，適與校書郎范公醇夫同舍。公嘗論顏子之不遷不貳，惟伯淳有之。予問公曰：「伯淳誰也？」公默然久，曰：「不知有程伯淳耶？」予謝曰：「生長東南，實未知也。」時予年二十有九矣。自是以來，嘗以寡陋自愧。得其傳者，如(中立)楊〔中立〕先生，亦未(有)〔之〕識也。崇寧之初，兄孫漸就學其門，〔時〕予在合浦，始獲通問。予之內訟改過，賴其一言。漸於是時，亦以所聞警予之謬。予始忽其言，久而後知其爲藥石也。今漸來天台，考其學益進，聞其言益可喜。陶染薰鑄，有自來矣。舉修步於南溟，觀洪瀾於北壑，此可遠之基也。始之不謀，何以得此？古之善學者，心遠而莫禦，然後氣融而無間；物格而不(惑)〔二〕，然後養熟而道凝。山上有木，其進也漸，合抱之幹，豈一朝一夕之所可〔俟〕哉？人之患，在不立其基，基立而不勉，亦何以愈於彼乎？物之終始，可不嚴哉？始識而終成，同乎一默，非言語所能(容)〔究〕也。予以多言取禍，尚未誅殛，戴恩自幸，不知歲月之久，而生死之有二也。既老且病，(於)〔手〕痺目昏，簡編筆硯，殆將捐棄。今於漸之行，不能忘言，作責沈以貽之，喜漸之能謀其始，而篤之使有成也。政和(二)〔三〕年八月九日，了齋書。

鄭杰閩中錄云：當時推崇洛學者，盛傳其文。碑在尤溪縣學，今人罕知之者。按，了齋，沙縣人。

通駟井

閩書：在尤溪縣治西通駟坊，井甚甘冽。宋秘書監黄聲刻石記異。

按，黄聲，大觀三年特奏名。

青山

在建寧南門外青山，宋陳瓘書。

朱子井闌題字

建寧府汲古井，在考亭書院内，朱子題井闌，上有「嘉熙」二字。

雲巖石跡

閩書：在甌寧縣雲巖。昔有普濟大師坐化其上，鄉人(祀)〔祠〕之。頂有二石，大者如獅，小者如鈴，名「(石)獅〔子〕鈴〔石〕巖」。右有雪巖，雙峯並高。連大師用指大書「昇」字於石，字跡尚存。今與普濟同祀，並著靈嚮。

易繫辭

訪碑錄云：在建陽，朱子行書。自「易有太極」起，至「逆數也」止。首有「太極圖」三字，篆書，無年月。末有「蔡元定刻」四字。

劉夢陽跋：紫陽先生墨跡，原刻在楚常德，余既重修彭衙　廟學，鐫　先師小影暨大司寇像於廟，因摹此刻於明倫堂北，徒托金石，以傳不朽。入廟瞻　像，登堂覩墨　師模，儼然儀形，式法是在，吾同志□。時大明萬曆二十一年夏六月吉立。知白水縣□西蜀劉夢陽□識。邑人經魁林　篆書。

王功載記：考是書在宋乾道間，書孔子易繫辭、説卦三節，凡八碑，在明倫堂東壁，依堂壁逆行。至國朝正統三年戊午，歷年二百五十，舊刻漫滅，知府周鼎重刻刊正順行。教授廬陵〔劉〕慶有跋。

錢大昕金石文跋尾：右朱文公書「易有太極」一段，蔡元定刻，在常德府學。明正德乙亥，吉水鄧璞爲嘉定縣儒學教諭，復摹勒於吾邑之尊經閣下，今移置明倫堂西南向。刻手不精，遜原本遠甚。海隅士大夫罕見文公書，得重刻本猶珍而秘之。予在都門琉璃廠書市得此本，蓋猶常德元刻，筆法險勁，精采四射，殊可喜也。

按，諸家並言石刻在常德，惟孫氏星衍云在建陽。當初刻於此，爲他處所重摹，非一石也。

九溪

閩書：在武夷水光石，石名「晴川」，鐫「九溪」二字，倒影溪中。相傳趙清獻公筆。

蘆峯

宋理宗書，在蘆峯。

千巖萬壑

在武夷儒巾石，蔡九峯書。

報恩寺劉屏山記

在崇安報恩寺。

李仲光慈惠廟記

在崇安興田。

屏山詩刻

閩書：宋劉子翬有屏山十七景詩，朱子爲書，刻潭溪石上，在崇安。通志曰：劉子翬宅在屏山下，中有六經堂，又家園有蚤賦堂、横秋閣、涼陰軒，山館有萬石亭、意遠亭、懷新亭、百花臺、酴醾洞、海棠洲、蓮池、桔林、桂巖、宴坐巖、醒心泉、南溪，凡十七景，子翬各賦一詩，朱子書，刻於石上。

按，彦仲曾除興化軍通〔判〕，辭歸武夷，學者多從之，號屏山先生。見郝志。

雲巖

在崇安攬石峯右靈石門上，朱子書。崇安縣志作靈巖，在武夷靈巖。

九曲櫂歌

朱子撰書，在武夷。

武夷山上有仙靈，山下寒流曲曲清。欲識箇中奇絶處，櫂歌閑聽兩三聲。

一曲溪邊上釣船，幔亭峯影蘸晴川。虹橋一斷無消息，萬壑千巖鎖（暮）〔翠〕煙。

二曲亭亭玉女峯，插花臨水爲誰容？道人不（作）〔復〕陽臺夢，興入前山翠幾重？

三曲君看架壑船，不知停櫂幾何年。桑田海水今如許，泡沫風燈敢自憐？

四曲東西兩石巖，巖花垂露碧㲯毿。金雞叫罷無人見，月滿空山水滿潭。

五曲山高雲氣深，長時煙雨（散）〔暗〕平林。林間有客無人識，欸乃聲中萬古心。

六曲蒼屏繞碧灣，茅茨終日掩柴關。客來倚櫂巖花落，猿鳥不驚春意閑。

七曲移船上碧灘，隱屏仙掌更回看。却憐昨夜峯頭雨，添得飛泉幾道寒。

八曲風煙勢欲開，鼓樓巖下水縈洄。莫言此處無佳景，自是遊人不上來。

九曲將窮眼豁然，桑麻雨露見平川。漁郎更覓桃源路，除是人間別有天。

滄洲歌

朱子書，刻考亭，行書。

富貴有餘樂，貧賤不堪憂。誰知天路幽險，倚伏互相酬。請看東門黄犬，更聽華亭清唳。千古恨難收。何似鴟夷子，散髮弄扁舟。鴟夷子，成霸業，有餘謀。收身千乘，卿相歸把釣魚鈎。春晝五湖煙浪，秋夜一天雲月，此外(倦)〔儘〕悠悠。永棄人間事，吾道付滄洲。見朱子文集，即水調歌頭也。

按，紹熙五年冬，朱子竹林精舍成，復更名滄洲精舍。此刻當在是時。

茶竈

在武夷茶竈石，朱子書。

逝者如斯

朱子書，在崇安。

幔亭記

訪碑錄：朱子行書，在崇安。

按，朱子文集及武夷志俱無攷。

西山蘭若寺宋敕碑

在崇安寺後殿左廊，行書。

晞真館

閩書：在武夷六曲溪〔北〕。紹興間，有漁人得此石巨浪中，傍題「子真書」，筆勢甚奇。

趙抃詩刻

松撼寒聲竹鎖陰，梵宮瀟灑稱行吟。庭前花意自榮落，門外山光同古今。夜榻近軒孤月滿，曉鉏尋（藥）〔葉〕亂雲深。中間着了休休事，不信歡愁解到心。劉子翬次韻趙清獻陰字云：「石磴雲房隱澗陰，（當）〔昔〕年清獻此清吟。鳳池人物終難繼，花縣風流直到今。三尺翠碑遺墨在，一林寒竹（着）〔暮〕煙深。平生景仰高名久，敢負他時（遺）〔直〕愛心。」崇安縣志：在報恩寺。

錦江

在浦城大石溪石壁，朱子書。閩書：朱文公訪友過此，值山花盛開，書「錦江」二字於石壁。

上蔡先生語

朱子行書，在崇安。

蘇軾書雪堂圖石刻

閩書：在邵武郡學明倫堂東齋。圖甚工，東陽周懋跋。

連昌宫詞石刻

閩書：在邵武郡學明倫堂西齋。蘇軾書，郡人黄永存跋。

周子太極圖刻

在邵武郡學。

魁字

在邵武銅青石壁山，宋謝紹祖書。

繡溪

在邵武繡溪石上，宋謝源明書。

按，源明，晉江人，嘉定中任泉州府。見郡志。

衛石刻

閩書：在邵武縣九龍觀。衛石出地三尺，上有宋篆十二字。俗名石爲「龍尾」。

吏隱堂銘

輿地碑目：在邵武。葉儀鳳撰，云：「樵溪之水清漱玉，樵嵐之山翠可掬。溪水之湄山之足，月上寒梅擁修竹。」

按，儀鳳，紹聖間曾任漳州教授。

米元章題名石

閩書：在福安湖山。絶頂有積善巖，石洞幽險，有米元章題名〔石〕刻（巖石上）。

宋守王十朋石刻

在德化九仙山龍池旁，鐫「（蔡）〔祭〕崇隆進祝聖南池」八字。

真西山共極堂硯浦城祖氏所藏

左足有「共極堂」三字，隸書。

鄭漁仲硯福州李氏所藏

硯長六寸，廣四寸，高四寸，背有「夾漈草堂」四行書，左足有「鄭樵記」三篆文，爲磨刀痕所傷，乃莆田鄭氏物也。右旁有紀昀銘，云：「惟其書之傳，乃傳其研。欝攸於予心，匪物之玩。」十八字，行書。左旁有邵齊然銘，云：「曉嵐受詔續通志，漫士先生以夾漈舊硯贈之。闇谷居士爲之銘曰：墨繡斑斑閲人幾，觚稜刓缺字不毁。夾漈有靈式憑此，六百年後待吾子。時乾隆丁亥正月。」共六十一字。石材黝潤，乃岭羊老坑也。

謝文節橋亭卜卦硯銘

此石，吾友也，不食而堅。語有之：「人心如石，不如石堅。」誰似當年採薇不食守義賢也？

程文海銘。

宋謝侍郎硯。

大明永樂丙申七月，洪水去，橋亭易爲　先生祠，扣地得之。

閩後學趙元□□。

金石萃编：按，宋史傳稱：謝枋得，字君直。寶祐中，舉進士乙科，除撫州司户參軍，即棄去。明年復〔出〕，試教官兼經科，除教授建寧府。未上，吴潛宣撫江東西，辟差幹辨公事。坐事謫居興國軍，咸淳三年放歸。德祐元年，知信州。二年，吕師夔定江東地，枋得以兵逆之，敗奔信州。师夔下安仁，進攻信州，不守，枋得入建寧唐石山，寓逆旅中。已而賣卜建陽市中，有來卜者，惟取米屨而已。元至元二十三年，集賢學士程文海薦宋臣二十二人，以枋得爲首，辭不起。二十五年，福建行省参政魏天祐欲薦枋得爲功，枋得見天祐，傲岸不爲禮，天祐怒，强之而北。二十六年四月，至京師，問謝太后攢所及瀛國公所在，再拜慟哭。已而病，遷憫忠寺，見壁間曹娥碑，泣曰：「小女子猶爾，吾豈不汝若哉？」留夢炎使醫持藥雜米飲進之，枋得棄於地，終不食而死。李道源撰神道碑：至元(二十)〔廿〕六年八月，子定之奉柩還廣信；明年九月，葬其鄉之玉亭龔原。門人誄而題之曰「文節先生謝公墓」。又據行實載：公四月初一日至燕京，初五日死於驛，不云在憫忠寺。此疊山歷官殉節之大略也。橋亭，福建通志：「在建陽縣南朝天橋，舊名濯錦。明永樂十四年，圮於水；十七年，縣丞趙璧重建。橋上有謝疊山祠，祀宋謝枋得。枋得嘗賣卜於此橋上，邑人祀之。」此橋亭卜卦硯之可考者也。硯銘識云：「程文海銘宋謝侍郎硯。大明永樂丙申七月，洪水去，橋亭易爲先生祠，扣地得之。閩後學趙元。」丙申，爲永樂十四年，與通志合。此銘爲閩人趙元所鐫，而云「程文海銘宋謝侍郎硯」。疊山官止於知信州，未嘗爲侍郎。其號「疊山」者，謫居興國軍時，謫所有西山層疊，因有「千載西山疊疊青」之句，遂以自號云「疊山」。文集後附明山東道監察御史李奎褒崇忠節奏詞稱：宋忠臣謝枋得，弋陽人。弋陽自歷代以來，擅道學、忠節之名者，獨枋得一人而已。枋得妻李氏，永樂初已蒙朝廷登載烈女傳，足以垂耀不朽。奈枋得祠宇未立，封謚未加，後人無所稱仰。如蒙准言，乞禮部定謚褒贈，仍行原籍有司創立祠宇，歲時致祭云云，而不詳是時朝廷准行與否。又集後附行實，不著撰人時代、姓名，有云：至元甲申，黄華平，大赦，枋得乃出（得）還，寓於茶坂，設卜肆於建陽驛橋，榜曰「依齋易卦」，（雖）小兒賤卒亦知其爲謝侍郎也。侍郎之稱，蓋始見於行實。朱彝尊日下舊聞引韓襄毅公集載韓雍請謚宋臣謝枋得疏「竊見宋禮部侍郎謝枋得，乞敕禮部、翰林院議加贈謚」云云，是韓雍具疏以前，先有禮部侍郎之官，究不知加於何時。又引景泰實錄載：景泰七年九月，以巡撫江西右僉都御史韓雍之請，事下禮部，於是少保、大學士陳循等議按謚法「遵德博聞曰文，謹身制度曰節」，請謚曰「文節」，帝如所議行。是「文節」之謚，由於景泰禮臣之議，並不因門人誄題之文，皆所未詳也。程文海，字鉅夫，避武宗廟諱，以字行，故元史傳名「鉅夫」。傳稱：鉅夫入元，授宣武將軍，管軍千户。世祖召見，置之翰林，爲應奉翰林文字，進修撰。至元二十年，加集賢學士。二十三年，首陳興建國學，乞遣使江南，搜訪遺逸。三十年，出爲閩海道肅政廉訪使。是疊山之被文海薦在二十三年，卻聘書，流傳不朽，雖鄉塾童孺，皆能誦而習之。其被强入都，不食而死，在二十五年。硯銘皆述疊山不食之事，似乎疊山入都時，未嘗攜此硯行，卒後流傳人間，而鉅夫官閩海，因以銘之。據陳太常兆崙詩註稱：文海曾任閩海廉訪使，適其時，始獲此硯，〔乃爲銘，而仍歸之亭吏。則此硯〕沈埋建陽橋下，由亭吏失守所致。越百二十餘年之後，因建橋而掘土得之。又越三百年，輾轉入於京師，爲宛平查氏所得。查諱禮，字恂叔，號鐵橋，宛平縣人。得此硯時，官粵西太守，其後陞任蜀中，終湖南巡撫。宦轍萬里，恒以自隨。海内文人多作詩，〔其時昶亦有詩紀其事，畢秋帆尚書哀詩〕詞爲上下二卷，併摹硯形銘記，刻以傳世，名卜硯集。今恂叔子湖南觀察淳，尤護惜之。昶得其搨本，重疊山忠節，故他硯銘皆不錄，而獨存此，併識之。

文信國鐵印

印廣八分，珠紐中穿，朱文「天祥」二字。周櫟園印人傳云：侯官農夫野田中耕出，歸一老儒。余入閩，欲以金易之，不可。予門人陳濬告予曰：「此老儒負郭田也。凡家有疫祟者，持此往鎮輒愈，厚償之。後只給一印紙，每紙一星云云。」嘉慶十二年，有吳市賣煙草者佩此印，云從福州城外拾得，後歸海昌陳徵君鱣。今尚藏其家。

閩中金石志卷十三

元

達魯花赤孛羅等武夷山題名至元元年

至元後庚辰春，浦城達魯花赤孛羅同崇安邑史林錫翁奉上司命造茶題。在崇安題詩巖。

瑞巖石刻至元十年

徐從道偕陳夢兆、朱元錫、范彦章、陳〔舜俞來遊。宣和壬寅正月晦日〕。[一]

[一] 原文「陳」后有「己丑菊節，范陽孛羅天章題」，實爲后天開圖畫内容雜入，今删去，並據福州十邑摩崖石刻補闕文。

武夷山題名至元十一年

至元庚寅之春，劍南毋逢辰修創書院，董役者趙必社、安天民、熊禾、詹光祖。彭文甫書。在武夷題詩巖。

按，禾，字去非，號勿軒，建陽人，從朱子門人學，咸淳十年進士，授汀州司户參軍，入元不仕，築洪源書堂於武夷。逢辰，（天曆）〔大德〕間任福清州。光祖，天麟父，崇安人，居武夷。

毋逢辰等武夷山題名至元十一年

至元庚寅重三節，蜀人毋逢辰督修武夷書院畢，偕趙必社、安天民、趙若、羅元豫、詹光祖、彭文甫、劉應徐來觀文公題刻。在武夷響聲巖。

按，至元重修武夷書院，舊志失載。

武夷山題名至元十一年

至元庚寅臘月八日，古桂石〔壁〕徐夢奇德麟詣武夷，拜謁文公祠下。翌日，與院教詹光祖泛舟九曲，徧覽仙迹。同遊宋奕章德馨，後至者蕭九成，期而不至者熊禾。在武夷響聲巖。

按，夢奇，元貞初任福州路總管同知。見郝志。

秋澗老人蟠桃塢詩刻至元十一年

都會東南未可夷，衣冠文物見多儀。儒風興盛猶唐館，霸氣沉雄入釣池。海近重城朝日早，江圍平野暮潮遲。道山亭迴斜陽晚，一片瑶鐫晤語時。至元庚寅(夏仲)〔仲夏〕重午，登道山亭，秋澗老人題。男公孺侍行，並士人劉三益、王公□□福唐時□，迄今三十八年。正書，在侯官烏石山。

雲峯居士鄭從龍墓志元貞二年

訪碑録：劉肩吾撰，正書，在閩縣。

楊忠翊等鼓山題名大德元年

大德元年歲次丁酉十一月中旬，行御史臺監察御史楊忠翊，偕書吏楊仲舉、福州〔路〕府判郝謙公餘來〔此〕。正書，刻石門。

按，郝謙，元貞間任福州判官。

脱脱木兒等鼓山詩刻大德二年

海上諸峯劍戟稠，兹山盤礴礪甲閩甌。天風下控三千界，島月旁通十二樓。郡志昔常誇絶域，版圖今始附中州。六朝而後多詞客，(識)〔誰〕得題詩到上頭。總統三藏大師沙羅巴、監憲公脱脱木兒、簽司陳錫、潘昂霄、秃滿同予來遊(鼓山)。大德二年春正月乙未，福建閩海道肅政廉訪使濟南趙文昌題。時靖也侍行。長老在山傑公刊諸石。是年四月初吉，靖同耆宿吴綺、陳子修〔重〕來(遊)。正書，刻石門左。

按，脱脱木兒、趙文昌，大德間任閩海道肅政廉訪使。見郝志。潘昂霄，濟南人，官侍讀學士。秃滿，至治間任福寧州。

閩縣造萬壽橋記 大德七年

學士馬祖常撰。

按，閩都記：大德七年建，至治二年落成，祖常爲記，並刻「萬壽橋」三字於石。祖常嘗同知漳州路，官至御史大夫。

九侯名山大德十一年

訪碑録：僧無碍正書，在詔安九侯山石。

石門李良傑題名大德十一年

訪碑録：正書，在永福。

按，良傑，泰定間知泉州總管，又嘗爲永福縣尹。郝志不詳年月。此題名當在縣尹時也。

方廣巖題名至大三年

至大庚戌，潘朝海、常世與洪良玉詠於望仙閣。天宇澄清，人境俱勝。□畊澤翁書。

鐫永福方廣巖。

方廣山石刻

閩書：在永福縣方廣山。元邑人王翰鐫「飛佩」二字。又里許有「用文與遼東薛朝晤諸人來遊」，鐫八分書，四十一字，徑尺，筆法蒼古，亦妙筆也。用文，即翰字也。又宋黄非熊讀書於方廣山巖，摭山中景爲「十奇」。渤海吳元卿訪得之，爲序而劖諸巖壁。見閩書。

按，續志作「飛佩鐵壁」。王翰書」。翰，字用文，盧州人，除福州路，升同知，又升理問官，綜理永福、羅源二縣行省郎中，元亡屏居永福山十年。見八閩通志。

連江縣重修廟學記皇慶二年

福州府志：教諭黄仲文撰。

按，仲文，郝志無攷。

江寧楊剛中等鼓山〔題名〕詩刻皇慶元年

飛搆表林崇，下與曾雲平。陟嶠良已超，況乃臨滄瀛。盤盤汀（樓）〔樹〕分，離離海帆征。曙發沙旭近，秋澄潦區明。凴高慨徂暉，撫遠空遺名。混混空自期，營營定何成？名峯冒南州，靈境仍幽（親）〔深〕。春結丹樹梯，秋明紫煙岑。峻遠遂幽矚，清曠寄遐心。惜無同懷登，共引芳醑斟。冷風（春）〔奏〕飛淙，絶澗調羈禽。誰爲鍾子期，續此雲海音？皇慶壬子秋九月晦日，江寧楊剛中志行來遊。挹江海之清風，訪古人之陳迹，顧瞻感慨，因寓之詞。太末胡夢霖止水後至，請列諸石，乃書之。正書，刻水雲亭。

按，楊剛中，字志行，上元人，泰定中除江淛儒學提舉，至正末爲江浙提學，皇慶中嘗爲福建道照磨，詩刻當在此時。

連江重修湧泉寺記延祐中

邑人陳炎圭撰。

福清〔州〕龍首橋記至治二年

知州吳濤撰。

按，吳濤，泰定間任福清州。見郝志。

錢光弼等卧龍山題名泰定二年

在侯官卧龍山。彭城錢光弼任福建轉運使之明年，漕暇遊安國得愛亭故址，萬楚舞翠，品石獻奇，因兹構新，易名「翠楚」。時泰定二年七月望日。男守讓侍。正書。

李良傑等武夷山題名泰定三年

朝列大夫建寧路府判澶淵李良傑偕崇安主簿樵川高道孫沖祐、住山張與玉等，泰定丙寅孟春曾遊。在崇安大藏峯。

按，建寧路府判李良傑、崇安縣主簿高道孫，郡志並失攷。

連江縣重闢廟學記天曆元年

教諭林坤光撰。

按，林坤光，郡志職官失載。

焦公等鼓山題名至正二年

至正壬午八月寒露，易陽參政焦公、鎮陽郎中(元)〔毛〕漢卿、宣慰王元應、本路宣(慰)〔差〕黄頭、總管岳侯運，同劉潤父、東平信雲甫來遊，〔謹誌〕。正書，刻石門。

按，焦公，名德祐，字寬父，雄州人，任行省參知政事。見郝志。

劉順老等題名至正三年

至正三年癸未重九，福唐劉順老偕子悳生、懋生、愿生、恩生、志生，爲太祖拂塵。莆田鄭杓、永陽梁説同拜。

按，題名在侯官烏石山，分書。

郝彦澤等鼓山詩刻至正

至正戊寅歲人日，幽州郝彦澤、永嘉劉儼孫同登小頂（峯），訪靈源，挹天風海濤之勝。彦澤題詩（曰）：「趁時驢背穩於船，（且）〔直〕走東峯岦崱巔。風送海濤來異國，人從石磴上青天。環（開）閩勝概歸胸次，帶水平疇盡目前。何日英雄洗兵馬，放余來此傲林泉。」〔捧硯陳建〕。正書，刻鼓山。

按，劉儼孫，至正間任連江縣。至正無戊寅，當爲戊子、戊戌之誤。

八都兒等烏石山題名至正七年

中書省斷事官八都兒丁、（□□□□）令史王敬先、（□□□）江南行臺監察御史安止善、（□□）書吏（曾）〔曹〕能之、福建閩海道廉訪副使馬合（□□）麻德卿、索士（儼）〔巖〕、知事張允中、照磨王正己，同登（兹）〔道〕山。實至正丁亥冬季乙酉日也。正書，在侯官。

按，斷事官、令史、監察御史，郝志職官不列名目。廉訪使、知事、照磨諸姓氏亦失攷。

僧家奴等道山詩刻至正九年

訪碑錄：僧家奴等作，任允八分書，在侯官。

追陪偶上道山亭，疊嶂層巒遶（郭）〔郡〕青。子迪。萬井人家鋪地錦，九衢樓閣畫幃屏。元卿。波摇海月添詩興，座引天風吹酒醒。本初。久立危欄頻北望，無邊秋色杳冥冥。〔文卿〕。隸書，刻蟠桃塢。

右憲使嶂山僧家奴元卿公、僉憲奥魯赤文卿公、申屠（駟）〔駉〕子迪公、赫德爾本初公暇日宴集聯句也。譚忝備憲幕重，惟諸公（皆）文章名士，南北（偶）隔數千里，同仕于閩，以道義相處，〔文字〕爲娛，誠一時之嘉會。因勒諸石，以紀我元文物之盛云。至正九年八月望日，經歷趙譚識，知事任允書。憲副朶兒只班善卿公〔繼〕登斯亭，覽山川之勝概，覩群公之賦咏，曰「此盛事也」，遂題於後。

按，憲使僧家奴，僉憲奥魯赤、申屠駉、赫德爾，憲副朶兒只班，經歷趙譚，知事任允，皆可補志乘之缺。申屠駉，高郵人，監察御史、福建廉訪僉事，見萬姓統譜。僧家奴，見於元史凡四，未知爲何人也。

瑞巖紀遊石刻 至正九年

至正己丑清明前一日，子沿檄至海口，與鹽司令孛羅天章、司丞盧永年祥卿、管(局)〔勾〕范公懋從政同登瑞巖。是日風氣清淑，海嶼在望，蓋勝遊也。三月十五日，上元楊翮大舉書。八分書，刻瑞巖玉虚洞。

天開圖畫 至正九年

時至正己丑菊節，范陽孛羅天章建。正書，刻瑞巖。

林銓等鼓山題名至（正）〔元〕

將軍石。清源林銓，至（正）〔元〕庚辰季秋六日。正書，刻將軍石。

按，至正無庚辰，當爲庚子、庚寅之誤。

朶兒只班等鼓山題名至正十年

至正庚寅五月十〔有〕九日，憲副朶兒只班善卿、僉憲奥魯赤（雲）〔文〕卿、赫德（愈）〔爾〕本初，公餘出郭閲稼，因遊靈源洞，勒石以紀歲月云。譯史廉丑斯，書吏劉濬、黄齊賢、王德政、馬居禮、呂鼎、李玄逯、元臣，奉差辛元振、程廷璧侍行。時住山海翁長老。隸書，刻靈源菴□。

按，朶兒只班，至正中任福建肅政廉訪使。海翁，即如山。見鼓山志。

瑞巖紀遊石刻至正十一年

至正辛卯夏，里人曹希建、鄭克裕、陳叔亨、林庢正、陳宗魯、莆田鄭宗晦來遊，清賞終日。分書，刻瑞巖紫霄亭趾之後。

許從宣等蟠桃塢題名至正十二年

至正十二年龍集壬辰九月九日，〔福建〕閩海道肅政廉訪使許從宣，僉憲普顔帖穆兒、郭興祖、乃（麻）〔馬〕歹，經歷王欽，知事彰（門）〔□〕、〔照〕磨（不）〔禾〕顔帖穆兒，同登茲山。是日也，天宇泬漻，霜風（初）〔勁〕厲，感萬物之（脱）〔説〕□，思鷹隼之□擊，仰瞻（斗）〔宸〕極，對越（正）〔甚〕邇，不徒昇高望遠以爲樂也，遂命從事者題名勒石，以紀勝遊云。八分書，在侯官烏石山。

按，乃麻歹，延祐間任福清州。見郝志。廉訪使許從宣，僉憲普顔帖木兒、郭興祖，經歷王欽，知事彰門，〔照〕磨不顔帖木兒，並足補元職官之未詳。

李安世鼓山題名至正十三年

訪碑錄：在閩縣，正書。

瑞巖紀遊石刻至正十九年

溫陵盧希韓徵賦海口鎮，公暇至此。同遊者陳國輔、顔希道、陳仲宣、李月海、鄭宗晦、上官仲德、陳元才、陳士吉、鄭克裕、僧孤巖。時至正己亥十一月二十一日（刻）。正書，刻瑞巖天妃宫後。

閩海道廉訪副使寶哥去思碑至正十九年

林興祖撰，完則篤行書，江南瞿氏拓本。

按，興祖，羅源人，舉進士，曾官道州總管。寶哥，畏兀氏，至正初爲閩海道肅政廉訪司副使，民樂其治，爲立去思碑。見八閩通志。

高昌兀奴等鼓山題名至正二十年

至正二十年庚子春二月三日，閩憲副高昌兀奴國器、僉事新安鄭潛彦昭同遊鼓山，登天風海濤，憩臨滄亭，舉觴稱壽，留題刻於石止菴。鄭至。正書，刻靈源洞。

按，鄭潛，歙縣人，任泉州路總管，遂寓居懷安，至正中爲北海廉訪副使。于縣南立白苗、陽岐二義渡，至今爲鄭公渡。鄭至，昭先之孫。

王伯顔等道山亭題名至正二十年

至正庚子夏，南臺群公會于道山亭，歷覽山川，興（恨）〔懷〕今古，刻石以紀歲月。都事王伯顔不花彦芳，監察御史易（晉）〔普〕刺金仲達、（瑣）〔鎖〕飛鵬舉、（現□）〔觀童〕用賓，通事下顔帖木兒仲賢，宣使孫士敏汝學，察史武徵文獻、高忠彥實、王宜（升）〔叔〕宜、（揚）〔楊〕志希尹，幕史達蘭不花〔元善。四月廿又五日，監察御史孔衲世川謹誌〕。

按，王伯顔，字伯敬，霑化人，至正九年以朝列大夫守福寧。見郝志。監察御史、通事、宣使、察史、幕史諸職官，郝志並失攷。

連江縣興學記至正二十一年

揭竑撰。

按，竑，字伯防，傒斯子，歷官至肅政廉訪司事，嘗守建寧，解陳友諒之圍，復延平等三州，改江西行省，未起，以工部郎中召。「竑」亦作「汯」。見郝志。

瑞巖紀遊石刻 至正二十一年

大元福建行中書省〔奉訓大夫、理問官、文殊海涯貫道理問、山東王伯顔〕，奉訓伯亮〔因公〕與（耆）〔𦒿〕士李月海、鄭叔珍、王子東遊，謁僧孤巖，留宿。時至正二十一年（正）〔三〕月誌。隸書，刻瑞巖仙扉傍。

張聞等天秀巖題名 至正二十四年

至正二十四年歲在甲辰十一月，户部員外郎張聞以董鹽筴至三山，翰林國史院編修官迺賢缺七字。至。十二月七日，登道山亭，讀曾文定公記。飲霹靂巖畔，轉□□□，又飲焉。又自觀音巖下，逕仁王〔寺〕與東，登東壁亭，伏觀福建行省平章燕赤不花公摹勒皇太子所賜「文武忠孝」四字偈石□□望海、東升二亭，又飲焉。日暮迺□□□邂逅之會，可爲千載之故事也。從行者，户部掾□□瑞□□□伯□□□□□德山；記之者，江西行省郎中揭汯也□。正書，在侯官烏石山。

按，張閭、燕赤不花，郝志職官俱失攷。

傅好禮烏石山題名至正二十四年

訪碑錄：正書，在侯官。

程世京等鼓山題名至正二十五年

至正乙巳九月望，廣平程世京、建安徐時憲、郡人吳海、黄厚同遊，宿此。篆書，刻大頂峯。

按，程世京，字伯崇。徐時憲，字崇度。吳海，字朝宗。黄厚，字伯宏。

薛朝晤等鼓山題名至正二十五年

至正〔二十〕〔廿〕五年秋八月朔日，遼東薛朝晤、靈武王用文、濟南李君憲、會稽胡溫來遊。篆書，在半山亭。

按，王翰，時任福建行省郎中。薛朝晤，至正十四年狀元。胡溫，字遵道。

寶華山石刻至正二十五年

至正乙巳秋，遼東薛子顒，靈武王用文，東平馬主良，晉安趙道生、朱騏，秦川王克恭。分書，在連江寶華山。

瑞巖紀遊石刻至正二十六年

大元至正二十六年丙午四月二十五日，汝南蔣士（暹）〔擢〕，里人陳積中、潘騰，晉安王裕同遊。繼而至者郡人卓赤。隸書，在福州瑞巖半邊亭左。

按，潘騰，福清人，至正二十三年進士。

瑞巖紀遊石刻至正二十六年

至正丙午秋七月二日，里人陳舜玉、邵文德，盱江施克讓〔來〕遊。正書，在瑞巖過來橋前。

瑞巖紀遊石刻至正二十六年

至正丙午八月〔一日〕，廉吉祥同(下)〔丁〕元善、潘君迪、林君賢、潘騰、陳積中遊，道士姚海(陽)〔暘〕、僧無門相從。元善子神僊保、州吏李廉侍。隸書，刻瑞巖觀音洞内。

瑞巖紀遊石刻至正二十七年

至正丁未孟冬望日，榕下徐子正偕寅友鄭彦通、里人林吉樞、林允文同訪羽士施柏岩遊。正書，刻瑞巖觀音洞左。

薛老峯題名

章容元度、鄭煒宗晦、鄭詵子釋、姜柏子貞、鄭畊子山來觀薛老峯。字隼尾法，隸書，刻烏石山。

香山洞

陳瑞立，鄭爗書。正書，刻瑞巖。

東皋刻石

王用文鐫隸書「東皋」二字於石，在永福。

龍塘刻石

元王翰隱居於此，刻「讀書處」三字。王偁刻「曲水流觴」四字於石，郡人李時成有記，在永福。

赤壁

閩都記：永福林壁，色厓赤壁。元王翰刻「赤壁」二字於石。

釣磯

在永福東溪石上，元王翰書。

乘雲

正書，刻鼓山半山乘雲亭石上，元王用文書。

鄭至詩刻

謹用先祖日湖文靖韻，鄭至詩。正書，刻鼓山石門。

轉運司公堂記

郭朶兒伯臺撰，在福州。

按，朶兒，延祐中爲興化路總管，嘗濬木蘭陂，建通濟橋。見黄志。

福清學記

林泉生撰。

按，泉生，永福人，天曆中進士，初爲福清縣同知，後知福州，累官翰林院學士，謚「文敏」。見郝志。

宣慰司重建譙樓記

柳貫撰，在福州。

勉齋書院記

元貢師泰撰。

至正十九年冬十月，福州始作勉齋書院，明年秋八月告成。丁亥，廉訪使者率郡大夫士行釋奠禮。己丑，經略使李公國鳳謁祠下，用便宜署今額，以儒人張理爲山長。執事者間具本末，請記於貢師泰，曰：「書院徧天下，而閩中爲盛。大（約）〔率〕祠徽國朱文公（帥）〔師〕弟子居多，若延平、武夷、考亭、建安、三山、泉山、龍溪、雙峯、北山之屬皆是也。勉齋先生實文公高弟，獨無專祠，顧非蒞政者之缺歟？昔者僉事張引嘗圖經始，以調官浙東不果。經歷孔訥鋭意作興，以拜南臺監察御史又不果。未幾，行部閩、廣，適郡士林祖孟、祖益請以太平公輔里故宅一區爲學宮，厥位面陽，廣輪合制，遂倡成之。而廉使贍思丁，副使元奴，僉事亦憐真、必剌的納、劉完者、鄭潛，經歷答理〔麻〕，蒙古知事黄普顏帖木兒，照磨傅居信，協心相事，議若出一。且移鄭君董視，而佐以屬史王蘭焉。行省平章普化帖木兒聞之，亟發白金五十兩，及租田一百五十畝奇，以給以贍。於是即舊以圖新，拓隘以增廣。禮殿中崇，象聖人之燕居；祠宇旁峙，嚴先生之祀事。堂曰『道源』，著師友之授受也。閣（曰）〔以〕『雲章』，以鄭君正字端本時所得皇太子書『麟鳳龜龍』四大字刻置其上也。堂後疊石山，曰『小鰲峯』，不忘先生讀書精舍之名也。齋左曰『凝道』，右曰『尊德』。棲士有舍，待賓有館，燕休有室，更衣有次。庖湢庫庾，各有其所。重門衙衙，層廡翼翼。瞰以方池，度以石梁。其周九百八十四尺奇，東西廣九十一吾道，確乎其有所歸矣。先生没，其傳之著者，在閩則宓齋陳氏、信齋楊氏，在浙則北山能大行其學，固可深慨。然聖賢墜緒，非文公無以明；文公遺書，非先生無以成，則斯文册，則四書通釋、儀禮通解，尤爲有功。蓋先生有志於斯(文)〔世〕，〔卒〕以陸沈下官，不厚，皆有以助夫精微廣大之學矣。是故徵諸事業，則城安慶，禦漢陽，最爲偉蹟；著之方江、湖湘、吴越、甌閩間，不惟口傳心授於師門者愈久而愈博，而其所見名山大川，淵深高其堅志苦思爲何如也。自是得執子壻之禮，從登廬阜，涉彭蠡，過洞庭，望九疑，宦遊淮先生因劉子澄一拜文公於屏山之後，即慨然以斯道自任，聽風聲於屋頭，對孤燈於天曙，哉。于時門人弟子，聰明卓越，固不爲少，然求其始終不渝、老而彌篤者，先生一人而已。其流。渡江再世，文公始集諸儒之大成，使千載不傳之道，復明於天下後世。吁，盛矣也主三品，於仁也專博愛，則猶未免於不詳不精之失焉。至宋全盛，濂溪啓其源，伊洛遡裂破碎於毛、鄭、賈、馬、王、范之徒。幸而唐之韓愈氏能以所得著之原道之書，然其於性氏、子思、孟軻氏之所以爲教。不幸而變於管、商，慘於申、韓，雜於荀、楊，暴於鞅、斯，磔聞之，斯道也，伏羲、神農、黄帝、堯、舜、禹、湯、文、武、周公之所以爲治，孔子、顔氏、曾矣。惟子之學，蓋亦得於先生者，請文諸石以紀其成。」顧師泰荒陋，何足以知此。然竊尺，深視廣之四。雄規偉觀，穆然靜深，然後斯道之統有所尊，而講學之士知所(向)〔同〕

何氏，江以西則臨川黄氏，江以東則雙峯饒氏。其久而益著者，則西山真氏衍義諸書。凡今經帷進講，成均典教，皆出先生講論之餘也。嗚呼，先生之道，傳之後世；先生之書，行乎天地，孰不想慕其高風，漸被其餘澤？況鰲峯、箕山之間，雲煙蒼莽，神氣流行，(慨)〔愾〕然肅然，猶若有見乎其位，聞乎其容聲者乎。書院之作，其有功於世教，豈曰小補云哉？遂記不辭。先生諱榦，字直卿，御史瑀之第四子，累官至大理寺丞，轉承議郎致仕。勉齋，其自號云。

按，師泰，字泰甫，奎子，曾官江浙参知政事，又任福建副都元帥。見郝志。記中所列職官，皆可補志乘之缺。

重修福州路記

貢師泰撰。

福州中七郡而治，連山東馳，衆水皆匯於海，地氣磅礴，物産蕃阜。自無諸以兵佐中國，常衮觀察其地，朱子以道學淑諸人，千載而下，號稱「鄒魯」。國朝始建行尚書省、提刑按察司，後更省爲宣慰司，按察爲廉訪司。近又罷宣慰司，立行中書省。大官臨蒞其上，守吏惴惴，日事迎謁，〔間〕一據按署牘，輒復起去，故郡治弊壞，幾無以芘〔覆〕。左右愕視嘆息，卒不暇議所以修治者。至正庚子春，予董漕閩、廣，館於府中，因謀葺之。或曰：「子幸以老請，居幾何時，顧欲（巨）〔勞且〕費耶？」予惟君子之所以處其身也，不以物我，而有豐嗇；不以近久，而易勤惰，況即舊以圖新，因廢以補陋，其猶易於成功乎？於是稍節俸入，俾通守阮世隆主治之。而監守僚佐咸曰：「吾儕之所不暇，甚幸尚書之辱貺也。」乃皆協心相事。曾不踰月，工以告成。而聽政之堂，退休之室，公牘之署，與夫涼軒燠館，重門修廡，廓然若闢，奧焉加深矣。既事，進執事者於庭而告之曰：「南方不靖，踰十數年，將士苦於戰鬭，民庶勞於餽餉，海隅遺黎，殆無以生。今是之葺，豈徒與大夫士娛其心、便其體而已哉？凡有事於斯堂者，亦將惕然〔而感，惻然〕而懼，蚤夜孜孜，思有以勉吾力之可爲，以盡吾職之當爲，庶其無負於君國子民之道爾。不然則賞罰出於愛憎，曲直徇於賄賂，瘠其民而肥其身，聚於上而怨於下，馳騁出入，自以爲得計，天地鬼神其可欺乎？記諸壁間，用勸來者，且以自警云。

按，通守阮世隆，舊志失玫。

左丞雨右丞雨石刻

在郡城烏石山东南，一刻「左丞雨」，旁细字云：「至正癸卯夏秋不雨，禾漸枯，分省鄭旼率都鎮撫吳維賢、從事官宋應福於七月三日設壇請禱，越三日大雨，士民俞志甫等勒石以記。」一刻「右丞雨」。札剌立丁持節過莆，議捐俸修廟學，大雨隨至，莆人咸喜，曰：「此右丞公雨也。」文學掾莊邦元請於郡官，鐫兹巖石以志。

按，分省各官，舊志皆失玫。

樵谷山

在仙遊麥斜巖，元世祖御書，賜林璧卿。

按，壁卿，號樵谷，莆田人，精易學。世祖欲授以官，力辭歸隱，學者稱節隱先生。見郝志隱逸。

海天一色

在晉江西山巖石上，元王翰書。

古井石刻

在海澄青礁三川井、四川井上，刻「元進士顔貴來」六字。

萬歲寺定光塔銘

邵武(王)〔黄〕鎮成撰。

福城之東，山維九仙。岌岌浮屠，上出層巔。八方翼舉，七級梯連。深蟠厚載，高薄重玄。昔在唐季，王公啓土。相攸茲山，大建神宇。既闢招提，迺標窣堵。厚壤祛幽，圜(琛)〔珍〕發貯。潛符嘉徵，建號「(方)定〔光〕」。載祼四百，作鎮藩方。漂摇風雨，(經)〔綿〕歷星霜。宗楹杌(隍)〔隉〕，棼笮披猖。惟寶峯師，興念惟惻。弗葺斯墜，靡遑居食。其徒慨然，聞義感激。有志必就，惟堅願力。踵門於羨，行市丐餘。纍(積)〔脩〕於寸，積重於銖。石礱川運，材伐山輸。堅良締構，(弊故)〔故弊〕更除。寒暑六經，載營載度。業業金碧，峨峨丹雘。制若地湧，(視)〔規〕猶天作。育國分光，圖澄識鐸。惟(慈)〔茲〕偉功，匪志弗成。卓哉(斯)〔弘〕願，振古作程。天地至久，日月至明。俾貞配永，視此刻銘。

按，鎮成，字元鎮，邵武人，以薦受江西儒學提舉，命下而卒。著有尚書通考等書。見郝志文苑。

玉華洞石刻

在將樂，有至正年人題名，漫滅不可識。見明楊載記。

龍津

訪碑錄：趙孟頫正書，無年月，在松溪風屯牛皮灘巖上。

蓮峯隸書十三景

名勝志：元馬周卿鐫壁曰「冠豸」，曰「蒼玉峽」，曰「雲棧」，曰「天梯」，曰「桃源」，曰「清如許」，曰「（夫容）〔芙蓉〕渡」，曰「金字泉」，曰「雲深處」，曰「天光咫尺」，曰「蒼谷」，曰「靈虛」，曰「小崆峒」。在連城西。

吳澄大乾祠銘

閩書：在邵武。元草廬吳澄題大乾祠壁：「隋大業十四年戊寅，泉守歐陽公〔官〕滿歸，至此夫婦俱溺水死。時楚林士弘、長樂竇建德、魏李密、定陽劉武周、梁梁師都、秦薛舉、涼李軌、(凉)〔梁〕蕭銑，各已僭號割據，而唐李淵以代王侑帝於長安。是年二月，江都有變，宇文化及立秦王浩。五月，李淵奪〔王〕侑而〔自〕帝，以(侑)〔隋〕爲唐；王世充以越王侗帝於東都。公洛人也，將安歸乎？生蓋不如死矣。噫，公之心，誰其知之？後六百七十七年春二月朔，臨川吳澄過廟，銘壁題。」

按，草廬曾任漳州軍事判官。見郝志，失攷年月。

吳志淳千字文

金石林時地考：在福州府學，隸書。

按，志淳，字主一，無爲州人，以工書名，仕元不達，入明與高季迪、劉青田並名。

歷代帝王聖賢將相像

金石林時地考：元玉林居士刻於蘆峯書院，閩中張士賢敘。

中順王公去思碑

閩都記：侯官皇華亭左，立元福建閩海道肅政廉訪司副使中順公去思碑。

墨池

閩都記：在大夢山之陽，元時有人晦跡於此，刻「墨池」二字。

無名木

無名木，宋時木也，莫識其名。元施德鐫「無名木」三字於石。在南安九日山。

如此江山

元王翰書，刻石九日山。

閩中金石志卷十四

舊刻未詳年代、姓氏，以地分系。

于山光孝觀二斷碑

三山志：九仙光孝觀。于山碑記云：「我有一莊園，寄在于山邊。于山九道士，（名呼）〔呼名〕爲『九仙』。輒然來相賀，磊老自相傳。李公來戰日，此無（無）〔二〕一物。只有一積金，寄在于山莊。不（是）〔在〕中山中，只（有）〔在〕隴西郡。我住東西城，莊在于山下。（右）〔有〕人（信）〔有〕不信，但呼碑中話。只看于山松，于山金出現。不在路旁只在中，隴西拾得無分張。時人莫笑金泥師，拾得金泥也有富。太和二年，于山二斷。吾年乙丑，金（園）〔圍〕一片。寄在山前，在前左臂。不歸庚申，須歸乙未。留傳子孫，衣錦次第。時人見碑，吾今在世。」

按，來齋金石考云：彭木厓世居于山麓，其先人明季淘井，出石一片，廣可踰尺，縱尺五六寸，刻文九行，「我有一莊」云云。按，太和，晉廢帝年號也。碑文爲讖語，多不可解，其字宛然晉人風度，但氣骨不勁，少謝義、獻耳。又閩督李率泰割福城之東，以駐靖南王番兵，木厓移居衣錦里，偶置熨斗石上，轟然有聲，石斷爲二，木厓稱二斷居士，謂李公與錦衣石斷皆應讖文也。今彭氏歸故宅，石藏其家，據此則此碑宋以後湮没，至明季復出井中。今石爲侯官趙編修在田所得，他日當訪之。疑亦如郭讖僞託耳。

翠楚

在侯官箋經臺，正書。

古磚文

閩書：唐會昌時除佛汰僧，有村民鑿井三丈餘，得一古磚，上刻「僧晏興法」四大字，以獻於州。州承朝禁，取磚毀之。至王審知請僧神晏住持，大興法教，而磚文始驗。

怡山古磚讖文

閩書：後唐光啓丁未歲，衢州爛柯山道士徐景立，取土仙壇東北隅，得瓷瓶七口，各可容七升水，中（悉）有炭。上總蓋一青磚。（讖）文曰：「（採枝石）（樹枯不）用伐，壇壞不須結。未滿一千歲，自有系孫列。後來是三皇，潮水蕩禍殃。巖逢二祚間，未免有銷亡。子孫依吾道，代代封閩疆。」黄滔（爲王審知）作丈六金身碑，頌王審知仗鉞之（威）（雄），實應蓋磚之讖云。

按，五代史補：蕭梁有王霸者，王氏遠祖也，居福州怡山爲道士，常云：「吾子孫當王于此方。」乃爲讖瘞壇下。光啓中，爛柯道士徐景元斸地得之，其詞云云。解者「潮水蕩禍殃」，謂潮除禍患、開基業也；「巖逢二祚間」，謂陳巖逢潮，未幾而亡也；「代代封閩疆」，謂潮與審知兩世也。

古籀文石刻

郝志：在鼓山里魁崎，有石橫亘五十餘丈，刻籀文其上，多不可識。

石室仙篆十字

三山志：「仙巖羅漢院，有〔篆〕書十（字），不知何代書也，夭矯崖間，灑落奇妙，古號『仙篆』。歐陽文忠〔嘗〕得之，喜其無鐫刻之迹，如指畫成文，欲以蕃夷金書字圖號譯之，未暇也。蔡端明釋曰：『貧道守真乙，中有不死術。』亦莫得其據。一在安仁寺仙人山，（有篆）〔狀〕如雲雷文，蜿蟺模重，疑古羅漢字，（及）〔後〕僧憚墨蠟之費，燎斲而瘞之；一在中和寺黃坑之崖，左（欹）〔剞〕劂，生如華葩，熟如槁橈，或水消而未既，或布汞地上，枝葉不屬而脈絡皆通。疑開闢之初，孕雲結實，若龜圖、馬籙，〔鎮壓山川〕未易以今書通。（宋）政和三年，陳令武祐得『安仁』二字於沙燼之中，又於上生院僧景純（所）得所藏善本四字，並『羅漢』、『中和』字録諸木。」通志本此，而云在永福六洞山石室。按，陳思寶刻叢编引集古録云：觀音寺古篆十字，在福州永福縣觀音院後山上。閩人黄孝立爲之説，曰：「山無名而甚高峻，石皆頑，無復鐫刻之迹，如人以手指畫泥而成文，文随圖石之形環布之。」孝立嘗至廣州，見南藩人以夷法事天，日夕拜金書字圖號「天篆」者，視其與此正同，然不能考也。今世人亦有以道家之言譯之者，「勤道守三一，中有不死術」，亦莫得而詳焉。

集古録目：無名書，凡十字，體如篆籀，其文非字書所有，在福州永泰縣觀音寺後山上，如以手指畫石而爲，非人迹也。按，「勤道守三一，中有不死術」，據集古録但言「今世人」，三山志指爲蔡襄，「三」作「真」，「乙」作「一」，殆相似之譌。據歐陽，乃在永泰觀音院後山。

釣龍臺石刻

三山志：舊有人得一石於城南釣龍臺，刻云。按，晉太康三年，太守嚴高圖越王山南之西勢，以咨郭璞，云：「方山秀拔於前，三山環峙於後，八百年後大盛。」讖曰：「可間峷亢創危亭，八百年前兆此名。天降元精如漢佐，岳陶靈气似周臣。中坻不見容舠路，古渡應無病涉人。好是褰裳待今日，罾浦坊中人挺生。」年世寖邈，石刻今不復存，惟故老口傳猶可據云。按，此亦後人僞託。

狀元峯

正書，徑二尺，鐫九仙山陳誠之讀書處。

鵬海天風

喜雨臺

杏壇

小華山

廓然臺

以上在閩縣九仙山。

防虞

在布政司署月臺，無年月、書人。

謙山

在閩縣鼇峯書院交翠亭邊石上，草書。

仙井

正書，在鼇峯书院仙井之石欄，不書姓名、歲月。

登龍

在閩縣龍門。

毘濟潭

在閩縣九龍山龍潭。

鹿乳泉

閩都記：在侯官群鹿山下，泉甘而洌，其傍一石刻此三字。續志：在閩縣群鹿山。

天章臺正書

隣霄臺正書

向陽峯正書

天香臺正書　活水正書

清泠臺正書

霸石正書

沖天臺篆書　石丈分書

望潮峯正書　蒼岩行書

以上在侯官烏石山。

靈泉

羅漢泉

鳳池山

正書，刻鼓山。

梅川　玄巖　列岫　第一奇峯　豹園

霹靂巖

天秀巖

石麟雙峯夢

白海南浮青嶂外烏山西望碧雲重

在侯官烏石山，俱正書。

閩山

在侯官玉尺山，篆書。

靈洞巖

在侯官芙蓉峯。

卧龍山

在懷安縣安國寺，石刻「卧龍山」三字，程師孟有詩。

蓬萊峯

在于山，正書，無年月、姓名。

壁立干霄

在于山，横列，正書，無年月、姓名。

廉山

在侯官大夢山，多奇石，刻「廉山」二字。

第一山　小有天

在長樂六平山石洞壁上。

陳令津

在長樂屏山石船。

冠峯

在長樂冠峯。

天子萬壽

在長樂萬壽山。

鼇頂峯　豹變巖

在長樂鼇頂山。

仙篆

在福清鹿角山石上。福州府志引閩書：山中大石上有仙篆數字，人莫能曉。

別一洞

在福清石竹山。

蓬壺

在福清黄蘗山。福州府志作「石竹山」。

龍淵

篆書，作李斯勢，刻福清黄蘗山。

天上雲居人間仙境

金華趙崇栰刻，在連江雲居山。

觀瀾

在連江香爐山。

漁滄太乙之門

閩書：在連江鼇江，有漁滄潭，古石刻此六字。

寶華福地

在連江寶華山，餘字漫滅不可讀。

奇章别墅　雪浪雲根　蟠龍

在連江横槎江岸。

解醒泉

在連江秦川。

洞天

在連江文筆山。

醉翁石

在連江登巖嶺。

彤雲碧海

在連江雲居山。

四佛境界福州府志作「入佛境界」，連江縣志作「人在雲居山」。

在連江坑墩。

降虎　雷移

在連江寶林寺。

連江縣志：傳爲晦翁書。

龍峯

在連江定岐山。

輕避重賤避貴少避長往避來

在連江東禪寺。福州府志作「東禪嶺」。

章仙峯　粘雲

在連江爐峯石壁。

漁村

在連江百丈巖。

鳳仙

在連江文華山。

松崗

在連江松嶺井上。

依綠

在連江苦竹溪石上，分書。

界外乾坤

在連江覆釜山。

青溜石

在連江北茭海崖石峽上。汗吐成字，拭之則滅，少頃復明，土人以爲仙蹟。

清賞

閩書：在羅源登高山，石上舊刻此二字。又羅源松崎山亦刻「清賞」二字，爲元泰定中刻。

鐵印

在羅源蓮花山筆硯峯。

文殊山刻

在羅源縣北城隈，其狀如伏獅，上有群石森起，曰群玉峯，石上刊「章叟洞」三字。邑進士林芘爲銘刻石。

妙喜洞

在羅源臨濟里半山有石洞，刻「妙喜洞」三字。石下有寺，建於元，名人有遊咏。

羅喜洞

在羅源徐公里，西山相連，曰「大茅」、「小茅」。山中嘉木蔚茂，昔人徐登修煉於此得仙，故名「仙茅」。上有泥鼓、棋盤石，絶頂有刻「羅喜洞」三字，洞深數丈，内多奇石。

逍遥洞

仙泉

在羅源仙泉井。

龍峯

在羅源羅平里。

沈子巖

在閩清沈子巖下水中。

甲高巖

在閩清半嶺石上。

天章巖

正書，刻瑞巖。

紫霄巖宋襄詩刻

名勝志：在莆田紫霄巖，宋襄有詩刻石，而缺其半，詩云：「十里迢迢上紫霄，半空飛翠望中饒。雷轟羅漢峯前石，路入天臺洞裏橋。」

浮山詩刻

名勝志：在莆田紫霄巖東，爲浮山，石上鐫一詩：「紫霄下五里，絶勝有浮山。(灰)〔仄〕水分蒼玉，欹崖積紫斑。土人多不辨，木客詎能攀？欲買漁舟隱，其如身未閒。」不著姓氏。

妙高峯

名勝志：在莆田香山巖，有古刻「妙高峯」。

古籀文

在莆田九華山，一名陳巖山，山有石，面平如削，刻文縱横若篆籀。楊慎丹鉛録云：莆田陳巖山有自然仙篆，以紙摹之，形類禹(篆)〔刻〕。宋正字方翥有詩云：「何人登眺睍絶頂，一樹一石探幽奇。蟲文鳥篆不可識，如讀峋嶁神禹碑。纍纍蠔山著石面，此非所有能無疑。細看大石深孔竅，舟人操篙跡(惟)〔猶〕遺。乃知此山千載前，(洶)〔洶〕湧尚作海渺瀰。蛟龍魚鼉占窟宅，不省造化能密移。」

福泉井

在莆田後街。又有壽泉井在大道街、祿泉井在長壽社邊，俱有石刻。

鳳山石刻

在莆田縣城中。永福寺在焉，山形甚隱，有石刻「八天王塔寺」，左有義井，僧涅盤識云：「市連義井歲時豐，水遶壺公文物盛。」

仙臺峯石跡

在莆田縣西山上，有石棋枰、馬蹄跡。又石上有「日月逝酒漿」五字，不知其詳，字畫恍如鐫勒，遠則了然，近則滅昧。前有石竅深窅，披之石磴磴然。

嵩山石跡

在莆田海濱，山頂有峯，名「文筆」。其上石壁有苔紋，宛然「文筆峯」三字，字刮去復明。旁有石室，俗呼仙姑巖。

鐘石山石刻

在仙遊縣。山形如覆鐘，下有石門，名「仙門洞」，刻石云：「古有樵夫，遇一翁，野服道裝，遊於石下，問曰：『翁何自家？』翁曰：『家此五百餘年矣。』樵夫怪曰：『何不見屋宇門户？』翁指石，石開，化鶴飛去。」

石所山石刻

在仙遊石所山雲居巖。古篆百餘，字如龍蛇糾纏，不可識。

石碑嶺石刻

輿地碑目：石碑在莆田縣南十里，上有石平闊，有鳥跡，書不可曉。據通志，此刻在仙遊，字作鳥篆，人無識者。

大飛書院潈　挹飛　煮茗　蒙泉

俱在仙遊大飛山。仙遊縣志：宋紹興間喻景山時隱居處，石刻在山門石壁。

小夾潈

在仙遊附鳳巖。鄭漁〔仲〕篆書。

敲金戛玉

仙遊金石山石，篆此四字。

趙永嘉詩刻

在泉州寶蓋山下，有趙永嘉石刻詩，云：「青山吐出白龍開，我是地仙趙秀才。嘉善無魚餐得去，永嘉有虎喚能來。」

晉朝檜

名勝志：泉州紫極宮古檜旁，有石刻「晉朝檜」三字。宋彌安有晉檜詩。

泉窟觀瀑

在泉州清源山彌陀巖。閩書：巨石刻「泉窟觀瀑」等字。

陶石

在清源勢至巖。閩書：石上留題皆陰刻，此獨陽畫。旁爲清泰巖，有石刻曰「仙苑」。

清泉分流之界

在晉江縣舟峯山。

萬遂山石刻

在晉江縣，山有石刻「極目」二大字，又有詩曰：「青霞道士老無齒，松下(烹)〔煎〕茶手自分。話到夜闌山月落，又歸白鹿入深雲。」其處又有白鹿洞云。又詩曰：「源山多意氣，松柏高姿凌。曳杖渺雲濤，天風吹泠泠。」二詩字跡遒古，皆失名氏。

萬石峯　玉泉　雲梯百級

俱在晉江縣華表山草庵後。

張方平神道碑

在南安壺公山上。

按，方平，字安道，宋城人，以太子少師致仕，贈司空，謚「文定」。嘗薦蘇軾爲諫官。

一眺石　與木石居

在泉州九日山石佛巖前，石廣丈餘，登其上，長江疊嶂，宛然在目，左鐫「一眺石」三字，右鐫「與木石居」四字。

圭峯山石刻

距南安西南三里，上有石刻「鄭孩如先生讀易處」八字。

真一泉

在南安縣葵山。

張岳小山石刻

在惠安五公山北麓小山下。

金石峯　周將軍印

在惠安縣二十都，上有石刻此。

五公山

惠安縣靈鷲山南，石刻「五公山」三字，相傳梁時有五公隱此，曰唐公、志公、寶公、化公、陰公。今巖上尚存符五道。唐禮部尚書江盈家此。

天湖敬生

在惠安天湖嶺前，有方塔刻此四字。

金剛井

在惠安官路旁井甓，勒金剛經一部。

嘯卧亭石刻

在金門城南磐石之上。明都督俞大猷平倭後，極目東南，一望無際，爲備海要地。石鐫「金門外，谷神完；賊舟泊，誰有生還？」十二字，不知爲何人所題，年月、姓氏無攷。

醉仙巖石刻

在同安醉仙巖，有巨石刻「天界」及「傅巖」四大字。

摹天石

在同安虎溪巖石上。

萬壽無疆

在同安萬壽巖。

鼓浪洞天

在同安鼓浪嶼。

萬歲山

在同安萬歲山。

仙苑

在安溪考亭書院，石碣高四尺許，字大如斗。初漁人得之於薛坂渡潭中，康熙間輦置今所。莊成安溪縣志：今碑上有「晦翁書」三字，係後人添刻。

魁斗山石刻

在安溪縣，山形如魁斗，三面臨溪，下有橋，舊傳雷剖石，題曰「積善之家，必有餘慶」。

海日江春

在龍溪岐山。

振衣所

在龍溪鶴鳴山。

梅塢

在漳浦保竈山。古有大王山人者，不知何代人，隱居於此，名字無攷，石壁上鐫字尚存。

吴田山墓銅牌

名勝志：泉州郡志云：昔有沈部公者，名彬，嘗自指葬穴，以示家人。後開壙，見有漆燈，以石爲臺，中有銅牌，篆文云：「佳城今已開，雖開不葬埋。漆燈猶未滅，留待沈彬來。」然潤州、吉州亦俱載之。案，十國春秋：彬伐樹掘地，得一石槨，蓋上有篆文「開成二年壽槨」。馬令南唐書、鄭文寶南唐近事皆云八字「開成二年，壽槨一所」，與此略異。江南野史與府志同。

第一山　　磻溪釣磯

在漳浦鹿溪巖。

眼中杯渡

在漳浦龍湫巖。

清泉巖心經

在漳浦巖下大石。

蓬萊深處

在漳浦清泉巖。

行在

在漳浦壽山寺，宋少帝駐蹕處。

黏雲

在漳浦六都梅安。

太武山石刻

在漳浦太武山鎮海衛，大石刻「象徑雲根洞」大字。

龍門

在海澄五通嶺。

天柱巖

在長泰縣東天柱山，上有屏風石，高九丈，闊五丈，劖「天柱巖」三字，如苔蘚紋，各闊三尺。

名勝志：宋崇寧時。

官七代

在長泰良岡山下石錦里。

自渡渡人

在平和獅子巖溪橋。

楊芳

在詔安楊芳山。

海闊天空

在詔安青峙山。

平寇石刻

南平平寇石。唐末李先鋒平寇於此，郡人刻石頌之。

莊濠石

在順昌縣南龍湖郡水濱，石上有「莊濠」二字。

嵢峽巖字

在南平嵢峽溪尾橋巖上，刻「蒙泉懷古」四大字，蔡朝臺書，未詳何代。

御書閣碑

在南平校士館前。

龍頭巖

在順昌屏風山石罅，刻「龍頭巖」三字。

郎官石刻

在順昌石溪都興國寺石上，摩「郎官」二字，不知所始。

仙字石

輿地碑目：「在劍浦縣〔之〕東蕭坑之前，或指爲仙書。」在順昌。秋江淨渟，字形隱隱如篆，世謂「仙書」。

浮玉石

在順昌，與仙字石對，有「浮玉」二字，秋水淨乃見。

建安古冢石銘

稽神錄云：〔熊〕博本建安津吏，岸崩，出一古冢，〔藤蔓纏其棺，旁〕有石銘云：「欲陷不陷被藤縛，欲落不落被沙閣，五百年後遇熊博。」博使平光寺僧〔爲卒錢〕葬之。（博後）〔後博〕至建州刺史，（爲王潮所害）。

将樂詩刻 紹定二年

在將樂縣尉署。草書飛舞，相傳仙人書，蔣暉有跋。

譙罷高歌海上山，玉瓢承露浴金丹。夜涼鶴透秋雲碧，萬里西風一劍寒。無上宮主訪蔣暉。

分水嶺銘

輿地碑目：在崇安縣，鐫於(巖)〔崖〕石(山)〔上〕。

壺山石刻

在甌寧，石壁削立，上鐫「壺天寒冰玉屏」六大字，筆力遒古。

題識石

在武夷九曲溪頭，刻郭璞識，後隕於水。

識云：「黄崗降勢走飛龍，鬱鬱蒼蒼氣象雄。兩水護(田)〔纏〕歸洞府，諸峯羅(列擁)〔立拱〕神宮。林中猛虎横安跡，天外狻猊對面崇。玉佩霞衣千百衆，萬年仙境似崆峒。」明楊恒叔云：晉時未有此體，必後人所作。

按，閩自晉太康間始築城獻圖，指畫形勝，留傳讖語。梁文靖淳熙三山志三十九載郭璞遷州記：「桑田爲海，人事更改。洪水浸田，人事多變。六旬甲子，當有其害。六六之數，當見其害。更重著衣，周迴重載。見三重墻，復而修之。鄭國歸朝，重關爲待。東南有水，潮入其音。烏出木空，千載不昧。無朱雀山，千年無咎。前有雙眉，重施粉黛。九仙、烏石山爲之眉，方山爲之黛，蓋太陰（官）〔宮〕也。溪澗水來，盡歸於海。南臺有江，出其地户去也。主揖其客，客住主在。蓮花山、高蓋山、方山相應。穩首東日，高山鎮寨。（卯）〔卯〕山見，高蓋爲（日）門，鼓山爲威瞻之位。本自添金，因成右兑。在乾爲金，佛國；兑，赤金也。但見蛇形，不知坐亥。（本）〔木〕行巳街，正坐壬也。事過方知，知而未會。久後（山）〔出〕人，見了方知。龍山高山，光照其代。建水爲陽福之水，光顯朝廷。巧婦能裁，得令人愛。遷出於巧婦之裁，人俱愛之。若解修心，得其終倍。云民得慈心，得長壽。信生陽數，即長齡也。市籠放火，聚集磊磊。去郊爲市，横山有赤路三，二頂峯爲火籠。有一老翁，手把竹筒。乾爲主陽之位，主山也；艮，山；又爲主艮。震爲蒼筤竹也。重添新宰，在言不在。云在，是乾爲主山；云不在，是被巫山遮也。」銘曰：「太康之載，遷插甌基。四色牢城，層巒三徑。洪許南流，瑞龍地應。其主螺女，現對花峯。千載不雜，世代興隆。諸邦萬古，繁盛仁風。其城形狀，如鸞似鳳。勢盛盤挐，遇兵不饉。遇荒不掠，逢災不染。其甲子滿，廢而復興。」以上讖語靈驗，疑爲後人僞託也。

又郭璞記更有「南臺江沙合，即有宰輔相」等五言讖語，恐亦未足信耳。

冥聲古廟碑

名勝志：在建安縣，有冥聲廟。吳永安二年，空中忽有人聲，遂立廟以祈歲稔。有古碑。

架壑船

在崇安武夷小藏峯。

洞天

甌寧三峯山中峯，鐫「洞天」二字。

華藏巖

在浦城棠嶺華藏山頂。

泗洲

在浦城盆亭嶺畔。

昂山石篆

在光澤縣，崇昂秀拔，上有石壇、丹鼎、丹竈，石上有篆文，奇古不可辨。沂州之水出焉。

黄杨巖古碑

在歸化縣東八十里，多産黄楊木，故名。巖有三洞，其一在淳化寺，内有古石碑，字畫不可辨，不知何時所立。

銅鼓山刻

在上杭縣銅鼓山，有倒書「千年」二字。

李斯壽字

在汀州府城東二里蒼玉洞。洞産奇石，郡人多觴咏於此。一石膚理光瑩，鎸李斯「壽」字，與今篆文頗異。

洪山石篆

在福寧府治洪山上，晉葛洪煉丹處。山有石洞，篆文（字六）〔六字〕，人莫能識。宋韓伯修有「六字籀文天篆刻，數間洞屋石𢋨幪」句。

任公巖石刻

在福寧縣治。舊有任公棲隱於此，巖刻「任公鳳棲，巖谷清幽」八字，又有「卧石」二字沉淵，字大盈尺，皆任公手書。

文殊院石刻

福寧文殊院。秦溪里人得土中石，刻三字，傳爲「文殊嶺」，上有神鐘。

慧山泉迎仙臺

在霞浦慧日山。

芙蓉臺

在霞浦龍首山麓石壁。

近天尺五

在霞浦聖水庵石上。

華峯玉井

在霞浦深澳嶺東巖。

方井石刻

在霞浦縣。洪武中知縣尹昌隆重浚，得刻石，云：「若要重開，須是龍來。」

天琢元巖

在福鼎舍利塔邊。

洗心臺

在福安長溪盤石上。閩書：宋林氏兄弟爭田，鄉人勸諭感悟，置酒石上，洽款如初，鐫石以志悔。

登龍

在寧德縣。明弘治十年，水漲金溪，山墩崩去半，中有兩石相合，摧流其一，更一尚存，中刻二字曰「登龍」，字徑方五寸。

放生

在寧德花洲龍潭，水深崖峻，崖上鑿「放生」二字。相傳洲上有桃花，因水漲洲成潭。

一夫關

在永春州馬跳風山。

文曲華世

在同安魁星山。

陳宗顯去思碑

在永春陳巖寨石厓壁右。

青龍潭

在大田青龍潭中，隱然有此三字。世傳龍乘仙人所書，非人跡能到。

乾坤清氣

在漳平感化里長塔東石壁。

鳳翔千仞

在寧洋穿雲洞石壁。

福州諸帖附

陸深儼山外集。

鼎帖

石硬而刻手不精，雖博而乏古意。

星鳳樓帖

曹士冕（横）〔模〕刻，工緻有餘，清而不穠，太清之亞也。

玉麟堂帖

吴琚（横）〔模〕刻，穠而不清，多雜米家筆仗。

王趙帖

陳鑑集名碑藪：王趙帖，王羲之、趙子昂書，木版刻，在福州。

蔡端明詩刻

玄牘記：蔡端明書，在宋代爲第一，萬安渡直欲迫摩崖。此數詩結體員勁，典型俱在，駸駸入顔光禄之室矣。嘉靖甲寅六月三日，雨中借姚氏本觀〔于〕蒼潤軒，因題。

福清帖 孫承澤閒者軒帖攷。

福州刻絳、閣、急就章、雁塔題名四帖，碑家往往駕名官帖以惑人。

附錄一　馮登府自序

閩中古刻絶尠，又僻在海澨，搜奇嗜古之士足跡罕至。故見於記載者，千餘年僅數十事而已，爲此學者，漁仲、伯思後未有成書。國朝開三通館，取海内金石以續鄭志之目，而閩刻亦略焉。道光己丑，余承乏志事，開局數月，各府廳縣采訪未到，所見石墨僅什之一。爰廣搜群籍，仿陳思寶刻叢編及黄叔璥中州金石考例，於未見者注明所出，有原文者仿洪适隸釋録之；次以年代，自周至元得一十四卷，其間有足補史乘之缺者，以跋語考證之。至於碑式之豐狹縱横，書品之工拙大小，古今之存佚，俟他日增益成書云爾。十一月望，小長蘆舊史官馮登府記於七閩志局。

清道光十一年刻本石經閣文初集卷二閩中金石志自序

附錄二　主要參考文獻

艾軒先生文集，宋林光朝撰，明正德十六年鄭岳刻本。

艾軒集，宋林光朝撰，景印文淵閣四庫全書本。

寶刻叢編，宋陳思撰，石刻史料新編景印十萬卷樓叢書本。

寶刻類編，宋不著撰人，石刻史料新編景印粵雅堂叢書本。

八閩通志，明黄仲昭纂，明弘治間刻本。

崇妙保聖堅牢塔記，閩林同穎撰，閩僧無逸正書，清顧廣圻、瞿鏞舊藏拓本。

淳熙三山志，宋梁克家撰，宋元方志叢刊景印明萬曆間刻、崇禎間修本。

淳熙三山志，宋梁克家撰，景印文淵閣四庫全書本。

端明集，宋蔡襄撰，景印文淵閣四庫全書本。

大明一統名勝志，四庫全書存目叢書景印明崇禎三年刻本。

方輿勝覽，宋祝穆撰，景印文淵閣四庫全書本。

斐然集，宋胡寅撰，景印文淵閣四庫全書本。

福建通志，清郝玉麟修，清乾隆二年刻本。
福州府志，清徐景熹修，清乾隆二十一年刻本。
福寧府志，清李拔修，清光緒六年重刻本。
福建金石志，陳衍纂，民國間刻本。
福州十邑摩崖石刻，黄榮春主編，福建美術出版社二〇〇八年版。
福州摩崖石刻增訂本，黄榮春編，福建美術出版社二〇一一年版。
龜山先生集，宋楊時撰，明萬曆十九年刻本。
龜山集，宋楊時撰，景印文淵閣四庫全書本。
貢禮部玩齋集，元貢師泰撰，明天順沈性刻、嘉靖十四年徐萬壁重修本。
鼓山志，清黄任編，清乾隆三十九年刻本。
黄御史集，唐黄滔撰，明崇禎十一年刻本。
晦菴先生朱文公文集，四部叢刊初編景印明嘉靖本。
後村集，宋劉克莊撰，明謝氏小草齋抄本。
後村先生大全集，宋劉克莊撰，四部叢刊初編景印上海涵芬樓藏賜硯堂抄本。
紅雨樓題跋，清鄭杰輯，清嘉慶三年刻本。

寰宇訪碑録，清孫星衍、邢澍撰，清嘉慶七年刻本。
集古録跋尾，宋歐陽修撰，中國國家圖書館藏清抄本。
集古録目，宋歐陽棐撰，清繆荃孫輯校，清光緒間刻雲自在龕叢書本。
金石林時地考，明趙均撰，石刻史料新編景印粵雅堂叢書本。
金石萃編，清王昶撰，石刻史料新編景印清嘉慶十年經訓堂刻本。
梁谿先生文集，宋李綱撰，清道光十四年刻本。
梁谿集，宋李綱撰，景印文淵閣四庫全書本。
六藝之一録，清倪濤撰，景印文淵閣四庫全書本。
連江縣志，清章朝栻纂，清李菶修，清嘉慶十年刻本。
閩都記，明王應山纂，清道光十一年求放心齋刻本。
閩書，明何喬遠纂，四庫全書存目叢書景印福建省圖書館藏明崇禎間刻本。
閩中金石志，清馮登府纂，福建文獻集成初編景印清道光九年稿本。
閩中金石略，清陳棨仁纂，石刻史料新編景印蒰莊叢書本。
歐陽行周文集，唐歐陽詹撰，明弘治十七年刻本。
P. 3096 佛頂尊勝陀羅尼經序，唐杜行顗譯，法國國家圖書館藏寫本。

莆陽黄御史集，唐黄滔撰，明正德八年刻本。
毘陵集，唐獨孤及撰，四部叢刊初編景印上海涵芬樓藏亦有生齋校刊本。
浦城縣志，清翁天祜修，清翁昭泰纂，清光緒二十六年刻本。
秋聲集，元黄鎮成撰，明洪武十一年刻本。
全唐文，清董誥等編，中華書局景印清嘉慶間内府刻本。
全閩詩話，清鄭方坤編，清乾隆十九年刻本
泉州府志，清懷蔭布等修，清乾隆二十八年刻本。
全宋文，曾棗莊、劉琳主編，上海辭書出版社二〇〇六年版。
宋蔡忠惠文集，宋蔡襄撰，明萬曆四十四年刻本。
十國春秋，清吴任臣撰，景印文淵閣四庫全書本。
石經閣金石跋文，清馮登府撰，清光緒十三年行素草堂刻本。
宋詩紀事補遺，清陸心源撰，清光緒十九年刻本。
唐咸通四年佛頂尊勝陀羅尼經幢，唐劉鏞正書，唐湯惟晟鐫，陸和九舊藏拓本。
唐歐陽四門集，唐歐陽詹撰，福建省圖書館藏清嘉慶十五年麟後山房刻本。
同安縣志，清吴堂修，清劉光鼎纂，清光緒十二年刻本。

王審知德政碑，清顧廣圻、瞿鏞舊藏拓本。

文苑英華，宋李昉等輯，明隆慶元年刻本。

萬姓統譜，明凌迪知撰，景印文淵閣四庫全書本。

烏石山志，清郭柏蒼、劉永松纂，清道光二十二年刻本。

王審知譜志彙編，王鐵藩撰，福建人民出版社二〇一五年版。

西山真文忠公文集，宋真德秀撰，四部叢刊初編景印明正德間刻本。

輿地紀勝，宋王象之撰，清道光二十九年刻本。

輿地碑記目，宋王象之撰，景印文淵閣四庫全書本。

筠谿集，宋李彌遜撰，景印文淵閣四庫全書本。

延平府志，明陳能修，上海古籍書店景印天一閣博物館藏明嘉靖四年刻本。

永春州志，清鄭一崧修，清乾隆五十二年刻本。

竹溪鬳齋十一稿續集，宋林希逸撰，中國國家圖書館藏清抄本。

漳州府志，清沈定均修，清吳聯薰纂，清光緒三年芝山書院刻本。

圖書在版編目（CIP）數據

閩中金石志 /（清）馮登府撰；閔定慶等點校. -- 福州：福建人民出版社，2024. 12. --（八閩文庫）. -- ISBN 978-7-211-09568-1

Ⅰ. K877.22

中國國家版本館 CIP 數據核字 2024WF6004 號

閩中金石志

作　　者：[清] 馮登府 撰　閔定慶　秦　兮
　　　　　黄安琦　段江雁　點校
責任編輯：莫清洋
助理編輯：李　科
責任校對：林喬楠
裝幀設計：張志偉
美術編輯：陳培亮
出版發行：福建人民出版社
電　　話：0591-87533169（發行部）
地　　址：福建省福州市東水路 76 號
經　　銷：福建新華發行（集團）有限責任公司
印刷裝訂：雅昌文化（集團）有限公司
地　　址：深圳市南山區深雲路 19 號
電　　話：0755-86083235
開　　本：890 毫米 ×1240 毫米　1/32
印　　張：19.125
字　　數：345 千字
版　　次：2024 年 12 月第 1 版第 1 次印刷
書　　號：ISBN 978-7-211-09568-1
定　　價：98.00 元